U0529224

本书系国家社科基金西部项目"当代缅甸族际关系与民族国家构建研究"（项目批准号：13XZZ018）成果

国别和区域研究丛书
熊理然 主编

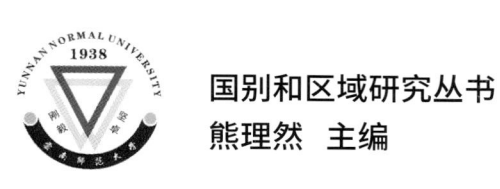

廖亚辉 张添 著

当代缅甸族际关系与民族国家构建研究

A Study on Inter-Ethnic Relationship and
Nation-State Building in Contemporary Myanmar

中国社会科学出版社

图书在版编目(CIP)数据

当代缅甸族际关系与民族国家构建研究／廖亚辉，张添著 .—北京：中国社会科学出版社，2021.1

（国别和区域研究丛书）

ISBN 978-7-5203-6706-6

Ⅰ.①当… Ⅱ.①廖…②张… Ⅲ.①民族关系—研究—缅甸 Ⅳ.①D733.762

中国版本图书馆 CIP 数据核字（2020）第 103415 号

出 版 人	赵剑英
责任编辑	马　明
责任校对	周　昊
责任印制	王　超

出　　版	中国社会科学出版社
社　　址	北京鼓楼西大街甲 158 号
邮　　编	100720
网　　址	http://www.csspw.cn
发 行 部	010-84083685
门 市 部	010-84029450
经　　销	新华书店及其他书店
印　　刷	北京君升印刷有限公司
装　　订	廊坊市广阳区广增装订厂
版　　次	2021 年 1 月第 1 版
印　　次	2021 年 1 月第 1 次印刷
开　　本	710×1000　1/16
印　　张	13
插　　页	2
字　　数	188 千字
定　　价	69.00 元

凡购买中国社会科学出版社图书，如有质量问题请与本社营销中心联系调换
电话：010-84083683
版权所有　侵权必究

目　　录

绪　论 ……………………………………………………………（1）
　第一节　研究背景 ………………………………………………（1）
　第二节　文献综述 ………………………………………………（5）
　　一　族际关系对国家构建影响的综述 …………………………（6）
　　二　缅甸族际关系研究的综述 …………………………………（11）
　　三　缅甸民族问题与国家构建的综述 …………………………（14）
　第三节　研究目的与研究方法 …………………………………（17）
　第四节　研究框架 ………………………………………………（18）

第一章　族际理论与国家构建的相关理论 …………………（20）
　第一节　族际理论 ………………………………………………（21）
　　一　民族、族群与民族主义 ……………………………………（21）
　　二　族际关系与族际理论 ………………………………………（27）
　　三　族际关系的分类 ……………………………………………（29）
　第二节　民族国家与国家构建相关理论 ………………………（48）
　　一　国家构建的含义与类型 ……………………………………（48）
　　二　民族构建与国家构建的关系 ………………………………（57）
　第三节　族际关系与国家构建之间的联系 ……………………（63）
　　一　族际关系对国家构建的积极影响 …………………………（63）
　　二　族际关系对国家构建的消极影响 …………………………（65）
　第四节　本书研究的理论框架 …………………………………（68）

  一 历史与阶段：不同时期的缅甸族际关系 ………………（68）
  二 融合与离散：缅甸族际关系的密切程度 ………………（70）
  三 构建与矛盾：国族构建与民族自治的辩证统一 ………（71）

第二章 独立以前的缅甸族际关系 ………………………………（72）
 第一节 封建王朝时期缅甸族际关系 ……………………………（72）
  一 战争与征服下的族际融合 ………………………………（73）
  二 族际融合与族际离散的交织 ……………………………（75）
  三 缅族王朝的崛起与族际关系的形成 ……………………（76）
 第二节 殖民时期缅甸族际关系 ……………………………………（77）
  一 同一宗教信仰的族际融合 ………………………………（77）
  二 "分而治之"下的族际离散 ……………………………（78）
  三 《彬龙协议》与族际关系的整合 ………………………（80）

第三章 独立以后的缅甸族际关系 ………………………………（83）
 第一节 吴努时期的族际关系 ……………………………………（87）
  一 建国初期的族际融合困境 ………………………………（87）
  二 "大缅族主义"与族际离散 ……………………………（89）
  三 族群同质化思想的推行 …………………………………（91）
 第二节 奈温时期的族际关系 ……………………………………（93）
  一 "缅甸式社会主义"思想指导下的族际融合 …………（94）
  二 中央集权下的族际离散 …………………………………（95）
 第三节 新军人政权时期的族际关系 ……………………………（100）
  一 停火协议的签署与族际融合 ……………………………（102）
  二 民族政策的调整与族际离散 ……………………………（103）
  三 国家认同危机与族际整合 ………………………………（105）
 第四节 吴登盛时期的族际关系 …………………………………（107）
  一 以民族和解为中心的族际融合 …………………………（107）
  二 吴登盛时期的族际离散悖论 ……………………………（109）
  三 2008年宪法框架下的族际关系 …………………………（110）

目　录

第五节　民盟执政时期的族际关系 …………………… (113)
　　一　21世纪彬龙会议与族际融合 ………………… (114)
　　二　"双头政治"下的族际离散 ………………… (117)
　　三　族际关系的"再整合"机遇 ………………… (120)

第四章　缅甸民族国家构建的历史进程 …………… (123)
第一节　1947年宪法：联邦制国家构建 ……………… (124)
第二节　1974年宪法：集权式国家构建 ……………… (131)
第三节　2008年宪法：民主式国家构建 ……………… (136)
　　一　制宪进程与国家构建的最新变化 …………… (136)
　　二　吴登盛时期缅甸的国家构建 ………………… (137)
　　三　民盟时期缅甸的国家构建 …………………… (139)
　　四　缅甸国家构建存在弊端 ……………………… (150)

第五章　案例分析：族际关系对缅甸国家构建的影响 ………… (157)
第一节　孟族—缅族族际融合的典型案例 …………… (158)
　　一　建国前孟族与缅族的族际融合 ……………… (158)
　　二　建国后孟族与缅族融合的加速 ……………… (159)
第二节　民地武问题—缅甸族际离散的典型案例 …… (160)
　　一　克伦民地武——反叛与妥协 ………………… (160)
　　二　缅北民地武——抵制与抗争 ………………… (167)
第三节　罗兴亚人——游离于族际与国际关系的
　　　　复杂案例 ………………………………………… (171)
　　一　罗兴亚人的族际离散 ………………………… (171)
　　二　民盟政府对罗兴亚人问题的应对措施 ……… (179)
　　三　罗兴亚人问题对缅甸国家构建的影响 ……… (185)

结　论 ……………………………………………………… (191)

参考文献 ………………………………………………… (193)

绪 论

第一节 研究背景

21世纪第二个十年即将结束，整个世界仍然徘徊在战争与和平的不确定之点，是一个充满动荡的时代。即便是全球治理问题被不止一次地提上议事日程，整个人类社会已经就和平与发展达成广泛共识，但以"族群"为界定的群体间分歧或冲突依然不能被阻止。2017—2018年，整个国际社会被右翼化的思潮所左右，英国脱欧、美国极端右翼政治家特朗普上台、反全球化运动甚嚣尘上。应当看到，全球右翼化反映的是过去30年全球化过程中西方实力的相对下降，导致西方社会一系列的政治、经济和文化危机。在资本绝对逐利的全球分工体系下，西方将产业立体化，中低端产业流向发展中国家，本土空巢化，导致一系列社会危机难以在爆发时消融，加深西方危机的深度和烈度。

正当西方危机爆发的同时，与西方世界联动的第三世界发生了更加激烈的动荡。正是西方退出各类国际场合的行为，造就了一个又一个的秩序真空，尤其是在中东地区和部分东亚、非洲地区。伊斯兰宗教极端势力为首的恐怖主义威胁，极端民族主义者和民粹主义者的沉渣泛起，这使得20年前一个令人沉醉而不及反思的词汇——族群冲突（ethnicconflicts）又浮现在人们脑海。族际关系和伴随着族际关系而来的一系列问题，再度追问着世界——究竟是什么原因，导致人类在应对自己已经意识到的危机时，仍然执着于内斗和资源消耗。

任何族际互动危机，都有着自己特殊的场域。例如，曾经的犹太危机，被认为是全球均存在的族际关系难题。不过，要穷尽当今世界的族际互动危机，显得过于宽泛化，难以操作。为此，着眼于某个地区、某个国家的族群问题与族际关系问题，对于认识和反省全球族群冲突有着典型的意义。基于此种现象，本书意图以缅甸的族际关系为案例进行分析，理解族际关系及其与民族国家构建的关系。

研究缅甸族际关系与民族国家构建，属于区域国别研究的典型范畴。区域国别研究（area & country studies），泛称地区研究（area/regional studies），广义上指通过解译当地语言、历史文本挖掘、实证研究与田野调查等方法对特定地理位置、民族国家、国家联合体或共同体与文化地域的研究，是一门涵盖社会科学及人文学科多领域、多类别的跨学科研究；狭义上则指对特定区域或国家的历史、政治、经济、军事、社会、文化、语言或其他领域的研究。

党的十九大强调"全面推进中国特色大国外交"，并明确"要推动构建新型国际关系，推动构建人类命运共同体"，无疑对国际问题研究提出更高要求。区域国别研究与国际关系学科，是国际问题研究的两大基础组成，也是全球性大国地位和实力在知识领域的重要体现。[①] 区域国别研究在中国基础较薄弱，无法满足中国崛起所需要的知识积累、学术生产与政策实践。

区域国别研究需要投入大量的人力、物力、财力和时间成本，因而成为"大国特有的研究门类"[②]。作为一个日益在国际社会及各区域发挥建设性作用的"负责任大国"，中国致力于区域国别研究，并打造符合自身的研究路径，既无可厚非，也责无旁贷。一方面，在我们开启全面建设社会主义现代化国家新征程中，只有靠自身理论体系

---

① 陈岳、莫盛凯：《以深化地区国别研究推动中国国际关系学科的发展》，《教学与研究》2016年第7期。

② 苏长和：《国际问题区域研究有待深入》，《中国社会科学报》2010年10月21日第15版。

绪　论

的搭建，开展足以检验和校正西方经验与知识的区域和国别研究，才能为建设新型国际关系搭建中国的理论体系，并以此为基础开展精细化的国际交往；另一方面，通过根植于各区域与各国社会，对其语言与文化、历史与政治体制、地区经济与人文地缘①的了解，建立更加直观化、客观化与立体化的知识体系和对话机制，才能有效反制西方国家利用媒体和舆论造势"中国威胁论"，打压中国利益在各区域与各国落地的做法。

从区域来看，周边仍然是外交全局之首，是中国战略擎始之地。周边稳定、和平与安全，是中国能够安稳"走出去"的基本保障；周边朋友越多，中国的成长环境则越稳。历史上，中国与周边国家曾因封贡体系建立稳定的外交结构，但殖民战争以来，周边国家离心日盛，一些国家与中国存在领土和海洋争端，部分难题被区域化、国际化而更复杂（如南海问题）。根据周边区域的不同，制定具体的工作方略，依赖区域研究的深入化与细致化。例如，中亚地区非传统安全威胁严重，面对俄罗斯大国区域利益，因此，既要重视开展上海合作组织这样的区域安全合作，又要妥善协调对俄关系，强调与俄罗斯在中亚的多边合作。东南亚国家建立的"东盟＋"机制，强调的是区域主导性、灵活性与舒适度，因而在外交合作中要更强调参与、互惠、共赢。

从国别来看，中国外交始终不能忽略"大国是关键""发展中国家是基础"。党的十八大报告强调"推动建立长期稳定健康发展的新型大国关系"，党的十九大报告指出"扩大同各国的利益交会点，推进大国协调和合作，构建总体稳定、均衡发展的大国关系框架"②，明确大国关系在中国外交战略中的重要地位。中国区域国别研究历来重视对大国的研究，但仍然存在"美国至上论"的情况，对印度、俄罗

---

① 以上三方面被认为西方在区域国别研究中长期深耕的三大领域。参考 Charles King, "The Decline of International Studies: Why Flying Blind Is Dangerous", *Foreign Affairs*, Vol. 94, No. 4, 2015, p. 90.

② 中国共产党第十九次全国代表大会上的报告。

斯、巴西等地区大国的研究相对不够充实。"发展中国家是基础",不仅强调中国应当经营好与广大发展中国家的关系,更强调要平等看待各个国家,全面广泛、注重均衡地做好这些国家的研究工作。

缅甸既是中国周边外交的重要关节点,又是"一带一路"、孟中印缅经济走廊、大湄公河次区域和"澜湄"经济合作区重要沿线国家。从地缘上看,缅甸是中国通往印度洋的重要地缘走廊,是向东连通东南亚、向西连通南亚的重要国家。从体量上看,缅甸面积约67.7万平方千米,排名世界第40位;人口约5140万,排名世界第24位。不管是土地还是人口,缅甸在东南亚国家中均属于排名靠前的国家。随着吴登盛政治上台以后,缅甸国家转型的加剧,以"民主化样板"为标榜的西方国家、日本和印度不断加强对缅甸的接触与影响,中缅关系受到很多不确定性因素的影响。在缅甸民主转型继续深化并不断发展的背景下,中国需要加强对缅甸社会发展现状的客观认识,把握民主转型发展的规律性,确保"一带一路"倡议在缅甸能够顺利实施。

缅甸族际关系指的是在国家转型与民族构建的背景下,发生的主体民族与各少数民族之间的关系。因此,我们在分析族际矛盾、族际冲突时,必须结合缅甸政治发展进程来看。其一,缅甸历史上的王朝战争、外部入侵及其民族融合程度对族际关系有一定影响,但更大程度上,当前族际关系是近代殖民统治产生的内部隔绝造就的。如果族际关系解决不好,对缅甸国家构建来说是比较致命的,由此产生的民族危机随时可能外溢。其二,缅族与各少数民族族群之间还存在大民族主义、民族分裂主义和宗教民族主义的倾向,需要特别引起重视。此外,外部干预和大国博弈也扮演了不可小觑的作用。各类复杂的要素相加,使其民族构建和国家构建相互脱离,各类危机相互裹挟,如果不进行分门别类的剖析,很难全面认知。其三,族际间问题一朝不解决,其国家构建和国家转型难题就要持续下去。目前,缅甸最大的两个问题——民地武问题和若开罗兴亚问题,说到底都属于族际关系问题(尽管性质不尽相同),因而要认识缅甸国家的构建与转型,前

绪 论

提是要认清楚缅甸族际关系问题。

为了厘清缅甸族际关系问题及其国家构建之间的联系和区别，本书拟从族际关系的体系结构出发，简化复杂族际关系的各类区分，将结构化与过程化要素紧密结合，研究缅甸族际关系自史至今的发展，发掘其存在的规律。缅甸族际关系经历了离散体系、构建体系最终走向融合体系，这是缅甸国家构建之"大道所在"。但实际过程中更多表现的是"复合体系"，其中融合、离散的程度不同，存在的构建体系也不尽相同。为此，需要进行自封建王朝以来至缅甸建国后的多党民主制时期、军政府时期和转型民选时期的历史分析对比，最终再遴选其中的重要事件进行问题导向性梳理，以寻找并验证规律所在。

第二节 文献综述

由于族际关系的复杂性，将族际关系置于不同语境进行研究的学术作品不在少数，从第二次世界大战后便开始流传。从本书的研究角度出发，对既有文献的综述，主要涉及"族际关系对国家构建影响""缅甸族际关系研究""缅甸民族问题与国家构建和转型之间的关系"这三类。之所以分为这三类，原因如下：第一，直接追溯对族际关系研究的著作，本书将在第一章对族际理论与国家构建的相关理论部分进行具体展开。第二，研究族际关系的文章过多过泛，"族际关系对国家构建影响"这个话题仍然偏大，即便是对相关文章的研究，也主要集中于其如何进行理论与实践研究，而非在族际关系本身的界定问题上，因为界定问题本身就有很多争议。第三，缅甸族际关系问题及其对国家构建的影响，并没有直接的文献论述，大部分文献是谈缅甸的族群问题，兼谈其对国家构建的影响，或者主要谈缅甸的国家构建，兼谈民族问题带来的消极掣肘。为此，综述把缅甸族际关系问题和缅甸国家构建问题分开，也是为了更加全方位地回顾既有文献触及的问题，进而谈本书的创新点所在。

一 族际关系对国家构建影响的综述

族际关系本身的性质及其影响是多重的,族际间关系从其产生开始就存在积极、中性和消极的方面,既有文献研究族际关系对国家构建的影响,也存在积极、中性或者消极的论调。当然,出于族际矛盾对国家构建有更加严重的影响,更多"问题"导向性的文章着重强调的是消极影响。以既有文献对相关影响的论述来看,包括以下几类导向。

(一) 族际关系对国家意识生成产生的影响

就一般意义而言,族际关系的产生及发展对于国家统一与意识形态形成有着较为积极的作用。因多民族间互动机制而产生的社会文化效益,有助于促进国家经济史和文明史的进步。同时,多民族间族际互动,有助于人类社会更加自觉地处理和消融自己的内部矛盾,从而促使民族国家的统一。

其影响主要表现为:一方面,族际关系的互动促使"族际"(inter-ethnic)形成"民族"(nation),跨越人们对原始、狭隘小团体的意识,从而促成统一理念的生成,并最终促进国家的生成。在马桑(David Mason)看来,族际关系生成的历史本身就是国家概念更新的历史,正是族际关系在前殖民时期、殖民时期和后殖民时期的嬗变,最终出现国家意识的生成,国家一统化和稳固化成为人们向往的主流意识形态,而多元化和异质化成为人们保留在社会结构中的非主流意识形态。[1] 曹瑞臣指出,族际互动促进了民族主义现代化发展,而"现代化过程中人们的思维方式与价值观念的世俗化,使现有的国家意识形态更能容纳民族主义利益的表达与诉求"[2]。在罗康隆看来,"历史学家和文化人类学家总是过分注意族际关系的后果,他们总是

---

[1] Rex, John, and David Mason, *Theories of Race and Ethnic Relations*, Cambridge University Press, 1986, p. 9.

[2] 曹瑞臣:《现代化进程中的民族主义——美国民族主义的历史轨迹》,《世界民族》2004年第3期。

绪　论

把注意力集中在民族的同化、分裂等这样一些不可复的族际关系结果上，并把这样的结果视为族际关系的全部内容"①。这样的结果，导致族际关系成为割裂的、不可持续的进程，无法解释为什么在族际关系持续的环境下民族国家的历史能够得以向前推进。因此，只有将族际关系看作互动的过程，当事各方的民族文化在互动关系中得以长期延续，才能看到族际关系对于人类文化繁荣更新的助力。②这类文章存在的问题是，如果总是结果导向性良好，那么实际上所有问题都可以用时间和空间来消融，进而"问题也就不是问题了"。可以肯定的是，族际互动肯定能给人带来积极的方面，但将其上升为国家和民族构建历史的必要因素，似乎有些过分解释。

另一方面，族际关系的互动促使人类更加清醒地认识到统一政治行为体的政治、经济、社会与文化属性，进而通过族际政治、族际经济和族际社会互动，形成国家经济史与文明史的更新。族际关系互动模式是在演变的人类历史中生成的、变动的、有规律的演化模式。通过民族关系模式的族际互动网络，形成族际关系自身的调适模式，促使国家行为更加成熟，使人类社会更加自觉地处理和消融自己的内部矛盾。例如，乔纳森（Nadia Indra Johnson）指出，族际之间的互动关系可以促进各民族对于国家的认同，从而有利于民族间的和平共处，实现民族自决和区域自治，进而推动国家构建尤其是民主制度的建设。③罗康隆指出，在处理族际关系的过程中，各族群清楚地认识到自我的优势和不足，认识到自己力量的强弱，以便对自己的行动负责，也可对他族的行动提出忠告。④甚至还有学者指出，民族分离运动在一定程度上可以推动社会结构的多元化，从而为社会的民主化发展奠定基础。从某种意义上说，民族主义运动属于政治现代化的范

---

① 罗康隆：《族际关系论》，贵州民族出版社1998年版，第3页。
② 同上。
③ Nadia Indra Johnson, *Modernizing Nationalism*: *Masculinity and the Performance of Anglophone Caribbean Identities*, University of Miami Scholarly Repository, University of Miami, 2009, p. 12.
④ 罗康隆：《族际关系论》，贵州民族出版社1998年版，第10页。

畴，在多元社会结构中，不同阶级、阶层的民族代表参与政治，有利于责任政府的建立、国家民主化的转型，从而实现民主化的制度要求。① 这一类观点总体来说，用族际良性互动掩盖了其他恶性互动，族际互动模式在人类历史中的生成，并不是为了让人类更自觉地处理族际关系这个问题本身，而是由于族际关系本身出现了问题，才让人类在其发展历史中更加自觉地处理这些问题。

(二) 族际关系对国家形态塑造的影响

族际关系对国家形态塑造所产生的影响非同小可。首先，族际关系塑造了国家的地域互动规范。周平指出，族际关系互动是国际关系互动的前身。随着民族意识的增长，民族的自我意识和分界意识变得越来越明显，在这种情况下，民族对于自身的利益认识也越来越清晰。② 因此，以主动性为特征的族际互动越来越多，族际关系也越来越复杂，并逐步由开始时的同一地域范围内相邻民族间的族际互动朝着跨地域的族际互动发展。③ 其次，族际关系直接塑造国家间或国际关系的版图，这与历史上数次族际关系的互动，或通过谈判分离、统一，或通过武装统一、分裂，如第二次世界大战后的数次民族解放运动及其相关的一系列国际会议，苏联解体前后众多国家剧变等。马桑 (David Mason) 等提出，族际关系纵使不是国家整合的罪魁祸首，也是国家整合的工具，不管这是良性还是恶性，由于族际关系的存在，国家间的疆域无法确保永恒，不论是和平时期还是战争时期④。最后，族际关系促进了国家构建中功能性要素发挥作用。此类观点认为，在国家构建过程中，民族主义要素通过族际关系来发挥功能性要素，这些要素是可拣选的、潜在有利的，即便可能是零和的，但也是发挥有效作用的。其主要观点包

---

① Mousseau, Demet Yalcin, "Democratizing with Ethnic Divisions: A Source of Conflict?", *Journal of Peace Research*, Vol. 38, No. 5, 2001, pp. 547–567.
② 周平：《论族际政治及族际政治研究》，《民族研究》2010 年第 2 期。
③ 同上。
④ Rex, John, and David Mason, eds., *Theories of Race and Ethnic Relations*, Cambridge University Press, 1986, p. xi.

绪　　论

括：其一，族际关系拥有一些构成现代化建设不可或缺的共同要素，这些要素即便可能存在民族主义的对峙，但正是这种对峙促使国家构建中功能性作用的发挥。其二，族际关系中的认知要素，在族际关系的治理中发挥着重要的作用。[1] 其三，族际政治与公共权力之间有着密切的相关性，通过探讨族际关系与国家构建（尤其是政治构建）的兼容性来强调其功能性。[2] 这类文章比较中肯地强调了族际关系对国家构建"必然存在影响"这个功能性事实，不过由于其出发点在于客观的功能机制，因此对于问题的解决似乎不加以关注，这导致整个系统出现中断危机。一旦族际关系问题蔓延扩散化，中立性的功能机制并不能提供对策和解决方案。

（三）族际关系对国家的消极影响

这主要从国家内部、国家间和全人类的维度进行区分。在国家内部，族际关系所产生的危机表现为族群分裂对国家产生的影响。第二次世界大战后，各民族国家出现族群分裂主义，各族群之间纷纷展开独立运动，导致民族国家政局混乱。本尼迪克特·安德森提出的民族理论的三个矛盾，其中一个便是"民族传统性主观性与现代性客观性构成矛盾"，包含对国家构建现代民主政体的否定。[3] 这类观点有三个出发点：从国家构建的政治基础出发，认为族际关系具有排他性，国家构建必须有包容性；从国家构建经济基础出发，认为市场经济讲究对外贸易，需要寻求国家间的共性，而族际关系彼此排斥，讲求个

---

[1] 例如，有学者指出，民族对外功能归根结底就是"尊严问题"，所以保障"安全与保障，地位与威望"便可以很好地控制民族主义的功能性。Daniel, "Druckmamf, Nationalism, Patriotismand Group Loyalty: A Social Psychological Perspective", *Mershort International Studies Review*, Vol. 38, 1994, pp. 43 – 68.

[2] Ghia, Nodia, "Nationalism and Democracy", in Larry Diamond and Marc F. Plattner, *Nationalism, Ethnic Conflictand Democracy*, Baltimore: Johns Hopkins University Press, 1994, pp. 3 – 22; D. Beetham and Boyle, "Introducing Democracy: 80 Questions and Answers", *London Polity*, 1995; Michel, Oksenberg, "China's Confident Nationalism", *Foreign Affairs*, Vol. 65, 1987, pp. 501 – 523.

[3] 其余两个是：民族主义理论的普遍性和表现出来的特殊性构成矛盾；民族主义所具有的"政治"权利与其哲学上的贫困甚至无条理间的矛盾。详见本尼迪克特·安德森《想象的共同体——民族主义的起源与散布》，吴叡人译，上海人民出版社2005年版。

性；从国家构建的社会基础出发，认为强调公民自治的多元化公民社会和呼吁对国家忠诚的国家（民族）主义存在矛盾。①

在国家间，其影响主要表现为族际关系中的强烈认同性和异质性。一个国家中，若以某一民族为典型代表，此种情况并不利于民族国家区域一体化，也不利于国家之间平等地位的构建。跨境族际冲突的存在，必然导致相邻国家的外交危机，进而酿成跨境族群冲突，最终导致国际政治的悲剧。② 一方面，族际关系的跨境属性一旦成为跨境认同，其必然存在跨境主权重构的问题。这类问题触及各国的主权底线，必然会导致"民族自决"与"国家主权"的对立，最终形成类似于库尔德建国问题这样的悲剧。③ 另一方面，族际关系的跨境属性有时会因承认问题对某个族群的承认产生分歧，进而因为外部大国干预，酿成国家主权的悲剧，缅甸罗兴亚问题实际上就是这样一个悲剧。④

从全人类维度来看，族际关系因其不合理性，如其因权力地位不对等产生的"非对称结构"，促使人类更习惯以"族"群分，相互博弈，为了自身利益（有时候这些利益是切身的安全利益），相互剥夺对方资源或者挤占资源，进行资源战、生态战甚至人口战。族际激烈互动，尤其是族际竞争、族际冲突和族际战争，极大地消磨着人类共同的生存空间，进而形成对人类的"家园威胁"。孔斯（Karns）指出，现存的不断分化的族群冲突，实际上体现出人类社会对自身环境的破坏与侵蚀，由于种族清洗、族群屠杀等问题，总是让国家和政府失去理性决策的空间。一旦其民众遭受这一类苦难，国家治理就完全

---

① Thompson, Ewa M., "Nationalism, Imperialism, Identity: Second Thought", *Modern Age*, Vol. 40, No. 3, 1998, pp. 250 – 262; Beetham, D and Boyle, K., *Introducing Democracy: 80 Questions and Answers*, London: Polity, 1995.

② Holliday, Ian, "Voting and Violence in Myanmar: Nation Building for a Transition to Democracy", *Asian Survey*, Vol. 48, No. 6, 2008, pp. 1038 – 1058.

③ Olson, Robert, *The Emergence of Kurdish Nationalism and the Sheikh said Rebellion*, 1880 – 1925, University of Texas Press, 2013.

④ Leider, Jacques P., "Rohingya: The Name, the Movement, the Quest for Identity", *Nation Building in Myanmar*, Myanmar Egress And The Myanmar Peace Center, 2014.

绪 论

谈不上了。① 与之类似，罗康隆指出，族际关系不可忽视的一点就是，族际关系的复杂化和线性思维导致族际关系制约人类的发展，这一点使人类的生存环境面临巨大挑战。②

除了以上文章外，还有部分文章认为，族际关系对国家构建的影响是有限的，甚至可以说族际关系与国家构建之间并没有必然的联系。他们认为，后来独立的国家，特别是处于殖民地半殖民地的国家，其民族主义是一种"应激—回应型"，即"它的发展的强度直接取决于外力的压迫所造成危机的深度，并与这种外来压力成正比……这就决定了……未来现代化过程中的族际关系影响强度将会是相对有限的"③。"在意识形态作为国家与社会共同体的凝聚力功能已经退出之后……以关注社会与国家政治整合为任……精英们从族际关系中汲取国家凝聚力资源是无可厚非的。"④ 其观点主要表现为：其一，族际关系本身就是一种极其不稳定的互动关系，与国家构建并非同一层面的意义；其二，族际关系本身不存在褒贬，但国家构建却被大多数人认可为一种积极向上且非常有意义的事情。因此，"只有特定历史情况下才将族际关系纳入国家构建的积极进程"⑤。

二 缅甸族际关系研究的综述

对缅甸族际关系研究，从题材来看上目前主要分为历史比较类、现状形势类、专题分析类（问题导向类）。这些题材从不同的角度，就缅甸族际关系的起源、历史、演变、转折、现状、问题、发展和趋势等进行剖析，相对来说比较全面。

---

① Margaret P. Karns, Karen A. Mingst, *International Organizations: The Politics and Processes of Global Governance*, Colorado: Lynne Rienner Publishers, 2004.
② 罗康隆：《族际关系论》，贵州民族出版社1998年版，第10页。
③ 萧功秦：《中国民族主义的历史与前景》，《战略与管理》1996年第2期。
④ D. J. Kotze, *Nationalism: A Comparative Research*, Tafelberg, 1981, p. 42.
⑤ Harris, Erika, *Nationalism and Democratization: Politics of Slovakia and Slovenia*, Burlington, V. T.: Ashgate, 2002.

(一) 历史比较类

这类文章以分析"民族问题"的历史脉络为导向，在研究中也比较受欢迎。从国别研究的角度来看，历史研究永远站在第一位，因为历史是认识一个国家的首要根基，也是认识一个国家存在问题，尤其是民族、宗教及认同文化的基础。在缅甸族际关系这个话题上，永远不乏对缅甸古代史、缅甸近代史、缅甸建国后现代史和缅甸当代史的分类。

就缅甸古代和近代的族际关系而言，学者比较认可缅甸复杂的族际关系中存在融合与分散的辩证统一。例如，何平指出，藏缅语民族兴起的过程中，实际上存在骠人与缅人的族际构建，其中既有族际分散，也有族际融合。虽然骠人被认为缅族之前的同支（藏缅语族），但实际上其应当有自己的历史。① 钟智翔、李晨阳则指出，古代缅甸历史上，族际互动促进了缅甸光辉历史的发展，然而，令人遗憾的是，自独立以来，但由于受历史、地域分布、域外力量等因素影响，各族际的纷争时有爆发现象，缅甸并未实现真正意义上的统一。民族认同与国家认同的二元分离现象依旧存在。② 此外，近代缅族精英们虽然认可族际平等和建设多民族的国家，但仍然或多或少地认为，应当建立一个有中央集权形式、一党制的国家。③

就缅甸建国后的族际关系研究而言，大部分学者认可"吴努时期（多党民主制时期）—奈温军政府时期（社会主义纲领党时期）—新军人政权时期（恢复与发展委员会—治安与建设委员会时期）—转型时期（巩发党执政与民盟执政时期）"的分类。对于这段时期的族际关系变动，典型的认知如钟贵峰提出的：吴努时期，族际关系治理由于忽视了治理路径的运用而归于失败；奈温政府时期，军政府不惜一切代价对少数民族武装进行坚决的军事打击……缺失治理路径的运用，族

---

① 何平：《东南亚民族史》，云南大学出版社2012年版，第172页。
② 阳举伟、左娅：《缅甸族群冲突与族群和解进程探究》，《东南亚研究》2018年第4期。
③ 李晨阳：《独立前缅甸民族主义精英对国家发展道路的探索》，《南洋问题研究》2006年4月。

绪 论

际关系治理非常失败，最终导致各少数民族建立起自己的武装力量，从而造成族际关系更进一步恶化；丹瑞执政时期对族际关系治理路径做了很大的调整……民族性、现代性、法制性和整体性治理路径综合运用尤为明显，族际关系治理很大程度上对影响族际关系治理的政治、经济、文化和社会等因素采取了整体性治理的路径；新政府上台后的族际关系治理路径充分体现了主权性、民族性、现代性、法制性和整体性路径的综合运用。① 刘务则认为，新军人政府时期缅甸族际关系出现调和形态。他指出新政府采取现实的民族政策，一定程度上承认少数民族武装所要求的包括武装自治在内的民族自治权，使得众多的反政府武装承认其作为联邦国家的一部分。新军人政府加大少数民族地区发展力度，推动国家经济整合，既有利于在全国范围内建立统一的经济与市场，也有利于少数民族地区经济社会的发展，从而在更深层次上侵蚀少数民族武装存在的基础。②

（二）现状形势类

这类文献倾向于解决现实问题。其实，关于现实问题的内容，大部分都与历史有关联。阿什利在介绍缅甸转型的新兴政治模式时，重点提到了民族共同体问题。他指出，民族问题在社会与政治转型中可能是最为复杂的挑战，这考验着缅甸的执政者。③ 沃尔顿则认为，在缅族与少数民族之间存在差别待遇，指出大缅族主义对于缅甸的民族国家构建有非常大的影响。④

（三）专题研究类（问题导向类）

顾名思义，这类文献的主要研究导向是缅甸族际关系问题中的某一个或某几个专题。例如，丹蒙（Ardeth Maung Thawnghmung）重点

---

① 钟贵峰：《当代缅甸族际关系治理的路径、特点与挑战》，《广西民族研究》2015年第4期。
② 刘务：《1988年以来缅甸民族国家构建》，社会科学文献出版社2014年版。
③ South A., "Political Transition in Myanmar: A New Model for Democratization", Contemporary Southeast Asia, 2004, pp. 233 – 255.
④ Walton M. J., "The 'Wages of Burman-ness': Ethnicity and Burman Privilege in Contemporary Myanmar", Journal of Contemporary Asia, Vol. 43, No. 1, 2013, pp. 1 – 27.

谈到克伦民族在缅甸的发展历程,并谈到克伦族群与缅甸族群发生离散的历史与现实,剖析其中存在的原因。他指出,即便克伦民族联盟想要停火,但其停火战略和坚持的政治原则超出平等权、民族自决权在国家主权范围内能够容忍的情状,从而导致克伦与缅族群互动中战略信誉缺失。① 闫德华则重点提到若开问题对于缅甸民族国家构建的影响。他认为,在缅甸政治社会转型和若开邦地缘经济发生重大变化之际,若开邦族群间的新一轮冲突呈现持续、扩散的特点,并产生一系列的政治、安全等影响。②

另外,还有学者从国家认同角度对缅甸族际关系进行解读。叶江从多民族国家构建类型角度进行分析,认为缅甸在中央政府与地方民间是否存在多个一体层次民族上存在分歧,致使民族认同建构的上下错位,从而导致民族认同与国家认同形成强大的张力,国家认同被实质性弱化。③ 从中央推行民族政策角度来分析,刘务认为主体民族忽视了少数民族在民族认同上的原生情感,剥夺了少数民族的民族权利,因而使民族构建陷入困境。④ 梅英等则从少数民族角度分析国家认同,认为主体民族排斥和军事打压是当前民族认同"游离"于国家认同的根本原因。⑤ 一些学者认可新军人政府时期缅甸族际关系的调和形态。

三 缅甸民族问题与国家构建的综述

在缅甸,民族问题与国家构建之间的关系,需要从缅甸族际关系现实状况、国家构建实际情况、国家转型实际条件等一系列复杂变量

---

① Thawnghmung, Ardeth Maung, "The Karen Revolution in Burma: Diverse Voices", *Uncertain ends*, *Policy Study*, Vol. 45, Institute of Southeast Asian Studies, 2008.
② 闫德华:《若开邦冲突对缅甸政治经济安全的影响》,《南亚研究》2014 年第 4 期。
③ 叶江:《多民族国家的三种类型及其国家认同建构问题——民族学研究视角》,《民族研究》2018 年第 1 期。
④ 刘务:《缅甸 1988 年以来的民族国家构建研究》,社会科学文献出版社 2014 年版,第 3 页。
⑤ 梅英、张凯强:《缅北跨境民族之族群认同探微》,《云南民族大学学报》2018 年第 3 期。

绪　论

进行总体性观察。

首先，由于缅甸议题大多涉及国内族群关系问题，其涉及国家构建中的族际关系问题，实际上也涉及国家政府对族际关系的管理问题。当然，罗兴亚问题除外，后文将单独分析。从该角度出发，一些文章从族际治理的角度分析缅甸国家构建与族际关系的关系。钟贵峰（2015）指出，族际关系治理有主权性、民族性、现代性、法制性和整体性等具体治理路径。吴努政府时期的族际关系治理始终坚持主权性路径，但由于策略欠妥，缅甸民族国家主权始终受到内部少数民族分离主义的严重挑战。而且，由于忽视或忽略民族性、现代性、法制性和整体性等路径，少数民族分离运动此起彼伏，族际关系治理相当失败。①

其次，国家构建问题中的政治问题，与缅甸族际关系最有关联。阿什利指出，缅甸转型最主要的关注点是民主化，但民主化的策略性问题富有争议，在各类反对团体包括反对党与少数民族组织的抵抗中，民主化的互动得以往前推进。② 马丁·史密斯指出，缅甸转型的问题在于复合政治问题的纠葛，这一切在历史的政治参与及现实转型十年的瓶颈中得以看出。③

再次，国家构建中的外交问题，与国家改革及民族问题的互动。这是属于关注缅甸转型更为细致和复杂的因素，其中涉及一些外部对缅甸的干预要素。典型的代表是何立仁（Ian Holliday）的两篇文章。何立仁指出，缅甸在朝着正常化的国家构建进程中，公共管理和司法管理依旧不变，实际上，很大的施压对于缅甸来说只是一小部分改观。但他提出，族际关系的处理上存在两极分化，一部分有了很大的

---

① 钟贵峰：《缅甸民族国家建设中的族际关系治理研究》，中国社会科学出版社2017年版，第35—36页。
② South A., "Political Transition in Myanmar: A New Model for Democratization", *Contemporary Southeast Asia*, 2004, pp. 233 – 255.
③ Smith M., "Ethnic Participation and National Reconciliation in Myanmar: Challenges in a Transitional Landscape", *Myanmar's Long Road to National Reconciliation*, Iseas Yusof Ishak Institute, 2006, pp. 38 – 74.

改善，另一部分则出现了恶化。① 另外，何立仁还指出，东盟在缅甸转型的过程中发挥了极大的作用，一方面是施压促进昂山素季的释放，另一方面则是施压民族问题的解决。缅甸改革能够在 2010 年取得突破，实际上与 2007—2008 年东盟国家和缅甸在相关问题上的互动离不开。②

最后，不少文章分析罗兴亚人问题对缅甸国家构建的影响时，直接或见接地点到了其中存在的族际关系问题。缅甸罗兴亚人问题对地区安全影响的研究可追溯至 20 世纪 70 年代，如吴勒曼（U Le Maung）在 1973 年《缅甸政治史》中提到了 20 世纪 50—70 年代若开穆斯林族群（罗兴亚人前身）的政治运动对周边安全的影响。一是内部互动造成的危机外溢，是罗兴亚群体不被缅国内接纳、大批难民流动和滞留导致的长期性周边安全问题。卡里姆（Karim）在《罗兴亚人：历史与文化简况》和奇斯曼（Cheesman）在《缅甸"国家族种"如何抹除罗兴亚人公民身份的》中，以历史现实的角度对罗兴亚人的政治境遇进行阐述，均认为罗兴亚人外逃后造成各类族际关系危机。二是由内外互动所引发的危机扩散，是由于缅甸与其周边国家及西方就罗兴亚人问题消极互动，促使罗兴亚危机爆发而产生的突发性安全问题。林锡星在《缅孟边界危机缘何而起》与拉扎克（Razzaq）在《难民传言：孟加拉的罗兴亚人》中均提出，罗兴亚人问题导致缅甸边界冲突，受国际制裁，安全危机给缅甸国家构建带来法律、政治"双风险"。

对罗兴亚人问题所涉及的族际关系风险，各类文章存在分歧。一类文章认为，罗兴亚人问题更多地影响缅甸国家安全，是缅甸国内危机引发了族际关系危机。敏登（Min Thein）在《缅甸若开邦"罗兴伽人"研究》中指出，"罗兴亚"是编造出来的词，该群体影响缅甸

---

① Holliday I., "Myanmar in 2012: Toward a Normal State", *Asian Survey*, Vol. 53, No. 1, 2013, pp. 93 – 100.

② Holliday I., "Ethnicity and Democratization in Myanmar", *Asian Journal of Political Science*, Vol. 18, No. 2, 2010, pp. 111 – 128.

绪 论

国内安全稳定，引发缅甸外交危机。帕尼尼（Parnini）在《缅孟边境非传统安全与罗兴亚人问题》与苏塔娜（Sultana）在《21世纪孟缅经济关系的转型：前景与挑战》中均提到，罗兴亚危机加剧，致使缅孟两国裂痕加深。另有文章认为，罗兴亚人问题导致东盟出现内部分歧，影响东南亚地区稳定和缅甸的国家信誉。

值得注意的是，自2012年缅甸极端佛教徒与罗兴亚群体发生恶性冲突，尤其是2016年10月和2017年8月两次"若开罗兴亚救世军"（ARSA）组织袭击缅若开边境哨营事件后，有关研究更为关注缅甸国家构建中的非传统安全危机。戴永红等在《罗兴伽人问题的产生、影响及解决前景》和卢光盛等在《"伊斯兰国"对东南亚的渗透：态势、影响及应对》中均谈道，伊斯兰国恐将利用罗兴亚极端分子，将缅甸列入自己版图扩张的一部分，这对缅甸国家构建来说产生了新的压力。巴塔克里（A. hattacherjee）则在《罗兴亚危机：政策选择与分析》中指出，恐怖主义、腐败主义和难民危机已成为罗兴亚人问题衍生的三大难题，这三大难题对缅甸国家构建来说已经成为最大挑战。

第三节 研究目的与研究方法

本书的主要研究目的与研究意义如下。

其一，较为清晰地厘清缅甸族际关系的来龙去脉，并在此基础上研究其对缅甸国家构建的影响。为了将缅甸族际关系和国家构建采取整体而非割裂的方法连接起来，本书拟将族际关系直接放在缅甸的国家构建体系中考虑，以探寻缅甸族际关系是如何从离散和融合之间找到国家构建之平衡的。

其二，准确把握族际关系的离与聚，以结构化、过程化的视角，搭建三种族际关系体系（离散、融合、建构）中国家构建的平衡，及其存在的系统联系。

其三，在历史研究的基础上加入问题导向型研究，与现实中的缅甸族际问题相连，意图从族际关系与国家构建的系统角度，观察缅甸现实存在的几大问题，包括民地武问题和若开罗兴亚问题。

本书涉及的主要理论包括：拟结合国际关系、民族学理论剖析缅甸族际群体之间的互动，将其放入更宏观的历史背景，以实现族际关系与国家构建研究的有机耦合。此外，本书拟从系统角度而非单纯行为体角度解析族际关系问题，并非仅仅局限在结构角度的族际经济、族际政治或者族际社会、文化，或者局限在族群间聚与离的过程化研究中。

本书采用的主要方法是：一是文献分析法，从国家图书馆和相关高校图书馆收集电子版与纸质版的相关学术文献资料，并利用项目组成员从仰光大学图书馆、缅甸国家档案馆收集缅文和英文资料，同时从缅甸国家统计局相关网站上收集与缅甸族群问题相关的文献资料，并将这些文献资料进行二次分析。二是定性分析法。通过对第一手资料或者第二手资料的全面收集，在归纳和综合的基础上进行深入分析，最终形成文本内容。

第四节　研究框架

基于对"缅甸族际关系如何影响缅甸国家构建及在其中发挥了何种作用"这个问题，本书拟用五章完成有关论述。结构主要遵循"问题概念—历史分析—案例分析"的思路。

第一章主要阐述本书的理论框架。首先，本书将对族际理论进行概念阐述。在厘清最基本的"民族""族群""民族主义"等问题后，还将简述族际（关系）理论的相关概念，包括对族际关系的分类问题。然后，阐释"国家构建"的相关概念，辨析"民族构建"和"国家构建"的内容。最后，结合"族际关系"与"国家构建"的相关概念进行定性分析，在逻辑框架上表明双方的关系，从而缔造理论框架。第一章的重点将放在族际关系的类别鉴定上，因为这个概念关乎本书的核心理论框架。

绪 论

　　第二章、第三章、第四章将进入本书的历史部分。虽然说是历史部分，但由于结合现状中的各类问题（包括民盟时期的相关问题），并将各类问题置于同一框架进行解释，因此，实际上它应当是一个过程系统（历史系统）阐述。其中，又以第三章、第四章为重点，实际上第四章与前两章是平行关系，但其视角完全不同。

　　第二章重点介绍缅甸古代和近代的族际关系问题，也可理解为整个缅甸族际问题的起点和基石。这一章的历史节点选取的是，自缅甸族际关系开启以来（可上溯到骠国时期），至缅甸独立以前的殖民时期。这一时期，缅甸的族际关系虽然历经转折，但最终结果对独立后的缅甸历史是有深刻影响的。该章根据缅甸的古代史（封建王朝时期）和近代史（殖民时期）分为两节。

　　第三章阐述的是独立后的缅甸族际关系。独立后，缅甸的族际关系共经历了多党民主制时期（吴努政权时期）、社会纲领党时期（奈温军政府时期）、新军人时期（苏貌丹瑞时期）、退役军人执政时期（吴登盛时期）和民盟执政时期（昂山素季时期）。尽管历史跨度不及上一章，但其内容的丰富程度较高，也较为复杂。

　　第四章阐述的是缅甸民族国家构建的进程，是独立后缅甸国家构建进程的重述，其角度主要放在民族与国家的构建上。这一章是按照宪法为分割点的，因为宪法是国家构建的指南，基于宪法产生的国家构建，不管是偏差还是过度执行，都有一定的参考意义。同时，通过阐述1947年、1974年和2008年宪法，分析缅甸民族国家构建过程，最后对2008年宪法进行了一定的强调。

　　第五章是案例分析部分，主要是将历史进程中最能反映缅甸族际关系问题的几大问题剥离出来，进行结构化与过程化的综合分析。它包括三大部分：通过缅族与孟族的关系来观察缅甸的族际融合；通过缅甸民地武问题来阐述缅甸的族际构建；通过缅甸罗兴亚人问题来阐述缅甸的族际离散。

　　总的来看，本书是将问题导向和过程导向相结合，既强调历史的重要性，又将问题融入其中，拟通过再现和定性分析的手段来完成。

第一章　族际理论与国家构建的相关理论

　　族际理论是族际关系理论的简称，它是研究族群间关系的理论。族际关系在主权国家概念产生之前，泛指一切以"族"或"族群"为自我认定的行为体之间的关系，囊括众多国家间关系。主权国家出现后，"民族"和"国家"的概念经常产生混淆（均为 nation），难以严格意义上区分"民族关系"和"国际关系"（international relations），但以族群（ethnicgroup）为界定的群体，仍然可以用"族际关系"（inter-ethnic relations）来研究其互动。由于族际关系既可以在国家内部和国家外部发生，更有可能是跨越国境甚至在世界范围内发生，因此，其形态不仅比国际关系更为复杂，而且对国际关系和国家构建本身产生较大影响。本章作为文书的基础界定部分，将从"族际关系理论""国家构建"几个关键概念切入，首先是最基础的族、族群和民族概念及族际关系与族际关系理论的概念阐述，其次将族际关系按照其内在结构的差异性进行分类，再引入"国家构建"的概念。"国家构建"本身存在"民族国家"中"民族"与"国家"的解剖，因此，族际理论与国家构建之间的关系，实际上是族际关系对民族国家构建的综合影响。在不同的族际关系体系下，民族国家构建产生不同的效果，因而形成族际理论对国家构建影响的复杂性与差异性。进行有关的理论框架，有利于厘清规律和相关内容论述。

第一章 族际理论与国家构建的相关理论

第一节 族际理论

一 民族、族群与民族主义

研究"族群"（ethnicity/ethnic group）和"民族"（nation）常常因概念混淆而存在误差，但两个概念均为民族国家产生之后而出现，且有着较为密切的联系。美国著名学者本特利指出，"自十九世纪以来，'民族'这一词语已成为当今政治领域内最具有影响力的概念之一"①。在现代社会中，跨民族现象的客观存在决定了民族主义概念跨区域研究的复杂性。随着第二次世界大战后反殖民化浪潮的兴起，各民族"都在一定程度和范围内追求民族认同，最后总归于民族这一最终目的"②。这导致民族主义逐渐扩散到不同的族群和部族之中，使得当时的学者对于"民族"一词有着不同的解读。结合当前学者对民族的解释，他们大体上把对"民族"定义的解释归为两种：一种是从民族产生角度来进行界定，认为"民族是人们在历史上形成的一个有共同语言、共同地域、共同经济生活以及表现于共同文化上的共同心理素质的稳定的共同体"③；另一种是从观念认可角度来界定。美国学者本尼迪克特·安德森把民族定义为"一种想象的政治共同体，而且它是被想象成为本质有限的，同时也享有主权的共同体"④。

不管是族群还是民族，只要围绕对该"族群"认同所衍生出来的强烈情感和追求，就会形成民族主义。民族主义，广义上泛指追求某民族认同所产生的思想、意识形态、行为乃至社会运动，狭义上则围

---

① ［美］杰里·本特利、赫伯特·齐格勒：《新全球史（第三版）》，魏凤莲等译，北京大学出版社2007年版，第854页。
② ［英］安东尼·D. 史密斯：《民族主义——理论、意识形态、历史》，叶江译，上海人民出版社2006年版，第11页。
③ ［苏］约瑟夫·斯大林：《斯大林选集》，中共中央马克思恩格斯列宁斯大林著作编译局译，人民出版社1975年版，第64页。
④ ［美］本尼迪克特·安德森：《想象的共同体——民族主义的起源与散布》，吴叡人译，上海人民出版社2005年版。

绕族群或者民族不同的含义而形成不同内涵。朱伦在《西方的"族体"概念系统——从"族群"概念在中国的应用错位说起》中指出,西方对于民族或者族群的概念主要包括 nation、nationality、ethnos 和 ethnic group,也涉及 people。对这五个概念,分别采用国族、民族、族种、族群和人民的译名。① 在此基础上,笔者认为,可以通过创建一个谱系来找寻民族歧异性的限度和介于民族歧异性之间的概念,象限的左端到右端分别从极端割裂到极端同一。极端割裂使得民族主义极端化,极端同一实际上就是民族虚无主义或者普世主义(cosmopolitanism),如图 1-1 所示。此外,在民族国家兴起前后出现的国族主义(国家民族主义),实际上是赋予民族主义产生后对其定义的分界。王联在《世界民族主义论》中进一步区分为文化民族和政治民族。②

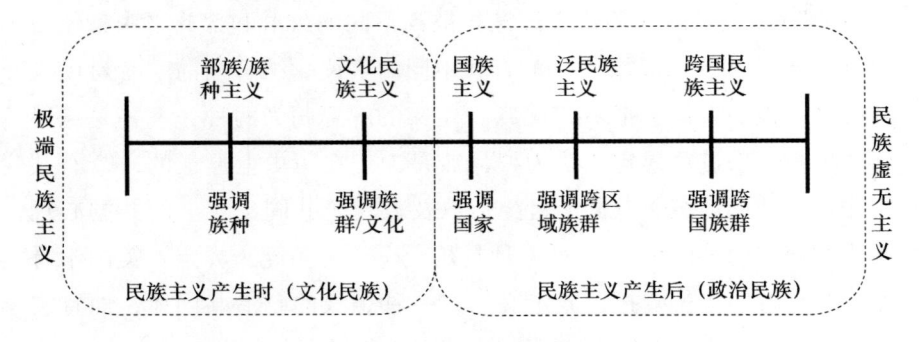

图 1-1 民族及相关概念范围层次的概念谱系

总的来说,民族主义根据民族产生时或者形成后的不同概念,牵引出两种民族主义,即族种民族主义(ethnic nationalism)和非族种民族主义(non-ethnic nationalism)③,后者又随着民族主义范围的扩展,衍生出文化民族主义和国家民族主义。当民族主义出现在单一民族国

---

① 朱伦:《西方的"族体"概念系统——从"族群"概念在中国的应用错位说起》,《中国社会科学》2005 年版第 4 期。
② 王联:《世界民族主义论》,北京大学出版社 2002 年版,第 8 页。
③ Non-ethnic nationalism? Talk: Ethnic nationalism, Wikipedia 2014 年 6 月 8 日, http://en.wikipedia.org/wiki/Talk: Ethnic_ nationalism。

第一章 族际理论与国家构建的相关理论

家时,民族主义被赋予的含义是:"一种对国家的爱和骄傲,另一种认为自己国家优于他国的优越感。"① 当多民族国家呼唤民族统一、实现统一的国家认同时,民族主义被赋予了新的含义,即"一个拥有同一种族、文化、语言等的群体建立独立国家的追求"②。这两种方式表达的诉求都是国家层面的,第一种民族主义彰显对外优越的国家观,可认为是一种积极民族主义。潘维认为,"爱国主义混入对他国和他国人民的歧视,认为本国有高于其他国家的特权,同意为本国国民利益牺牲他国国民利益,就成为民族主义"③。第二种民族主义更可被认为是一种"国家主义"或者"建国主义"。如果单从字面解释来看,它应当是一种"单一民族国家主义"或者"单一民族建国主义"。这个层面的国家主义既可以是受压迫的民族寻求生存空间的消极民族主义,又可以是一个国家的部族寻求独立的积极民族主义,即部族民族主义(ethnic nationalism)。

本尼迪克特·安德森在《想象的共同体:民族主义的起源与散布》一书中概括了四波民族主义,指出不同时期民族主义衍生出来的不同概念:第一波是殖民地民族解放的"美洲模式",第二波是欧洲民族国家崛起时的"语言民族主义",第三波是建立全世界掀起的主权国家"官方民族主义",第四波是世界大战后的民族独立运动。

由于跨国或跨区域的民族主义已经超出本书的研究范围,故本书选取的是次广义上的民族主义,至少包含族种/种族④民族主义(ethnic nationalism)、文化民族主义(cultural nationalism)和国家民族主

---

① A S Hornby, *Oxford Advanced Learner's English-Chinese Dictionary*, Sixth edition, Oxford University Press, 2004, p.1149.
② Ibid.
③ 潘维:《比较政治理论与方法》,北京大学出版社2014年版,第104页。
④ 关于民族主义界定的两篇比较有代表性的文章中分别用了族种和种族,其实质均为ethic,后文统称族种民族主义。详见朱伦《西方的"族体"概念系统——从"族群"概念在中国的应用错位说起》,《中国社会科学》2005年第4期;王绍光《民族主义与民主》,《公共管理评论》2004年第1期。

义（state nationalism）三种狭义范畴。下文将具体结合缅甸的情况进行核心概念的界定。

族种/种族民族主义：族种或者种族民族主义以血统作为界定变量，将民族看作有机实体，寻求建立单一种族的国家。① 在那些种族单位与政治单位不完全重合的地方，种族民族主义很可能导致强制性同化或分裂主义运动，即产生泛民族主义（如泛斯拉夫主义、犹太复国主义）或民族分离主义（如英国苏格兰和西班牙加泰罗尼亚的民族分离运动）。安德森的第一波民族主义和第四波民族主义均包含此因素。

民族分离主义：本书着重强调的缅甸三大民族主义之一，指多民族国家在国家解放后，由于无法处理国内复杂民族关系引发的民族分离、独立的思想和运动。② 与"民族自治"概念不同的是，"自治"是国家自上而下的政策，并不允许僭越国家主权的行为，但"分离"则是自下而上、要求建立新的国家主权的行为。缅甸是一个拥有135个民族的多民族国家，缅族为多数民族，占2/3，其余少数民族则包括克伦族、掸族、克钦族、孟族、若开族、佤族等。大部分少数民族生活在经济落后、交通不便的东、西、北部高原，历史、地理、地缘等因素导致缅甸大部分少数民族有分离主义的倾向。

文化民族主义：以共享的文化作为界定变量，进而分享共同语言、习俗、社会规范、行为模式等，文化民族主义是在完成民族融合之后形成的大民族主义。例如，满族融入中华民族主体之后形成更大的中华民族。朱伦认为，文化民族主义所指的民族是有合法政治地位、拥有传统居住地区和政治自治地位的历史性民族；族种民族主义所指的民族应当称为族群（ethnic group），是对国家来说的外来者、异文化者、异宗教者和无领土根基者，没有稳定的组织结构和本质，他们的散居状态使他们没有也不可能有以领土为依托的

---

① 王绍光：《民族主义与民主》，《公共管理评论》2004年第1期。
② 关于民族分离主义定义很多，本书主要参照王联《世界民族主义论》，北京大学出版社2002年版，第199页。

第一章　族际理论与国家构建的相关理论

行政管理权。① 文化民族主义一旦在跨境少数民族中发展，则容易造就泛民族主义或民族分离主义；一旦在多数民族中发展，则会产生民族沙文主义或大民族主义。

大民族主义：又称为沙文主义，它出自列宁的思想，被认为是国家的大民族强制被压迫民族同化，并使他们在经济和政治上处于从属地位。② 大民族主义或来源于国内多数民族的扩张，或是对民族分裂主义或独立运动的回应。安德森所说的第三波民族主义或"官方民族主义"即带有该色彩。③

大缅族主义：大民族主义在缅甸的表现形式，又称为大缅沙文主义。大缅族主义是作为多数民族的缅族排斥少数民族的思想或政策，被指责是当前缅甸最严重的若开穆斯林罗兴伽问题和缅北战争的主要原因之一。缅甸自新军人政府开始注重建立民族认同后，通过改国名为Myanmar来试图区分国家民族主义（Myanmar nationalism）和大缅族主义［Bamarism / Bamar（Burmese）nationalism］④。

佛教民族主义：与大缅族主义联系密切。佛教民族主义是宗教民族主义的一种，是宗教力量与政治力量在民族国家构建中结合产生的，强调佛教作为民族国家的旗帜和象征，以保护或扩展国家内部的宗教价值观，排斥异教在本国的扩充。缅甸佛教民族主义始于吴努时期，指吴努为使佛教成为国家宗教所做的努力。⑤ 该民族主义在实际施行的过程中与大缅族主义相融合，被认为是导致缅甸排斥和挤压若开穆斯林的主要原因之一。

国家民族主义：简称国族主义，是狭义的民族主义。对国族主义最简单的概括是，它是一个以主权国家为单位的政治共同体，这个共

---

① 王联：《世界民族主义论》，北京大学出版社2002年版，第84—85页。
② 列宁：《列宁全集》（第二版）第24卷前言。
③ ［美］本尼迪克特·安德森：《想象的共同体：民族主义的起源与散布》，吴叡人译，上海世纪出版集团2011年版，第10页。
④ Origin and History of the Name Myanmar, http：//self.gutenberg.org/articles/OriginandhistoryofthenameMyanmar.
⑤ 宋立道：《佛教民族主义在南亚、东南亚的发展》，《佛学研究》1996年第6期。

同体"希望为异质的人群建构起一个同质的实体"①。国族主义是通过文化民族主义发展而来的，同时具备政治民族的属性，提倡与血缘和文化脱钩，比前两种民族主义有更强包容性。② 这种狭义的民族主义与爱国主义（patriotism）紧密相连。潘维提到的"爱国主义一旦混入对他国和他国人民的歧视……就成为民族主义"③，从批判思维的角度搭建了有意义的联系。基于民族国家的"国家民族"（national nation）利益，民族主义成为该国对内国家构建和参与国际关系时表现出来的带有倾向性的思想、情绪、态度、行为，可以看作一种意识形态。国家民族主义"反映了某个民族国家与其他民族国家以及当今世界的关系，是民族国家存在的基本方式，因而是一种能在国际政治中发挥作用和影响的力量因素"④。国族主义在很多多民族、多种族国家内被视为维护国家统一和领土完整的核心思潮，这种思潮具有很强烈的作用。例如，孙中山提出的"国族"思想，缅甸领袖昂山也有类似的思考，即"在联邦的名义下，引导各少数民族组成一个整体，形成民族联合的局面，然后第二步才是促进民族团结，形成民族的认同感，争取少数民族不再分离"⑤。缅甸新军人政府于1989年后将国名从"Burma"改成"Myanmar"，Myanmar nationalism 从后来建立的"缅甸联邦"角度来看，可视为当局建构"缅甸国家民族认同"的国家民族主义的努力。⑥

---

① Spencer Philip & Howard Wollman, "Nationalism: A Critical Introduction", *Clinical Science*, Vol. 41, No. 3, 2002, pp. 237 – 248.

② 也有学者指出，"无论这样定义的民族包容性有多高，它一般还是会将某个种族和文化作为其核心"。这是由于国族主义本身是前两种民族主义发展而来的，不同时期应当强调不同民族主义的作用，因而，本书偏重强调该定义的包容性，并在后文对其中的悖论进行一定解释探讨。详见 Smith, Anthony, The Ethnic Origins of Nations, John Wiley & Sons, 1986。

③ 潘维：《比较政治学理论与方法》，北京大学出版社2014年版，第104页。

④ 李兴：《论国家民族主义概念》《北京大学学报》（哲学社会科学版）1995第4期。

⑤ 祝湘辉：《试析昂山的民族思想》，《北大亚太研究》（第6辑），香港：社会科学出版社有限公司2004年版，第382页。

⑥ Origin and History of the Name Myanmar, http://self.gutenberg.org/articles/OriginandhistoryofthenameMyanmar.

第一章 族际理论与国家构建的相关理论

本书在探讨缅甸族际问题时,为避免产生歧义,选取狭义层面的民族含义,即强调族群认同的民族含义,同时也不排除在民族国家构建中产生的国家民族主义。为了做较为清晰的区分,本书在族际关系中偏向于采取前者含义,而在国家构建中结合后者的含义,通过探讨族际关系对国家构建的影响,回避两个概念之间的差异化影响。

二 族际关系与族际理论

族际关系本身产生时间较久,但对族际关系的界定擘始于第二次世界大战前后。尼古拉斯·迪马谢夫(Nicholas S. Timasheff)在《美国天主教会社会学研究》杂志上发表的文章《族际关系比较研究》中提出,"族际关系"是对族群间关系的系统性研究,这些族群是由大规模拥有共同价值、特定认同感(对内或者对外区分)及共同语种、共同血统、共同家园甚至共同艺术、英雄史、祖先崇拜等的社会群体组成的共同体,其相互关系虽然并不一定,但总是伴随冲突和矛盾,并对国家及国家间政治产生深刻影响。[1] 按照约翰·雷克斯(Rex)、大卫·马桑(Mason)的说法,族际关系的产生被发掘于人类学者,但人类学者没有发掘族际关系中最为显著的非对称性权力结构,正是这种权力关系的互动,最终形成垂直化的族群间关系,即带有阶级阶层属性的垂直化关系,和带有法理而非事实上平等的平行化关系,这就是最终形成的族际关系。[2] 周平则指出,民族形成以后,不可避免会出现民族间的联系和相互作用。当民族的成员相互把本族的成员视为"自己人",把他族的成员视为"外人"的时候,族际关系就形成了。[3]

族际关系和族际关系理论在不同阶段有不同的倾向性,也就是说,在不同时期,族际关系和族际关系理论的内容是有差异的。约

---

[1] Timasheff, Nicholas S., "The Comparative Study of Inter-Ethnic Relations", *The American Catholic Sociological Review*, Vol. 5, No. 4, 1944, pp. 224 – 237.

[2] Rex, John, David Mason, eds., *Theories of Race and Ethnic Relations*, Cambridge University Press, 1986, p. 9.

[3] 周平:《论族际政治及族际政治研究》,《民族研究》2010 年第 2 期。

翰·雷克斯和大卫·马桑等在书中,收录了马桑关于种族、族际关系理论论争的介绍。马桑指出,族际关系理论是一门多元化的社会理论,其在前殖民地时期(ex-colonial)、殖民地时期(colonial)和后殖民地时期(post-colonial)有很大的区别。前殖民地时期的族际关系互动属性显著少于其结构属性,殖民地时期族际关系的属性就是等级制属性,而后殖民地时期的族际关系,与整个社会发展的理论范式有关。例如,在20世纪五六十年代,族际关系的范式偏重功能主义,并吸收了自由主义(liberalism)和统合主义(integrationism)。如果没有这些发展,对于族群自由化的趋势——包括族群自由化泛滥的趋势就不会高涨,世界民族主义运动也不会掀起高潮。[1] 周平指出,早期的族际关系包含国际关系,或者说囊括很多国际关系现象,如民族国家对其他民族的殖民统治、以民族国家形式出现的民族压迫,以及殖民地国家民族掀起的民族解放运动等。[2] 于春洋则指出,在国家形态发展到民族国家阶段之前,由不同民族共同体建立的国家,无论是城邦国家,还是封建君主专制的王朝国家,它们之间的关系并不是现在意义上的国际政治关系,只是族际关系尤其是族际政治关系的特殊表现形式。到了民族国家版图基本奠定完毕,族际互动不再表现为产生国家或者脱离国家统治时,"国际政治"产生。这种政治形态独立后,淡化了族际政治的国际属性。由此,在民族国家时代,族际关系主要存在于民族国家内部。[3]

族际关系的一般性界定,围绕族群间互动来进行,其概念或多或少有重合之处。如罗康隆指出,族际关系是人类社会根据特定的需要而构建起来的一种个人行为系统,体现在不同群体之间的依存、互动与相互制约关系。[4] 钟贵峰指出,族际关系是指在多民族国家内,

---

[1] Rex, John, and David Mason, eds., *Theories of Race and Ethnic Relations*, Cambridge University Press, 1986, p. 11.
[2] 周平:《论族际政治及族际政治研究》,《民族研究》2010年第2期。
[3] 于春洋:《论族际政治理论的基本内容及其当代价值》,《西南民族大学学报》(人文社科版)2011年第12期。
[4] 罗康隆:《族际关系论》,贵州民族出版社1998年版,第19页。

第一章 族际理论与国家构建的相关理论

民族与民族在互动中所形成的具有一定稳定性和动态特征的关系模式。①

尽管对族际关系的概念有较大的共识,学者们对族际关系的范畴和分类却有千千万万种方式或者操作,这就形成多元化的族际关系理论或者族际理论。例如,早期学者将族种关系(interethnic relations)置入族际关系考量。迪马谢夫认为,白种人和尼格罗人种(黑人)是美国历史上最重要的族际关系,因为两者之间的冲突和融合锻造了美国社会历史的发展。在迪马谢夫看来,白种人和尼格罗人种之间的互动,与犹太人和反犹太人之间的互动相似,两者均代表了民族群体间的激烈互动(冲突)②。沃尔普指出,种族虽然不是族群界定的必要条件,却界定了族群所必需的阶级基础。由于种族在阶级冲突中被杂糅进了更多政治化(而非经济学或者人类学)的色彩,其与族群概念在很大程度上被内化了。这种内化程度决定了族群冲突既有可能存在阶级矛盾的风险,也有可能存在种族主义的风险。③

三 族际关系的分类

族际关系的分类模式很多,不一而足,主要原因是族际理论本身的复杂性和多元性,以及随着历史发展产生的歧义性。从当前文献来看,主要的分类方式可从结构化、过程化和两者的结合来区分。

一是结构化的分类方式。该方式对民族本身进行区分,或将关系进行归类。常用的分类方式,如欧黎明在介绍中国族际关系治理时,将族际关系分为政治关系、经济关系、文化关系和社会关系。④ 另外,钟贵峰在介绍缅甸族际关系治理时,也将族际关系的类别分为族际政

---

① 钟贵峰:《缅甸民族国家构建中的族际关系治理研究》,中国社会科学出版社 2017 年版,第 40 页。
② Timasheff, Nicholas S., "The Comparative Study of Inter-Ethnic Relations", The American Catholic Sociological Review, Vol. 5, No. 4, 1944, pp. 224–237.
③ Harold Wolpe, Classconcepts, Class Struggle and Racism; Rex, John, David Mason, eds., Theories of Race and Ethnic Relations, Cambridge University Press, 1986, p. 123.
④ 欧黎明:《当代中国族际关系治理分析》,博士学位论文,云南大学,2011 年。

治关系、族际经济关系、族际社会关系和族际文化关系。① 结构化的分类，相对来说可操作、逻辑概念强，缺点是历史节点难以串联，有时容易陷入孤立化的视角。

二是过程化的分类方式。该方式基于族际互动的进程特征来分类，或基于族际互动进程所生成的状态来分类，强调的是族际行为体之间的互动状态，包括力量对比、彼此态度、发展趋势、相互认知等。例如，周平将族际政治进程视为最主要的族际关系，其他关系都围绕这一关系来。这些关系分为：民族竞争、常态以及通过限制对方的发展和力量而获得有利的发展条件和优势地位的政治过程。民族战争，是处于激烈族际竞争中的民族，通过直接诉诸武力的方式，争取和维护民族利益的政治过程。民族掠夺，是在特定的族际关系中，一个民族倚仗军事实力或直接使用武力掠取其他民族的财富、人口和资源，以增强自身与直接削弱异族为目的的政治过程。民族压迫，指利用自己在族际竞争中获得的优势地位而剥夺其他民族的政治权利或将本民族的意志强加于其他民族之上，以及通过压制其他民族而维护或谋求本民族利益的政治过程。民族反抗则是处于被统治、被压迫地位的民族，通过军事或非军事的手段，反抗民族压迫的抗争性政治过程。民族分离是某个民族从现有的国家政治共同体中分离出去，另立本民族的国家政治体系的政治过程。民族联合，是长期交往的各个民族，基于民族利益的考虑，联合在一起共建统一国家政治共同体的过程。中国历史上各民族联合共建多民族的国家政治共同体，是民族联合的典型形态。民族互助，是共处一个统一的国家政治共同体即多民族国家中的各个民族（主要是主体民族），在国家的倡导和政策引导下，对其他民族进行帮扶，以促进民族团结，实现各民族共同发展的政治过程。上述族际政治具体形式，最终都能归结为两种基本形式，即族际冲突与族际合作。② 再如，罗康隆将族际关系分为并存关系、

---

① 钟贵峰：《缅甸民族国家构建中的族际关系治理研究》，中国社会科学出版社2017年版，第40页。
② 周平：《论族际政治及族际政治研究》，《民族研究》2010年第2期。

第一章 族际理论与国家构建的相关理论

互补关系、联动关系、依附关系、包裹关系、同化关系、涵化关系、融合关系、分裂关系,这些都是基于族际互动对形成的"体系"进行的剖析。① 过程化的分类,具有动态化的视角,容易将族际互动的过程和结果联系起来,缺点则是容易将历史背景与互动进程割裂开来,而且,穷举性的描述无法在一般性和特殊性之间寻找平衡,也难以预测新的互动规律。

三是结构化和过程化的结合,意在先对族际关系进行结构化界定(相对大而化之),再根据这些结构化界定,进行过程性研究。例如,迪马谢夫首先将族际关系的显性要素和隐性要素提取出来,基于两个互动族群的"族际态度"(attitude)形成四个象限,即"积极态度之间的族际关系""积极整合的显性族群与消极接受的隐性族群之间的族际关系""消极整合的显性族群与积极接受的隐性族群之间的族际关系""消极态度之间的族际关系"。结构化界定之后,再研究具体过程动态,进而将族际关系分为族际融合、族际整合、族际平等、族际民主、族际胁迫、族际对抗、族际隔离等,其亲疏程度从亲到疏。② 迪马谢夫的论述中还区分了"认知中不同的族际关系",即族际关系在显性方看来有时是"社会整合",但在隐性方看来可能就是"社会干预"甚至"政治介入"。此外,"程序合法性"有时很难区分,在何种时候扩大隐性方的权力被认为是积极的。例如,如何区分"民族自决"和"民族自治",就是一个很大的问题。再如,约翰·雷克斯和大卫·马桑等人将族际关系界定为"垂直族际关系"和"平行族际关系/横向族际关系",这是结构化的定义。前者指的是,族际关系与国际关系一样,在体系层面存在等级制(这里暂且不评论国际体系是否存在等级制),即某些族群总是因为非对称性力量结构的问题,不得不屈服于其他族群,进而形成"垂直族际关系";后者指的是,以族群为定义的个体,尤其是人类学意义上的定义形成的族际间关

---

① 罗康隆:《族际关系论》,贵州民族出版社 1998 年版,第 19 页。
② Timasheff, Nicholas S., "The Comparative Study of Inter-Ethnic Relations", *The American Catholic Sociological Review*, Vol. 5, No. 4, 1944, pp. 224–237.

系，这些关系不被赋予特殊的权力含义，而是自然族际关系。在过程层面，正是由于两种结构化的定义，族际关系一开始就产生两个层面的发展。按照垂直化的互动进程，族际关系表现出来的是权力竞争与国家疆域的变化；按照平行化/横向化互动进程，族际关系表现出来的是社会结构的自然变更、阶级结构的变迁和社会的发展。①

结构化和过程化的结合，可以更加立体化、全方位地观察族际关系，从族际构建和族际关系互动的角度，更加复合地描述族际间互动的规律。但是，越复合的体系意味着越复杂的体系，族际间互动的复杂，在更加复杂的体系下观察，难以清晰明了地解决现实问题。

不管选择哪一种分类，都难以全方位规避族际理论的复杂性所带来的诸多利弊取舍。因此，本书先从结构化的手段出发，将族际关系和族际理论的重点倾向性置入族际政治关系，指出狭义的族际关系就是族际政治关系，及其主导下的其他族际关系；随后，再对过程化的族际关系进行分类，将族际离散、族际融合作为"聚与离"的两个端点，将国家构建置于其中，强调聚与离的辩证统一，形成一种更符合现代国家特征的族际关系——建构体系。

基于对"族"和"民族"的狭义界定，本书对族际关系的分类模式，倾向于首先规避基于"民族"或者"国家"本身的复杂性，并强调此"族"（ethinicity）非彼"族"（nation）。正如迪马谢夫所说，"族"（ethnicity）与"民族"（nation）往往因国家的政治需求而呈现不同描述。如果一个国家倾向于规避其国内复杂性，并且强调以政治共同体的"国"（state）作为认同区分时，那么两者相互混淆的模式就显而易见。这常常出现在英国和法国的语境里，因为其他国家不容易出现"民族"与"国家"混淆的词汇。② 如果不做这样的区分，这里的族际关系很难与后文要进行因果关系衡量的"国家构建"

---

① Rex, John, and David Mason, eds., *Theories of Race and Ethnic Relations*, Cambridge University Press, 1986, p. 9.

② Timasheff, Nicholas S., "The Comparative Study of Inter-Ethnic Relations", *The American Catholic Sociological Review*, Vol. 5, No. 4, 1944, pp. 224–237.

第一章　族际理论与国家构建的相关理论

做严格区分。

为此,对族际关系的分类可从横向和纵向进行考察。横向方面,族际关系分为族际政治关系、族际经济关系、族际社会(文化)关系等,简称为族际政治、族际经济和族际文化,本书将这些关系的总和统称为复合体系下的族际关系。纵向方面,族际关系根据不同历史时期、不同阶段进程的不同形态,依照"关系度"亲疏来区分。本书概括为:融合体系下的族际关系,即强调民族认同与族际融合的族际关系;离散体系下的族际关系,即强调民族分离与族际疏远;建构体系下的族际关系,即强调国家民族与民族国家。

(一)复合体系下的族际关系:族际政治、族际经济与族际社会

族际结构和分类不管如何界定,都脱离不了社会本身的结构基础,只要社会存在经济、政治、社会(文化)的三元分野,结构化分类就是有必要的。族际社会类似于国际社会,也可从政治、经济、文化等视角来看,族际经济的变动弹性总是最大的,物质力量可以带来的效益也是比较清晰的;族际文化的变动最小,这与族际认同建立在精神文化之上有密切关系,观念层面的东西很难短时改变,除非物质层面的东西能够通过某种制度性同化来间接转化;族际政治的变动弹性居中,因为政治制度居于社会认知和物质世界之间,两者的变化都可以通过政治制度来反馈。

其实,这涉及物质文明、精神文明和制度文明的差异性。潘维指出,游牧业和农业的不同生产方式产生了不同的文明,这些文明又在物质文明、精神文明和制度文明方面形成不同的差异性,如制度文明的地域特殊性和历史性强于精神文明,精神文明则强于物质文明。[①]地域越强,历史性的文明越具有刚性,便越不容易变动。后起国家总是倾向于先建设物质文明,然后才是精神文明,最后才会选择适合自己的制度。

尽管普遍的规律是经济基础决定上层建筑,物质文明总是居于基

[①] 潘维:《比较政治学理论与方法》,北京大学出版社2014年版,第62—69页。

础的位置，然后才有意识形态相关文明。但物质文明与精神文明之间不能总是直接转化，而是通过一种既能容纳物质又可消融文化的框架作为媒介，那便是制度。人们之所以普遍研究制度，就是因为制度记载了历史上的物质世界以及精神世界对物质世界的反馈。从反馈的基础来看，制度研究实际上具有某种程度的基础意义。

类似地，在族际理论中，也存在物质主义（族际经济）、制度主义（族际政治）和文化主义（族际社会文化）。族际经济所反馈出来的族际物质形态，可以通过族际政治间的"关系性"模式来认知，而族际社会或者说族际文化的认知，则可以通过族际政治间的"认同性"模式来解读。族际政治是族际关系的基础，这源于"民族"或者"族群"概念本身具有政治属性，与国际政治关系是国际关系的核心类似。国际关系本身脱自族际关系，国际政治学也可以被认为脱自族际政治学。在民族国家生成之前，国家间政治的生产之道与族际政治是相通的。如果说国际政治学的本质是国家间关于战争与和平的界定，那么，族际政治的本质就在于族群间的冲突与合作的界定。

一是族际政治。族际政治是族际关系的重要内容，它在族际交往过程中形成，并在民族国家出现以后发生重大改变。不论是哪个民族的社会，都必须建立自己的公共权力，以政治的方式对民族社会进行管理和治理。一方面，政治是最基本的社会机制，人类正是通过这种机制为社会建立和维持秩序，解决公共性问题，保障社会的正常存在和发展。社会管理的水平及治理的程度，都与政治紧密地联系在一起。离开了政治机制，社会的存在和发展是不可想象的。基于利益的政治一旦形成，就有自己的存在方式和发展规律，并反过来影响民族共同体的形成和发展过程，甚至改变民族原来的发展轨迹。另一方面，民族要利用一定的政治形式来维护自身的利益。[①]

认识族际政治是认识族际关系的基础。作为政治共同体的国家与作为人们共同体的民族在民族国家时代紧密地结合在一起，这使得国

---

① 周平：《论族际政治及族际政治研究》，《民族研究》2010 年第 2 期。

第一章　族际理论与国家构建的相关理论

家在政治权力实施、政治体制设计、法律政策制定、政治决策活动等政治过程中，必须考虑到国内各民族在公共权力、经济利益和社会资源分配体系中的地位，以及各民族的自身文化在国家政治共同体框架内生存和发展的空间。国家政治体系的运作过程将直接关系到国内不同民族的利益得失，直接影响族际关系的性质和前景。正是在这种意义上，民族国家时代的民族"在很大程度上是利益群体"①。

在族际政治互动关系过程中，冲突是最为明显的现象。族际冲突的逻辑来源，很大程度上在于族群的利益选择。根据理性选择理论，人是有"理性"的，会根据现实利益，结合个人目的，对自身的行为作出理性选择，即理性行动者趋向于采取最优策略，以最小代价取得最大收益。在理性选择流派看来，族际政治互动是人类学和社会学发展过程中多元主义交织的结果。人们总是选择自己的归属群，来寻找群体间的平衡，进而由群体来代替自身实现利益或者效益最大化的追求。②

此外，族际政治的冲突属性与历史演进的过程中，殖民战争与反殖民运动的出现有很强的联系。西方民族国家的形成，自然国家边境的确定，是在国家主权概念生成后实现的。对于后起国家来说，民族概念是在反对殖民的过程中生成的。除外部力量外，民族的族体地位得到巩固，尤其是民族意识的觉醒和增强，都有可能促成通过与其他民族和政府的族际政治互动来争取、实现与维护利益的行为。如果国家的民族政策失当，或者缺乏预见性，就会使这种可能变成现实或加速其实现，形成激烈的族际政治互动，甚至导致不可挽回的后果。③

族际政治的内涵较为丰富，其概念界定在某种程度上可以视为族际关系的界定。首先，民族是族际政治中的基本行为主体。也有这样的时候，即族际政治的一方为具体的民族，另一方则为国家或政府。

---

① Grazer N. & D. P. Moynihan ed., *Ethnicity*, Cambridge: Harvard University Press, 1975.
② Rex, John, and David Mason, eds., *Theories of Race and Ethnic Relations*, Cambridge University Press, 1986. p. x.
③ 周平：《论族际政治及族际政治研究》，《民族研究》2010 年第 2 期。

另外，还有双方皆为国家的情况。此时的国家并不是作为国际政治的行为主体，而是某个民族的代表者，它与另一民族并不构成国际关系，而是构成族际关系。其次，族际政治诉诸政治权力。族际政治中的民族，不论是维护自身的利益还是争取和实现自身的利益，都必须诉诸政治权力。再次，族际政治涉及民族的根本利益，往往伴随着广泛的政治动员。最后，族际政治与一定的意识形态相联系。在传统的族际政治中，宗教发挥了重要的作用。对于某些民族来说，宗教与民族文化结合在一起，甚至成为民族文化的组成部分。①

族际政治的重要性还体现在，族际政治在发挥影响力时，首要影响的是作为族际关系主体的民族：一是影响民族共同体（凝聚、整合、发展）；二是影响民族利益；三是影响族际关系。有些族际政治方式，如民族联合、民族互助等，能够有效地改善相关民族关系，为民族的发展创造宽松和有利的族际环境；有些族际政治方式，如民族战争、民族掠夺、民族压迫等，是典型的恃强凌弱，必定导致族际关系的恶化。②

实际上，在具体运行过程中，族际政治经常涉及国家政治、国际政治的一些形式。例如，在第二次世界大战后兴起的民族解放运动中，那些被压迫民族在争取自身民族独立的运动中，大多采用政党这种政治形式，并把政党制度作为新生民族国家的政治制度之一。因此，政党更加全面地"介入了族际政治，成为处于某种族际政治关系中为民族争取、实现和维护民族利益的工具"③。此外，当前主流政治中的议会形式，也成为族际政治的重要表现之一。少数民族政党虽然不一定能够通过大选赢得国家执政权，却可以通过政治参与为自身民族谋取更多的福利。在此情况下，议会模式代替了斗争模式，政治解决途径代替了武装斗争形式，促使族际政治朝着更加和平的方向

---

① 周平：《论族际政治及族际政治研究》，《民族研究》2010年第2期。
② 同上。
③ 周平：《多民族国家的政党与族际政治整合》，《西南民族大学学报》（人文社科版）2011年第5期。

第一章　族际理论与国家构建的相关理论

转变。

　　虽然族际政治关系很重要，但也不能说明，族际政治就是族际关系的全部，或者说，只研究族际政治就能够解决一切的族际问题。第一，在民族所诉诸的政治权力中，有的是国家权力，有的则是非国家权力。在这样的条件下，在政治关系外生成了众多调和关系，包括族际经济关系和族际政治关系。不仅是族际政治，族际经济关系、族际社会/文化关系也是满足共同体在族际关系中运用各类手段争取民族利益的要求。第二，族际经济关系、族际社会关系的生成，也是族际理论发展的必然结果。伴随机器大工业时代的到来和人口流动性的增加，族际交往开始突破地域界线，逐渐从最初的同一地域范围之内的毗邻民族间的交往走向跨地域的族际交往发展，交往方式也变得丰富多彩。因此，族际关系发生了重大变化，基于族际交往的不同性质，形成族际经济关系、族际文化关系和族际政治关系。[1] 第三，族际经济、族际文化是将族际理论从政治性（更多时候有斗争性、冲突性和零和性特点）层面纠偏，起到调和作用。毕竟，生活在这个政治共同体中的各个民族，"彼此之间的关系不是孤立的、任意的，而是通过政治法律制度和彼此之间的经济文化交往联系在一起的"[2]。

　　二是族际经济关系。族际经济关系是指在一定时期内，处于同一市场的不同族群间进行生产、销售、贸易或援助等经济活动所产生的经济关系，或处于不同经济体系下，不同族群间试图突破民族性、地域性和国家主权性所建立的经济往来。总的来说，族际经济关系特点包括：族际经济存在一定的差异，很多时候存在较大的差异，从而导致族际经济存在较大的政治属性和社会属性；族际经济存在一定的依赖性，很多时候，族际关系的存续依赖族际经济关系的存续，而另外一些时候，它又因为经济关系的破碎而破裂；族际经济有时需要更好

---

　　[1]　于春洋：《论族际政治理论的基本内容及其当代价值》，《西南民族大学学报》（人文社科版）2011年第12期。
　　[2]　王建娥：《族际政治民主化：多民族国家建设和谐社会的重要课题》，《民族研究》2006年第5期。

的协调或者一方付出更多，因而有一定的援助属性。

对于国内族群经济关系，国家政策具有较大的作用。一个有效、正确的民族观念是保证民族关系发展的关键，为此，应当重视各民族之间树立良好的民族观念，抵制不良思想观念带来的不利影响，促进平等、团结、互助、和谐的新型社会主义民族关系的健康发展。同时，保证各民族人民的根本利益。每个民族都具有自身的利益和权利，民族利益的完善是保证各民族有所发展的重要依托。为此，维持各民族的关系，应当重视每个民族的根本利益。各民族拥有平等的待遇，同样受到人们的尊重。不同民族之间所具有的经济利益应当尤为重视，避免出现严重的纠纷问题。国家应当通过一定有效的手段和措施，给各民族提供保障的同时，让它们都可获得自身利益，实现经济的良好发展。此外，做好引领工作，带动各民族地区经济的协调发展。国家政府应当促进发达地区与民族地区的协同发展，利用先进的技术设备予以民族地区技术上的支持，促进民族地区经济先进化和有效化发展，充分利用现有资源，实现资源的合理配置与有效使用。

对于国际族群经济关系，则涉及更加复杂的族际交往。如果是合法的经济关系，往往涉及次国家行为体的经济关系，也就是跨国的族群间经济关系。这样的关系不属于本书的研究范畴，它更加偏向国际政治经济学（特别是国际援助）范畴，因此本书在此不做讨论。

三是族际社会关系。族际社会关系是指隶属同一社会网络的各族群之间的关系。这里包含文化关系，即建立在认同层面的族际关系（文化）和既有社会网络层面的族际关系（社会）的复合体。之所以将社会与文化相连，是因为族际关系的认同基础并非空中楼阁，体现出某种程度的社会关联。

族际关系脱胎于社会学和人类学的概念，从自然因子上说，它实际上是社会关系和人际关系的复合体，也就是当人类社会化之后，以"民族"作为社会群体，与其他社会群体的互动。这些互动并不只是带有政治属性的互动（尽管族际政治为当前族际关系的基础），而是

第一章 族际理论与国家构建的相关理论

具有天然的社会属性,包括族际社会结构、族际社会状态、族际社会阶级/阶层的发展。在一些新马克思主义者看来,族际社会关系是国内阶级斗争的决定性因素。在他们看来,族际社会是族际关系的最终形态,因为族际政治、族际经济和族际文化(意识形态)共同形成阶级斗争的基础。阶级斗争本身就是族际社会关系的反映,族际政治、族际经济和族际文化(意识形态)构成所谓的族际社会关系三要素:阶级属性(class)、地位属性(status)和政党属性(party)。[①] 不过,在韦伯主义者们看来,似乎不是前者(族际政治、族际经济和族际文化/意识形态)构成族际社会关系,反过来是族际社会关系本身作为基础,作用在族际政治、族际经济和族际文化/意识形态中,最终影响甚至左右了这些族际关系的属性。[②]

某种程度上说,族际关系的存在和其追求的目标,既是多元社会性的代表,又是解决多元社会问题的一大理论,是在消除种族主义和文化霸权、实现族际关系真正平等观念的前提下,创造增进族际沟通和理解的各种机制,通过自治、共享等政治手段,保证文化价值差异存在的政治空间,满足不同民族的合理要求和良好愿望。[③]

(二)融合体系下的族际关系:民族认同与族际融合

复合体系下的族际关系,许多学者已经研究得比较透彻,因此本书将不再就经济、政治、社会文化这样的结构化分类进行讨论。本书认为,结构化和过程化的分类应当均有涉及,但必须有一定的限度,紧紧地将两者结合在一起的向度,则是本书要强调的"国家构建/建构体系"。在这样的体系下,族际的融合或者离散均不是单纯的聚与离,而是具有一定的目的性和过程性,过程性中又有影响目的性的干扰因子。

---

① Rex, John, and David Mason, eds., *Theories of Race and Ethnic Relations*, Cambridge University Press, 1986, p.123.
② Ibid., p.10.
③ 王建娥:《族际政治民主化:多民族国家建设和谐社会的重要课题》,《民族研究》2006年第5期。

在正式介绍融合体系、离散体系和建构体系之前，有必要厘清三者的关系。不少学者将族际体系按照过程化分类概括为诸多种类的形态。例如，罗康隆就将族际关系分为并存关系、互补关系、联动关系、依附关系、包裹关系、同化关系、涵化关系、融合关系和分裂关系等。① 对于各种分类，本书在文献和理论部分提到过，此处不再累述。对于纷繁复杂的关系，周平认为，实际上就是两种关系：合作关系和冲突关系。② 本书比较倾向于周平这类至简的分析，而且就算分成合作关系和冲突关系，其实也可以内含结构化的关系和过程化的关系，这样比较好操作。不过，单纯谈合作和冲突关系，国家构建及其关系便不会特别明显。

如果将族际合作看作一种常态化接近的趋势，那么，族际关系会逐步融洽（非线性，为便于操作，可以将其视为一个无限趋近但不会合一的族际关系。如果合一了，族际关系实际上就结束了）。如果将族际冲突看作一种常态化远离的趋势，那么族际关系逐步离散（同样是非线性的过程）。如果族际合作与族际冲突在一段时期内并存，该如何解释呢？实际上，合作与冲突本来就是经常裹挟在一起，如果追溯两者裹挟的原因，实际上是两者通过某种程度上的合作型博弈，以实现最优解。

追求最优解的过程，实际上就是族际（相互）建构的过程。正如太极阴阳一样，两者互动尽管充满矛盾，但是对立统一的，在相互合作与冲突中逐步合为一体，形成具有内部矛盾和聚合力的整体。这个整体实际上就是"民族共同体"。我们在当前国际社会看到的每个"民族共同体"，实际上就是一个民族国家。也就是说，族际融合与族际离散的过程，共同合成族际建构，而族际建构实际上就是国家构建的过程。

为了进一步说明三者的逻辑关系，本书以图1-2为例来介绍。

---

① 罗康隆：《族际关系论》，贵州民族出版社1998年版，第10页。
② 周平：《论族际政治及族际政治研究》，《民族研究》2010年第2期。

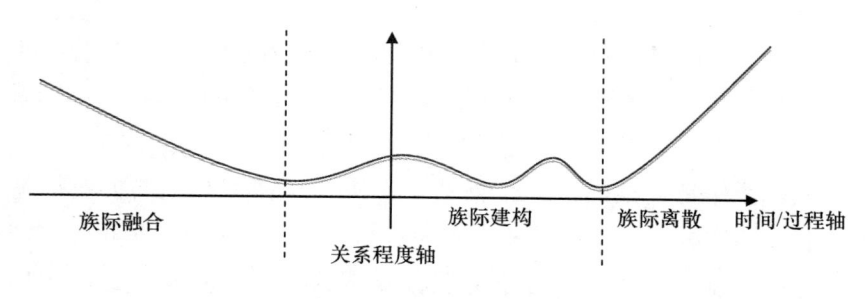

第一章 族际理论与国家构建的相关理论

图1-2 族际关系体系图

图1-2中，以时间为横轴，以关系程度为纵轴，本书缔造了这样一个族际关系体系图。当族际关系逐渐亲密化并倾向于同质化时，族际融合开始。族际融合时，实际上已经开始了民族构建和国家构建的进程，但国家构建总是存在利益分配不均的问题，相互间的磨合就是族际（相互）建构的过程。只要族际融合与离散的程度在一定范围内，就可以认为族际建构仍然在进行，尽管可能是一个螺旋向上的过程。

首先是族际融合。族际融合总体上是指族际间相互认知、接触、包容、接近、合作甚至合一的过程。某些曾经有较大区分的族群，由于长期混居、通婚，生活方式完成了同一化，甚至出现族际同化的情况。族际融合有结构性和过程性之分：结构性指的是族际融合的一种状态和结果，即族际融洽的外在表现；过程性指的是族际融合本身"由远及近"的过程。

结构性的族际融合，是一种理性的族际关系状态。因为大多数情况下，族际融合并非利益最大化的选择，除非族际能够明显看到共利大于个利的情况，否则就要靠政治人物的大智慧和领导力。族际融合的状态，按照理想到非理想的情况，可以视情况谱系化为族际同化、族际协调与族际协作。其中，族际同化可以被视为最理想的情况（当然，这里说的是自愿同化或者自觉同化）。这类情况下，基本不存在族际离散的因素，而且族际构建基本可以由同化民族（对应方为被同化民族）来主导。

过程性的族际融合，主要是关注族际融合的过程。这个过程并不是完全顺畅，否则就不存在克服困境和实现融合的情况。根据族际融洽程度，本书重点强调族际协调与协作两种情况。

族际协作是典型的协作性博弈，而协作性博弈是趋向冲突的博弈，但又因双方有解决问题的需求而进行"协作"。参与博弈各方需要一定的强制措施来保障各方克服被欺骗的担心，从而实现合作[1]，最终结果很有可能出现一次博弈双方不合作而进入"次优"的结局。协作性博弈还存在于族际构建的系统格局中，如果偏向族际融合，基本上不涉及二次博弈，在信息对称的情况下，各方还是会选择合作（见表1-1）。

表1-1　　　　　　　　　　族际协作

族群A \ 族群B	选择合作	不让步
选择合作	(3, 3)	(-5, 5)
不让步	(5, -5)	(-3, -3)

族际协调比族际协作更趋于合作，各方没有很强的冲突领域，因而也不会有很好的占优策略，最好的行动是依赖其他"玩家"的行为，这就需要各方通过谈判甚至激烈的谈判去找寻平衡。[2] 这种没有核心利益矛盾的竞争关系，解决的不是共同利益的问题，而是利益的分配问题，需要各方更多地根据双方的关系定位和发展方向来定位，故而既存在大方向上的双边关系发展的稳定性，又存在短时间内随时可能引发矛盾争端的可能性（见表1-2）。

---

[1] Lisa L. Martin, "Interests, Power, and Multilateralism", *International Organization*, Vol. 46, No. 4, 1992, p. 769.

[2] Stephen D. Krasner, "Global Communications and National Power: Life on the Pareto Frontier", *World Politics*, Vol. 43, No. 4, 1991, pp. 336-366.

第一章　族际理论与国家构建的相关理论

表1-2　　　　　　　　　　族际协调

族群A＼族群B	由A占利	由B占利
由A占利	(3, 2)	(0, 0)
由B占利	(0, 0)	(2, 3)

这种博弈模型类似于博弈论中的"剧场博弈"，即博弈双方会因对方的情感、协同、共识、认知而形成某一轮博弈让对方占优的选择，目的是在多轮博弈中通过轮流占优的形式达成总体上的"共利"。

（三）离散体系下的族际关系：民族分离与族际疏远

族际关系的第三种体系，或者说本书强调的第二种族际关系体系是"离散体系"，即在族群间的关系中，由于受各类复合原因的影响，族群间关系呈现逐步远离的趋势。族际隔离、族际冲突、族际疏远、族际战争这些词基本上都属于离散体系的范畴。同样，族际离散也有结构性和过程性之分：结构性指的是族际离散的一种现状、形态和结果，过程性指的是族际离散这样一个"由近及远"的过程。

结构性的离散结构，虽然并非族际离散本身所关注的最主要特征，却关乎离散结构本身的来龙去脉。刘鸿武提出，族际离散中典型存在的族际冲突，其产生的根本动因是"一个国家内的多种民族主义"——族际烽烟四起的冲突，又与议会政治和政党政治结合，使问题更加复杂。尼日利亚就是这样一个典型，"尼日利亚独立时有三大政党，它们都不是全尼日利亚的政党，而是代表尼日利亚三大部族利益的地区性部族政党"[①]。同样，非洲学者奥伦索拉指出："'一个国家——多种民族主义'这一短语可能是用来描述很多发展中国家政治制度的恰当名称，但用它来形容新生的非洲国家特别适用。"[②]

---

① 刘鸿武：《从部族社会到民族国家——尼日利亚国家发展史纲》，云南大学出版社2000年版，第169页。

② Olorunsola, Victor A., ed., "The Politics of Culturnationalism in Africa", *Anchor Books*, 1972, p. xiv.

过程性的离散结构，更符合族际离散结构本身的特定，因为其关注的重点更多的是族际离散的主要特征。根据族际关系状态，族际离散可以区分为族际隔离、族际分离、族际胁迫/族际让步、族际冲突、族际战争。族际隔离的情况是族际相互不交往导致的隔绝，这类情况更多的是一种结构状态而不是过程状态。族际隔离的相对温和状态是族际分离，但族际分离更多的是一种结构状态，是族际隔离的优化状态，或者说是族际离散后的第一状态。族际冲突和战争则不难理解，是族际关系最激烈的两种情况。从隔离到激烈互动，中间主要是族际胁迫、族际让步这两种情况。

族际胁迫属于劝说型博弈，族际让步属于让步型博弈，两者均建立在不对称的博弈结构下，即当力量较弱的族群 A 与力量较强的族群 B 出现利益冲突时，如果 A 国无力反抗，就会最终形成有利于强族而不利于弱族的局面（劝说型）①。如果强族 B 意图支配弱族 A，又不愿意诉诸武力征服时，就会出现 B 族进行部分让步而相对有利于 A 族的局面（让步型）。劝说型博弈合作的收益和纳什均衡是支配方大于被支配方（见表 1 - 3），让步型博弈则是基于强族为了保证集团机制能够顺畅运行而牺牲部分利益以保证自身原本利益可以顺利实现（表 1 - 4）。②

表 1 - 3　　　　　　　　　　族际劝服

族群 A（弱族） \ 族群 B（强族）	有利于 A	有利于 B
有利于 A	(5, 1)	(0, 0)
有利于 B	(-2, 1)	(-2, 5)

---

① 原文提出的是美国和日本的例子，这是基于同一利益体系的一种支配性博弈。当然，这种博弈可能存在于较强大国与其敌对的小国之间，但在大国之间基本上是同一利益体系的博弈。Lisa L. Martin, "Interests, Power, and Multilateralism", *International Organization*, Vol. 46, No. 4, 1992, p. 766.

② 这种博弈模型又叫"智猪博弈"，指如果强者和弱者要想实现合作，强者必须承担更多的责任。详见阎学通、杨原《国际关系分析（第二版）》，北京大学出版社 2013 年版，第 203 页。

第一章　族际理论与国家构建的相关理论

表 1-4　　　　　　　　　　族际让步

族群 A（弱族） \ 族群 B（强族）	有利于 A	有利于 B
有利于 A	(5, 4)	(0, 0)
有利于 B	(4, 4)	(4, 5)

假设 A 与 B 发生冲突，此时 B 意图解决问题，首先要考虑的可能是劝服 A 族放弃其利益最大化，选取有利于 B 的目标，此为族际劝服的过程。劝服的过程可能会导致 A 族最终丧失利益，从而引发 A 族反抗。如果双方冲突不明显，那么，B 也可能选择部分放弃利益，从而形成让步效益。让步效益可能会产生一定的反效果：例如，A 族会继续加大要价，B 族会认为自己丧失了脸面和控制力。

（四）建构体系下的族际关系：国家民族与民族国家

之所以会出现族际关系的"聚与离"，离不开族际关系中的一个核心词汇——族群利益（或者说民族利益）。大部分族际关系的聚与离，都会围绕利益的纠葛而来，也就是民族利益最大化的理性选择及其博弈选择。大部分情况下，要实现各民族利益最大化是不可能的，因为可供各族支配的资源本身就是有限的，而各族民众在自然状况下，人口又是不断增加的。因此，需要在聚与离之间形成一个有效整合的政治力量，来确保族群或聚或离，不影响各族民众共同生活整体利益的最大化。在此历史背景下，民族国家就产生了。如果说民族是一个"想象的共同体"，那么民族国家就是在原来"想象的共同体"的基础上进行的解构和"再想象"。

虽然在英美语境中，"民族"与"国家"高度合一，但这并不意味着总能"一族一国"或者"一国一族"。现实中，多民族国家总是占多数，因此就出现两个相互分野又彼此联系的概念：民族国家（nation state）和国家民族（常被译成官方民族，即 government nation，也仅称 nation）。但是，民族国家是人类迄今为止被历史检验的，对族际关系整合最为重要和有效的政治形式。① 当然，许多民族国家并没有完成族际关系的整合，但这也意味着这些国家并不是真正的统一，如缅甸。在民族与政治的联系中，必然会形成民族与国家的联系。尽管并不是每个民族都有条件建立自己的国家，但它们都有建立国家的内在冲动。一个民族与其他民族共建多民族国家，则是该民族在长期的历史发展过程中基于复杂族际关系条件下实现民族利益最大化的理性选择的结果。②

在族际互动——族际融合与族际离散的进程中，出现族际互动日益频繁的过程，这个过程就是族际建构。族际建构同样具有结构化和过程化的特点。结构化特点就是族际互动混杂，利益相互纠葛，充满融合与离散的辩证统一；过程化特点则是，在多轮互动的过程中，族际相互建构了对彼此的认知、对共利的认知，甚至对彼此的责任感，最终形成一个利益共同体。这个共同体最初的表现是民族国家，而其共同体的主体表现就是国家民族。

族际建构区别于族际整合。族际整合是在族际竞争与冲突并存的情况下，为了争取在多民族国家的理性共利，由国家政府（或强势族群）主导，构建和维持良性的族际互动，意图构建多民族国家统一、稳定，将族际互动引为有利于国家发展资源的过程。族际整合外延比族际建构小，其主要强调的是通过主观层面的引导、协调和控制，减少和避免族际零和博弈，实现族际竞争中的多赢共赢。同时，还有一种调和与控制的功能，控制民族分离主义的传播，避免成规模的民族分离主义运动。族际建构强调的是，在同样可选择的余地下，为了争取在多民族国家下的理性共利，由不同族群共同认知、相互整合与相互控制，经历一段时间的冲突与合作，最终形成的族际互动状态。这种状态不能说完全和平，但至少良性。

在族际建构过程中，需要强调两种不同情况。一是存在多次博弈

---

① 周平：《论族际政治及族际政治研究》，《民族研究》2010 年第 2 期。
② 同上。

第一章 族际理论与国家构建的相关理论

可能的族际协作，其区分于族际融合中的族际协作；二是存在多次博弈可能的族际协调，其同样要区分于族际融合中的族际协调。在族际建构中，族际协作一定不是单次博弈的结果，因为单次博弈的最优解，往往存在利益冲突。

首先，是多次博弈下的族际协作，如表1-5与表1-6所示。

表1-5　　　　　　　　第一次族际协作博弈

族群A＼族群B	选择合作	不让步
选择合作	(1, 1)	(-3, 3)
不让步	(3, -3)	(-1, -1)

表1-6　　　　　　　　第二次族际协作博弈

族群A＼族群B	选择合作	不让步
选择合作	(3, 3)	(-5, 5)
不让步	(5, -5)	(-3, -3)

这是一个类似囚徒困境（prisoners' dilemma）的博弈。如果族际只有一次博弈的机会，那么，双方在不清楚对方思考的情况下都会选择"不让步"的态度，最终双方无法形成协作，反而造成比较紧张的态势。也就是说，在族际建构的进程中，如果只有一次博弈，族际协作很难延续开展。当然，客观情况下，族际互动的过程是多次性的，也就是说通过多轮协作博弈，协作双方将会在信息匹配方面逐步适应对方的情况。因此，随着族际互动次数增多，各族群将会更加明了地看到对方的选择和最优解，并逐步适应自己的行为去促使协作的形成。

其次，是多次博弈下的族际协调。由于谋取共利的过程和目标界定通过多次博弈形成基本固化的模式，也就意味着对共同目标的追求成为确保"集体行动逻辑"的保障。在此情况下，博弈形势偏向于"保障型博弈"，亦可以视为在族际认同的过程中实现了"族际保障"。所谓保障型博弈，指建立在基于共同利益的合作对个体利益和公共利益的选择，其由于个体与公共利益趋同而最接近"和谐"，但由于个体和公共的偏差又出现一定的风险（见表1-7）。①

表1-7　　　　　　　　　族际保障博弈

族群A＼族群B	强调共同利益	强调个体利益
强调共同利益	（5，5）	（0，3）
强调个体利益	（3，0）	（3，3）

很多时候，这种博弈模型的纳什均衡往往也会是次优解，又叫"猎鹿博弈"②，指大目标合作需要双方共同完成。但由于存在合作者不配合自己会产生一无所获的可能，很多时候，决策者会降低目标朝着自己能完成的方向进发，从而形成一般性次优的情况，又叫"风险上策"。在多次博弈的可能下，由于参与者逐步认识到最优解是强调共同利益（当然是经历了风险评估之后），最终理想的情况会朝着强调共同利益的方向偏转。不过，在共同利益和个体利益之间徘徊，本身也是族际关系互动过程中对国家共同体认知的体现。

第二节　民族国家与国家构建相关理论

一　国家构建的含义与类型

1648年威斯特伐利亚和约之后，现代民族国家开始诞生。民族国家作为现行国际体系的政治单元，成为当今世界一种最为普遍的国家形态。安东尼·史密斯（Anthony Smith）认为，只有当一个族裔和文

---

① Lisa L. Martin, "Interests, Power, and Multilateralism", *International Organization*, Vol. 46, No. 4, 1992, p. 781.
② ［美］布赖恩·斯科姆斯：《猎鹿与社会结构的进化》，薛峰译，上海人民出版社2011年版，转引自张丰涛"猎鹿博弈的原初状态建构及其推论"，西南大学论文集。

第一章 族际理论与国家构建的相关理论

化单一的群体居住于一个国家的疆域内,而那个国家的疆域与那个族裔和文化单一的群体所居的疆域相互重合时,我们才可以把这个国家称为"民族国家",大多数国家具有族裔多元性特征。[1]

在当前的语境下,民族国家是世界上一个最为普遍的形态。即便当前国家主权受到全球治理、国际组织、主权让渡等理论的冲击,但地区冲突未止,国际舞台主要场合的主要参与者还是国家。

国家构建理论并没有随着时间的推移而过时,反而由于国家职能的衰落,或者说随着人们对国家的质疑和反质疑而变得越来越重要。关于当前国家构建的状态,有人提出:一是国家构建的历史是随着时空变化的,因此,国家构建理论也应该是多样性的。欧洲的国家构建经验放到地球的其他地方不见得对(往往是错的);二是国家能力本身对国家构建是重要的,但对国家能力以及国家能力如何影响国家构建的实证研究尚不多,也不足;三是次国家层面的研究正在成为国家构建研究的风口,但次国家研究对方法技巧(定性和定量皆是)的要求更高一些;四是地理因素对国家发展的重要性是有共识的,但还应该更多重视它对国家构建的影响机制。[2]

关于国家构建,可以从国家形成说、国家发展说和国家转型说来看待。从国家形成来看,在结构化角度有"战争推动说""市场经济说""社会阶级说",在过程化角度有"民族独立说""利益驱动说"等。从政治学角度来看,大部分国家形成说是国家中心论,或者说主权中心论,很少有从新古典现实主义出发来谈到决策论的因素;从经济学角度来看,大部分学说则是理性选择。值得强调的是,由于国家的发展和延续与国家形成逻辑相通,有人指出,可以将国家发展代入国家形成说进行理解。

所谓"战争推动说",是指"战争以及备战促成了现代国家的形

---

[1] [英]安东尼·史密斯:《全球化时代的民族与民族主义》,龚维斌、良警宇译,中央编译出版社2002年版,第103—104页。
[2] 黄振乾:《政治学研究的第五交响曲:国家构建理论的进展和缺憾》,2018年5月8日,http://www.xue63.com/toutiaojy/20180508G1JYQ500.html。

成"。查尔斯·蒂利等人提出,经过观察,自990年以来的欧洲整体形态,民族国家或者说现代国家的形成是战争造就的。他提出了两个主要解释变量:强制力和资本(以及强制力和资本之间在时空的互动)。① 尽管战争国家说不断遭受非议,社会科学家可以说他不够"社会科学"。比如,资本与强制两个变量的关系处理得不干净,可能存在逆向因果的推论问题。但这两年来,"战争国家说"得到部分社会科学实证研究的支持。布雷迪德、派克及赛尔勒等则指出,战争期间收税确实推动了国家制度(税收制度)的形成,尽管这是在国家主观意图之外的社会结果。② 还有学者认为,战争尤其是内战能够增强国家的税收能力,从而推动国家制度化,这在欧洲和东南亚地区均能体现。③ 在"战争推动说"中,有观点认为,国家的发展和延续曾经依靠战争,尤其是具有帝国性质的危机型国家,如俄罗斯。不过,随着现代科技的发展,战争的成本和代价日益增加。因此,"战争推动说"很大程度上只是曾经解释国家形成的一种工具,而不用于国家发展。

所谓"市场经济说",可以看作对"战争推动说"的有力反驳。欧洲现代国家是不同政体形态竞争的结果,是社会演化选择的结果,其中起到决定性作用的是11世纪之后贸易的兴起。在这个过程中,主权国家逐渐战胜封建制,城市国家和教会成为时代宠儿。有学者提出,从15世纪到18世纪,战争并没有促成现代国家诞生,反而是贸易和城市的发展推动国家发展。④ 在"操纵市场建设国家"方面,非洲国家构建中可以看出些许端倪。贝茨(Bates)在1981出版的代表

---

① M. Sonenscher, C. Tilly, "Coercion, Capital, and European States, AD 1990 – 1990", *American Journal of Sociology*, Vol. 44, No. 4, 2007.

② Saylor, Ryan, and Nicholas C. Wheeler, "Paying for War and Building States", *World Politics*, Vol. 69, No. 2, 2017, pp. 366 – 408.

③ Lemke, Douglas, and Jeff Carter, "Birth Legacies, State Making, and War", *The Journal of Politics*, Vol. 78, No. 2, 2016, pp. 497 – 511.

④ Abramson, Scott F., "The Economic Origins of the Territorial State", *International Organization*, Vol. 71, No. 1, 2016, pp. 97 – 130.

第一章 族际理论与国家构建的相关理论

作,研究了非洲统治者是如何操控国内市场来实现对农村地区的控制,如何联合大农场主来榨取"贫下中农"的利益。贝茨认为,把里面的猫腻研究清楚,我们就可以知道为什么非洲统治者会实行总是不利于经济长期增长的政策。这也为非洲的落后提供了一个政治学的解释。虽然贝茨没有直接说这是国家构建研究,但恰恰是非洲国家构建中的一种情景。那么,非洲政府是如何操控市场的呢?他们会这么做:第一种是为农产品提供一个较高的价格来刺激农民的生产,第二种是提供差别性的农业补贴政策,来增加农业产出。政府当局会选择补贴少数的农场主,而不是那些最需要帮助的普通农户。农民也有办法应对政府干预,但这种反抗大抵是被动式的。如果政府控制农产品价格,那么,农民可以从价格低的农产品转向生产那些价格相对高的农产品。比如在加纳,如果政府对咖啡征收重税,农民可能转而去生产玉米。但并非所有非洲国家的农民都有能力应对政府行为,因为在非洲的很多地区,农产品的生产单一且稳定,转行不是那么容易。[①]不过,贝茨假设了非洲国家的贸易参与度都比较高,在著作《国家与市场》(*Market and States*)里,他的描述有点夸大其词。或者恰恰是案例选择偏误的结果,他主要研究的加纳和肯尼亚刚好是农业市场化较高的国家,但在其他国家,比如乌干达,情况可能就不一样。如果农业的市场化很低,政府调控农业价格对农业生产的影响便微乎其微,Bates 的理论大厦就会被抽掉一块奠基石。这反映了这种"分析性叙述"(analatical narattive)的最根本缺陷:如果基本假定有问题,不管你如何分析、叙述,都很难自圆其说。就国家发展而言,"市场经济说"很容易作为一种国家延续和发展的选择,因为恰恰是拓展资本市场成就了国际的一系列行为,包括在贸易行为中的进攻性行为(贸易战)、掠夺性行为等。

所谓"社会阶级说",即社会阶级或者阶层之间的互动促使国家

---

① Bates, Robert H., *Markets and States in Tropical Africa: The Political Basis of Agricultural Policies*, University of California Press, 1981.

构建的推进，这些阶级或阶层的互动推进整个国家构建的进程。除了经典马克思主义对阶级与国家之间关系的论述外，其他学者也意识到有关阶级或者阶层对国家构建的奉献。例如，布妮指出，中央和地方（农村地区）的关系是由社区的社会等级和农村精英的自主性决定的。这两个要素组合就会产生不同类型的"央地关系"。在社会等级低和经济自主性高的地方，地方精英和国家精英（中央政府）形成弱敌对关系；在社会等级高且经济自主性低的地方，地方精英和国家精英形成强联盟关系；在社会等级和经济自主性都比较高的地方，可能形成强敌对关系。考虑到这样的农村结构，统治当局就可以采用不同的"治国方略"：要么和地方共享权力，要么强力控制，或者行政占领，或者推行不吸纳政策（non-incorporation）等。布妮的研究撕开了国家构建研究中一个较少人关注到的缺口：国家构建在次国家层面（农村地区）的差异性。次国家层面的研究能够帮助我们更好也是更准地理解国家构建过程中的因果机制，以及探索它们是如何起作用的。另外，布妮的贡献还在于她为以后的国家构建理论（至少在非洲）提供了新的变量：社会等级（social hierarchy）。这是其他研究国家构建的学者很少涉及的话题。为什么在非洲社会等级那么重要？从摩尔根和泰勒等考古学家的研究中，从马克思的社会发展阶段中，我们得到一个或许有点争议的认识：很多非洲国家可能是直接从部落或酋邦杀入现代国家的，部落的等级依然存在强大的社会影响。人类学家告诉我们，国家的起源问题依然是一个谜，更不用说国家构建了。[①] 有关阶级推动国家发展的学说，更多地被学者引用作"中产阶级论"，即"中产阶级推动国家发展论"。有学者认为，现代国家的发展主要依靠制度建设。在现存最流行的宪政民主制度中，政治妥协是民主制度良性运行的基本前提。

所谓"民族独立说"，强调的是从民族独立运动或者说世界反殖

---

① Boone, Catherine, *Political Topographies of the African State*, Cambridge University Press, 2003.

第一章 族际理论与国家构建的相关理论

民浪潮中获取国家的建立,这成为国家构建问题中一个典型时间段的典型案例。非洲和欧洲最显著的不同是,非洲国家建国前后并不存在大规模的国家间冲突。非洲大部分国家可以说得力于第二次世界大战中反法西斯和反殖民主义的胜利,大部分国家独立可以形容成"得来全不费工夫"(比起15—18世纪的欧洲国家)。这些通过和平独立的国家要如何建设呢?如何影响到非洲国家独立之后巩固权力的方式?和布斯特(Herbst)认为,非洲国父们想建设伟大国家,必须考虑建设成本,虽然他们有足够的动力来扩张权力,控制疆域,但恐怕力所不逮(能力)。一般来说,三个因素影响到非洲国家的建设大业:一是地理因素(地形地貌);二是国界制度;三是国家间系统(主要是非洲的)。这三个因素对国家构建的影响会随着时代的不同而有所变化。地理因素在前殖民时代和殖民时代都至关重要,在去殖民化之后也是重要的,但重要性有所下降。大部分非洲国家积贫积弱的境况并未在独立后得到根本改善。作为弱国家(weak states),国家很难控制除了首都和主要城市之外的地方。非洲碰巧又是地大物不博,"山高皇帝远"这个说法就比较适合。在广大的农村地区,国家权力很难渗透到,甚至不少国家还是一种"无国家"(stateless)的状态,比如索马里。另外两个因素就不展开说了。研究非洲的国家构建不考虑地理因素可能就相当于"耍流氓",和布斯特的研究比较清晰地展现了这一点。对大部分非洲历史不了解、没去过非洲的研究者,很容易把自己国家的发展路径扣到非洲国家。其实,非洲在国家成长这条路上,可能才刚刚上路就出现被绊住脚走不动的窘况。[①] 在国家发展问题上,民族独立显然与国家稳定是相悖的,对此将在本节下一部分探讨。

所谓"利益驱动说",指的是国家构建是"集中统一力量掠夺社会财富"的进程,这集中体现在"理性学者"流派。例如,奥尔森等学者提出了"罪犯隐喻"(criminal metaphor):国家无非一伙强

[①] Herbst, Jeffrey, *States and Power in Africa*, Princeton University Press; 2000; Herbst, Jeffrey, "The Creation and Maintenance of National Boundaries in Africa", *International Organization*, Vol. 43, No. 4, 2009, pp. 673 – 20.

盗。为了从社会中攫取更多的价值,他们从流浪的匪帮摇身一变为维持社会秩序并向社会提供公共产品的"坐匪",这样他们就能够持续性地收取"苛捐杂税"。奥尔森说,从动机上看,民主政府和专制政府都是一个德行:从社会中掠夺更多的好处。因此,他们在社会中都有"绑定利益"(encompassing interest),但是由于大部分民主政府成员的利益绑定到市场中,他们有更大的动机来发展市场经济。最后,从这样的逻辑出发,奥尔森得出民主政府更有利于经济发展的结论。

  抛开民主有利于经济增长这一点,大部分政治学家从奥尔森的理论中发扬光大的是政府掠夺性的一面。比如,利维(Levi)认为,掠夺性国家学说更多地强调从社会中收税,国家天性如此。①"掠夺国家说"对我们认识国家的起源、国家的天性是有启发的。但这个学说对比较政治中的国家理论实证研究而言,缺陷还是比较明显。政治现象中的因果机制通常是复杂的。奥尔森假设统治者对社会有充分的信息,这在复杂的社会中是不可能的。即便认可政府是"理性人",但它很难达到自己的目的。从国家发展的角度出发,利益驱动仍然是国家发展的一大出发点和落脚点。不过,如果从利益掠夺的角度出发,如果国家发展出现太多的利益掠夺,社会也会因受到限制而停止对政权的支持,这反而不利于国家发展。

  在国家构建中,国家转型具有重要的地位。转型是指事物发生根本性变化的过程,常指社会经济结构、政治制度、文化形态等发生变化。②学术领域谈国家转型,往往多指国家体制转型。就政治体制而言,现代意义上的转型往往被西方学者塑造为"民主转型":纵向上看,该转型被认为是挑选出一种"最不坏的"、符合现代国家政治参与且符合"政治平等原则"的产权保护与政治分权制度,通过定期合

---

① Olson, Mancur, "Dictatorship, Democracy, and Development", *The American Political Science Review*, Vol. 87, No. 3, 1993, pp. 567 – 76.
② 《新编汉语词典》,崇文书局,第 1167 页。

第一章 族际理论与国家构建的相关理论

法的竞争性投票来实现政权的制度性更迭，保证政治治理的正当性[1]；横向上看，该转型则被赋予西方自由民主意识形态向前世界扩散的"使命意识"，并自觉渗透到欧美国家对外政策中，意图通过外科手术式的改造或扶植代理人，实现西方民主制度在"非民主国家"生根发芽[2]。在国别政治领域，大部分国家所涉及的转型是"民主转型"。

近现代以来尤其是第二次世界大战后，大量新兴发展中国家开启了自身的政治现代化进程，伴随一波又一波的政治变动、政权颠覆和社会紊乱。在这些过程中，一些国家及早理顺了国内政治发展道路，在转型过程中先拔头筹，成为成功的典范，另外一些国家则进展缓慢或者反复波动。这引发了学者们关于转型问题的新一轮思考和辩论。讨论转型问题的文章，一开始便同国家的对内政策密切挂钩。

亨廷顿在其著作《变化社会中的政治秩序》中提到的一个问题，即在社会结构从"传统"向"现代化"转型的过程中，往往会产生政治秩序的不稳定。[3] 这本著作中所构建的政治变迁大构架理论，在其世纪末成书的《第三波：20世纪后期的民主化浪潮》中进一步具体化，即直接描述政治转型中的"民主化"问题（即由非民主向民主的转型）。尽管这本书主要是解释为何在1974—1990年出现了30个国家集中从非民主政治体制向民主政治体制发生转型的问题，但却为当代政治转型研究刻上浓烈的西方烙印。[4] 诚然，把"民主化问

---

[1] 关于"民主转型"的概念，参考自［英］安德鲁·海伍德《政治学》，张立鹏译，中国人民大学出版社2013年1月，第75页；［美］塞缪尔·亨廷顿《第三波：20世纪后期的民主化浪潮》，欧阳景根译，中国人民大学出版社2013年4月，第11页。Lipset, Seymour Martin, "Some Social Requisites of Democracy: Economic Development and Political Legitimacy", *American Political Science Review*, No. 53, 1959, pp. 69–105.

[2] 代表观点参考自［美］弗朗西斯·福山《历史的终结及最后之人》，黄胜强、许铭原译，中国社会科学出版社2003年；Rueschemeyer, Dietrich, Evelyne Huber Stephens, and John D. Stephens, *Capitalist Development and Democracy*, Chicago: University of Chicago Press, 1992.

[3] ［美］塞缪尔·亨廷顿：《变化社会中的政治秩序》，王冠华、刘为等译，上海人民出版社2018年版，序言部分。

[4] ［美］塞缪尔·亨廷顿：《第三波：20世纪后期的民主化浪潮》，欧阳景根译，中国人民大学出版社2013年版。

题"说成"转型问题",也是亨廷顿早期不愿意承认的。因为正是对后起发展中国家"政治衰朽"的研究,让亨氏有胆量宣布西方所谓"政治现代化"的"破灭"。① 不过,冷战的结束让亨廷顿改变了自己的看法,他甚至敢于在《第三波:20世纪后期的民主化浪潮》中宣扬"民主本身就是一件好东西",且承认自己已经"放弃了社会科学家的角色,承担起了政治顾问的角色",这使他直接将政治转型纳入"如何民主化"中去思考。② 尽管亨廷顿自己无意成为"民主的马基雅维利者",但其所描述的现状恰恰是当前国际社会政治转型的最主流现象——大部分后起发展中国家把民主制度作为"救国良方",意图通过政治民主化来改变国家衰弱的命运,且受到以美国为首的西方国家的大力扶持。

亨廷顿在其《变化社会中的政治秩序》中并未提及政治转型与一国对外政策的关联,但在《第三波:20世纪后期的民主化浪潮》中,显著提到了"一个国家的民主化可能会受到外国政府或组织机构的影响,甚至是决定性的影响"③。这里提到的影响,无论是促进还是迟滞,都具有很大的"外部决定论"色彩,也就是转型国家在面临外部干预时无力主导或者引导自身的转型。例如,苏联解体被解释为"民主化干涉的消除",加入欧洲共同体的预设条件之一"必须是民主国家"被认为促进民主化的"坚定措施"。④ 亨廷顿之所以不去解释转型国家"对外政策"带来的影响或者由此所催生的转型,是因为当时还没有出现像东南亚一体化这样的基于参与国意愿且容纳参与国不同制度选择、与成员国存在密切外交谈判与互动的情况。实际上,在越来越多主权国家能主导自身对外政策的今天,其对外政策所产生的效应至少已经不会受到外部压力的决定性影响。

---

① [美]塞缪尔·亨廷顿:《变化社会中的政治秩序》,王冠华、刘为等译,上海人民出版社2018年版,序言部分。
② [美]塞缪尔·亨廷顿:《第三波:20世纪后期的民主化浪潮》,欧阳景根译,中国人民大学出版社2013年版,第2—4页。
③ 同上书,第77页。
④ 同上书,第78—79页。

第一章　族际理论与国家构建的相关理论

二　民族构建与国家构建的关系

民族国家建构包含两个方面：民族构建（nation-building）与国家构建（state-building），两者有着不同内涵和特征，但彼此之间有着密切的关系，相互渗透，不可分割。① 杨雪冬提出，民族构建被认为更加凸显"民族意义"，是"民族作为文化——政治共同体的构建过程和民族认同的形成过程"。② 在沈桂萍看来，民族构建通常被看作国内不同族群对国家政治体系的认同，并以公民身份参与国家政治，体现在公民对民族国家承担的义务与忠诚。③ 国家构建被弗朗西斯·福山（Francis Fukuyama）认为是在特定的领土范围内，统治者通过国家政治、法律制度建设，实现行政资源整合，为民众提供公共产品。④ 国家构建的主要目的是实现政治统治合法性，作为权力的集中表达，主要体现为政权的官僚化、渗透性、分化以及对下层民众的控制。⑤ 安东尼·史密斯认为，民族缔造与国家构建是一个经常交替使用的术语。在国家构建过程中，人们形成一种强烈的民族意识。⑥ 同样，尤尔根·哈贝马斯（Jürgen Habermas）认为，国家和民族在现代民族建设与国家建构进程中实现了汇合。⑦ 民族构建既是国家建构的部分结果，又是原因，是一种因果重合。

从某种角度上看，民族构建对于国家构建来说，是一个重要的组

---

① 王建娥：《国家建构和民族建构：内涵、特征及联系》，《西北师大学报》2010 年第 2 期。

② 杨雪冬：《民族国家与国家构建：一个理论综述》，《复旦政治学评论》2005 年第 1 期。

③ 沈桂萍：《民族国家构建的含义及其现实需要》，《上海市社会主义学院学报》2015 年第 3 期。

④ Francis Fukuyama, *State-Building: Governance and World Order in the 21st Century*, Cornell University Press, 2004, p. 11.

⑤ ［德］马克斯·韦伯：《社会学的基本概念》，胡景北译，上海人民出版社 2005 年版，第 91 页。

⑥ ［英］安东尼·史密斯：《全球化时代的民族与民族主义》，龚维斌、良警宇译，中央编译出版社 2002 年版，第 132 页。

⑦ Jürgen Habermas, "The European Nation State: Its Achievements and Its Limitation. On the Past and Future of Sovereignty and Citizenship", *Ratio Juris*, Vol. 9, No. 2, 1996, pp. 125 – 137.

成部分。一个国家有着怎样的民族主义，这个国家的族群间有着怎样的认知，对于国家的建设和发展来说都很重要。就民族构建的重要性及其在国家构建中的地位而言，不同学者有不同的观点。关凯认为，国家构建的基础不仅包含国家主权和强制力，也包括民族主义。[1] 周平则认为，从民族国家构建的内容上看，主要包括两个基本问题：一是新的民族共同体的形成；二是新的民族对国家的认同。[2] 民族认同是民族构建的前提条件，没有统一的民族共同体的形成，就无所谓民族国家的构建。但统一民族的形成本身，并不意味着这个民族就当然地认同既定的国家。尽管有的国家在建立民族国家的过程中将这两个过程纠缠在一起并且难分难解，但二者在逻辑上是明显区分的，并且存在递进关系或因果关系。只有解决了民族认同国家的问题，民族国家才能真正形成。民族与国家的关系在不同的社会历史和条件下有不同的内容与表现形式，但却聚焦于一个根本性的问题，这就是民族是否把国家当作自己的国家，民族是否认同国家。[3] 民族构建的基础在于民族认同，路径依赖是民族主义，发展目标则是多民族统一共同体的建立（多数情况下是指主权国家）。

在民族构建中，民族主义发挥着重要的作用，它是民族构建的发展路径。多民族统一共同体则是民族构建的最终目标。根据影响范围，可以将民族主义界定为国家民族主义、大民族主义和民族分离主义。国家民族主义简称国族主义，是狭义的民族主义。对国族主义最简单的概括是，它是一个以主权国家为单位的政治共同体，这个共同体"希望为异质的人群建构起一个同质的实体"[4]。国族主义是通过文化民族主义发展而来，具备政治民族的属性，提倡与血缘和文化脱钩。大民族主义出自列宁的思想，被认为是一个国家的大民族强制被

---

[1] 关凯：《族群政治》，中央民族大学出版社2007年版，第35页。
[2] 周平：《对民族国家的再认识》，《政治学研究》2009年第4期。
[3] 同上。
[4] Spencer, Philip and Howard Wollman, *Nationalism: A Critical Introduction*, London: Sage, 2002.

第一章　族际理论与国家构建的相关理论

压迫民族同化，并使他们在经济和政治上处于从属地位。[①] 大民族主义或来源于国内多数民族的扩张，或是对民族分裂主义或独立运动的回应，安德森所说的第三波民族主义或"官方民族主义"即带有该色彩。[②] 民族分离主义指的是多民族国家在国家解放后，由于无法处理国内复杂民族关系引发的民族分离、独立的思想和运动。[③] 与"民族自治"概念不同的是，"自治"是国家自上而下的政策，并不允许僭越国家主权的行为，但"分离"则是自下而上、要求建立新的国家主权的行为。

值得强调的是，国家民族主义是影响国家构建的主要思想，大民族主义和民族分离主义通过影响国家民族主义来影响国家构建，因为后两者是围绕民族国家认同而来的特殊情况，即"民族是否把国家当作自己的国家"以及"多大程度上认同这个国家"。[④] 国族主义可以推动国家构建，但在多民族国家并无法单独发挥效应。其一，国族由优势和弱势族种构成，因此受分离主义和大族主义的多因效应作用。其二，国族主义为统一国族认同，控制分离主义和大族主义，与后两者均有因果效应。其三，国族主义的增强，使分离主义和大族主义减弱，产生环境效应。此外，分离主义和大族主义对国家构建的影响，基本上是通过对国族主义的影响和反馈的。

以上互动中，分离主义和大族主义本身也存在因果效应。分离主义与大族主义单一的增强并不足以导致国族主义的减弱。尽管分离情绪或大族主义都会影响国家团结，但在一定的环境，分离主义情绪并不会刺激大族主义，反而会让占统治地位的大族积极保护国族认同，如俄罗斯镇压车臣分离运动以保证联邦统一。此外，大族主义的增强会激发民族分离情绪以避免被大族主义同化，如犹太复国主义增强了

[①] 列宁：《列宁全集》（第 24 卷）前言。
[②] ［美］本尼迪克特·安德森：《想象的共同体：民族主义的起源与散布》，吴叡人译，上海世纪出版集团 2011 年版，第 10 页。
[③] 关于民族分离主义的定义很多，本书主要参照王联《世界民族主义论》，北京大学出版社 2002 年版，第 199 页。
[④] 周平：《对民族国家的再认识》，《政治学研究》2009 年第 4 期。

以色列国内阿拉伯人的分离情绪如果这种增强迫使少数民族屈服使后者看到"分离无望"时，反而会促进国族认同，如缅甸孟族逐步被缅族同化，从而形成较强的缅甸认同。同样，分离或大族主义的单一减少，也不足以导致国族主义增强，因为少数民族分离情绪与大族沙文倾向的减少之间并无关联，很有可能分离情绪减少时大族统治欲更强，如斯大林时期的大俄罗斯主义；或者大族倾向减少时分离者更容易"借机行事"，如英国的苏格兰分离主义。

分离主义与大族主义只有良性互动时，国族主义才会有所提高，反之亦然。所谓良性互动，是指在各存量间存在一个较完善的调节机制，这个机制往往通过一些协议、制度来保障，使得分离主义与大族主义在一定时期增强或减弱时，更倾向于考虑国族利益而非本族利益，也不会因为失控而造成新的因果效应或环境效应，进而损害国族主义。良性互动就是分离主义和大族主义均逐渐减少乃至消失，以使国族主义最大化，进而推进民族国家构建。

在民族构建与国家构建联结的过程中，存在一个选择时序的问题。典型的讨论就是，"应当先实现民族统一还是先进行国家构建"？说到底，这是一个选择时序问题。时间的延迟性（delays）和同时性（simultaneity），使得事件与事件有两种重要的参照体系，即时序（sequence）与时机（time）。皮尔逊指出，时序是两个事件或特定过程在某个历史时期错时发生所产生的次序（order）问题。[①] 它体现了时间延迟性不同造成的不同顺序，不仅仅存在于效应中，还存在于产生效应的系统存量中，包括人们的倾向性选择。事件 A 先于事件 B，将产生不同于相反次序的结果。

对国家发展的时序问题，中西方学者有着广泛而深入的研究。亨廷顿早在《变化社会中的政治秩序》一书中就表示，政治秩序优先于民主，先在威权统治下实现经济现代化，再在政治制度上开放民主

---

① ［美］保罗·皮尔逊：《时间中的政治：历史、制度与社会分析》，黎汉基、黄佩璇译，2014 年版，第 64—66 页。

第一章 族际理论与国家构建的相关理论

竞争。① 弗兰西斯·福山在《政治秩序的起源：从人类起源到法国大革命》一书中进一步解释，认为亨廷顿所言的"政治秩序"（political）实际上就是"国家构建"（state building）。福山给出了一个进一步的解释，即先建立"强大的国家"（strong state）②，再建立"法治"（rule of law），最后才是"民主负责制"（Democratic Accountability）。③ 中国学者刘鸿武则认为，首先应该"通过国家政治权力的介入和干预，通过官方意识形态塑造，统一规范和标准化的教育手段、体制和政策，以及经济一体化等措施，整合各种分散、隔离的部族认同和地方性认同，消除国内部族文化的异质性，塑造同质一体化的国民文化，从而使民族成员形成统一的国家民族观念"。④ 这种塑造包含民族的概念，也证实了强大国家建立的前提和途径是民族国家构建（nation building）。郝诗楠、唐世平等人进一步指出，纵使在国家构建中也有时序的规律，也就是说，"中央集权制"优先于"发展技术"。⑤

以上学者对时序的认识和理解实际上是有共同逻辑主线的，就是通过国家构建实现强大的政府（strong government），如建立中央集权制，在强大的政府下继续通过民族国家构建强大的国家（strong nation），通过强大的国家发展技术与制度并建立法治，最终建立民主。

---

① Samuel P. Huntington, Political Order in Changing Societies: With a New Foreword by Francis Fukuyama, New Haven: Yale University Press, 2006. Francis Fukuyama, From the Origins of Political Order: From Prehuman Times to the French Revolution, Farrar, Straus and Giroux, New York, 2011, p. 193.

② 福山原文用的 state building，在翻译版中直接翻译为"国家构建"，实际上混淆了国家构建与民族国家构建（nation building）的不同之处，本书所强调的国家构建均指民族国家的建设，特此说明。翻译版［美］弗兰西斯·福山：《政治秩序的起源：从前人类时代到法国大革命》，毛俊杰译，广西师范大学出版社 2012 年版；原版 Francis Fukuyama, The Origins of Political Order: From Prehuman Times to the French Revolution, Farrar, Straus and Giroux, New York, 2011.

③ Francis Fukuyama, The Origins of Political Order: From Prehuman Times to the French Revolution, Farrar, Straus and Giroux, New York, 2011, p. 201.

④ 刘鸿武：《黑非文化的现代复兴与民族国家文化重构》，《历史教学》1993 年第 10 期。

⑤ 郝诗楠、唐世平：《社会科学研究中的时间——时序与时机》，《经济社会体制比较》2014 年 2 月。

民族主义较弱国家的政变困境是最初的时序错误导致的，如果不加强民族主义，除非该国愿意全面依附其他大国（类似于安道尔、摩纳哥），否则不会积累国家构建所需要的前序要素；民族主义较敏感的国家是由于缺乏对时机的把握出现多轮困境，需要在多轮困境中重新进行民族主义内部调整，否则不仅无法积累国家构建所需要的前序要素，还会在政治轮回中消耗社会资源。

总体来说，就民族构建而言，族群应当以何种形式存在于国家之中，各族群之间对于国家有着怎样的认知，这对国家的建设和发展来说至关重要。多民族国家中，族际之间的融合程度决定国家的构建。玛格丽特·卡诺万（Margaret Canovan）强调："民族构建取决于各族群之间融合，族群矛盾会导致民族构建失败，而这种失败会在一定程度上阻碍国家构建。"[1] 成功的民族构建形成族群间高度融合，以及共同的文化和价值理念，实现民众对国家的高度认同感，为国家构建提供合法性基础。

就国家构建而言，国家通过制度建设、资源整合等手段，为民族构建提供有利的条件和基础。安德烈亚斯·威默（Andreas Wimmer）认为，国家作为民族"想象的共同体"（imagined community）载体，为民族构筑了坚固的政治外壳，提供强有力的政治保障，在一定疆域内促进各民族之间融合和发展；同时，国家经济的发展、社会民间组织的培育、公共产品供给能力的提高等，有助于凝聚各民族力量，提高民族对国家认同。[2] "失败国家"（failed state）和"脆弱国家"（fragile state）也会因为经济衰退、社会动乱，给民族构建带来一定的负面影响。

因此，总的来说，国家构建是民族构建的发展，民族构建是国家构建的基础。一方面，国家为新兴的民族披上了政治外衣，提供了强

---

[1] Margaret Canovan, *Nationhood and Political Theory*, Edward Elgar Pub, 1996, pp. 16 – 26, pp. 68 – 74.

[2] Andreas Wimmer, "Nation Building: A Long-Term Perspective and Global Analysis", *European Sociological Review*, Vol. 31, No. 1, 2015, pp. 30 – 47.

◆◇ 第一章 族际理论与国家构建的相关理论 ◇◆

大而有力的利益保障,为民族利益建造了坚固的政治屋顶,从而激发民族共同体巨大的创造活力,促进民族的强盛;另一方面,日益兴盛起来的民族为国家的发展注入了不竭的动力,推动国家走向强大。于是,民族国家的活力迅速迸发,优势不断显现,对其他国家的发展产生了示范效应。民族国家成为国家演变和国家构建的典型。其他国家,要么迅速地演变为民族国家,要么继续维持原先的国家形态而徘徊于由民族国家组成的世界体系之外,甚至沦为民族国家的殖民地。为了避免在激烈的国家竞争中被淘汰,其他国家都把建立民族国家作为自己国家构建和发展的目标。[1]

第三节 族际关系与国家构建之间的联系

一 族际关系对国家构建的积极影响

族际关系理论在民族国家的构建中,针对民族构建给予充分的理论支持和解释,但它并不直接作用于国家构建,或者说并不能直接给国家构建带来理论指导。要使族际关系理论对国家构建发挥积极作用,需要具体的实施者利用行之有效的手段,这些手段包括政治手段、经济手段和社会文化手段等。关于这些手段运用的原则,包括多元主义原则、互补包容原则和干预解决原则。

一是多元主义原则。族际关系是国家构建一个无法回避的基本问题。一个国家,尤其是这个国家的政治领袖在构建国家时,首先要意识到国家具有"多民族性"这个特点,然后才能采取多元主义的手段解决问题。菲利克斯·格罗斯(Feliks Gross)在谈到"多元主义行之有效的必要前提"时指出,"没有一种为大多数人同时接受的程序规则和共同的最高价值核心,多元社会就无法运行"[2]。因此,在多元文化社会中,需要一套社会规则和行为规范,民众能够接受并普遍参与

---

[1] 周平:《论族际政治及族际政治研究》,《民族研究》2010年第2期。
[2] [美]菲利克斯·格罗斯:《公民与国家——民族、部落和族属身份》,王建娥、魏强译,新华出版社2003年版,第228页。

其中。族际关系同国际关系类似的一点原则是，要承认"多元"在群体间是必然存在的特征，而"承认"本身就是克服诸多问题的关键所在。

二是互补包容原则。互补包容原则是对"个体相互之间总有值得相互借鉴之处"的认可并进行扩大化的良性互动原则，是对多元主义原则的补充。在多元主义原则下，互补的前提条件类似于现在市场经济发展过程中的"比较优势"。譬如，某族群的优势（包括人口红利、劳动力质量等）可以通过输出给其他族群来交换其他族群的优势。在国际原则能够真正发挥作用的前提下，即当族际关系中的比较优势不是建立在恶性互动基础的条件下，为了取得技术优势，只能通过良性互动来完成。不过，更多的情况下，比较优势根本不存在，一些"优秀"的族群总是由于地缘、资源和环境等垄断优势而获得绝对优势，这也是历史上引发族际战争的重要原因之一，如雅典与斯巴达。因此，族际关系理论的存在，就在于研究如何像经济学领域那样，发挥与调节"绝对优势"和"相对优势"，真正将族际关系的多元化互补包容。

三是干预解决原则。所谓干预解决，是指良性介入，其主要手段包括整合、调解、斡旋和治理。"选取符合民族国家及多民族国家理论逻辑和现实状况的族际关系治理路径，才能保证族际关系治理的效果。"[①] 在当前强调族际异质性、独立性甚至自觉性强过族际同质性、同化甚至协作性的国际社会看来，干预解决原则始终是缺乏合法性的。在不涉及自身国家利益的干涉问题中，一个国家的介入往往止于"斡旋调停"，因为一旦出现介入性问题，该国主权原则和民族自决原则就会发出强烈的反干预性警告。一般认为，只有建设性介入被国际社会和国内其他族群所认可时，干预解决原则才能发挥作用。

---

① 钟贵峰：《当代缅甸族际关系治理的路径、特点与挑战》，《广西民族研究》2015年第4期。

第一章　族际理论与国家构建的相关理论

二　族际关系对国家构建的消极影响

族际关系理论某种程度上是解释冲突与合作且解释冲突多于合作的理论。这些理论在建构的过程中，存在一些消极的解释，这些消极的解释无益于国家构建的向前推进。一般而言，其逻辑思路是：族际关系理论中关于族际界定和区分的内容，往往带有人们主观的色彩，这些主观的色彩一旦不被其他群体所认可，或者这些主观色彩是被强加而来的，其中的认知冲突就会因为极端化、暴力化而生成其他形式的冲突甚至战争。族际关系理论更多关于冲突而非合作的解释，更容易造成族际关系的本质是冲突而并非一种融合的状态。族际关系理论强调"民族权利"甚至"民族权力"的过程，在实际应用中不容易被直接冠以"民族自治"的做法（或者官方支持），却因"民族自决"而给民族分裂主义开上一道口子，从而导致国家内部永远都存在族际关系的不稳定性，即该不稳定性所导致的矛盾冲突。

首要问题是在族际界定中存在的认知固化问题。认知固化指在族群问题中因界定他人与我之不同而产生的分歧性、歧义性甚至歧视性认知判断。这种认知判断对国家构建的最大挑战是：侵蚀国家构架的基础民族认知结构，阻碍国家民族主义的生成，进而阻碍民族构建和国家统一。国家构建中的时序问题，也将导致国家构建的后续进程如经济构建、政治构建和文化构建受阻。

其一，族际关系中的族际认同问题，往往难以界定是文化性、宗教性、阶级性或者政治性，这对国家认同的建构来说无疑是一大挑战。如果对一个民族的认知如同党派或者社会那样具有自由主义属性，那么很难想象民族重构和激烈变动会给国家造成何种伤害；反过来说，如果对一个民族的认知根深蒂固，从古到今不变，而对族际结构的变更也坚决不支持，那么，民族的认知变化将会带来无穷无尽的斗争与反抗。这涉及一个文化多元主义问题，即我们是否容忍民族性同文化多样性一样存在于族际认同中。例如，如果塞尔维亚族和穆斯林族（严格意义上说，这样的界定是非常不科学的）都认可自己是

"南斯拉夫族",那么,是否南斯拉夫就不会出现激烈的火药桶了?问题在于,做界定和认可不是基于政治妥协或者协商就能够完成的,比如是"斯拉夫族"还是"斯拉夫人"?如果俄罗斯以"斯拉夫族"的名义要求南斯拉夫诸国加入其联邦,后者定会掀起强烈的文化反对甚至政治、军事反对。正如奥利维尔·罗伊(Olivier Roy)所述,加入文化身份认同是基于自由选择,它将保持排外性、动态性,且难以在法律上得到体现。假如以法律的形式强制实行,那会是一个平权法任何政策实施的结果,则将在各群体之间形成固定的界限,在某些情况下,给予某类公民权利的可能更小,如对于妇女,像印度那样,如果国家同意将伊斯兰教法注入个人地位的话。① 这些文化界定中存在的芥蒂,难免因为身份固化与延时效应而为国家构建埋下不良的种子。

其二,族际关系中的种族主义色彩,经常在国家构建和民族构建中冠以种族标签的色彩,导致族群恶化为种族冲突,甚至种族屠杀。例如,卢旺达大屠杀事件中,原本未做区分的族群,因为比利时的统治强行划分,提出"个子高鼻子窄肤色浅的归到图西族,个子矮鼻子宽肤色深的归到胡图族",另外还有一种划分:"有十头牛以上的人属于图西族,十头牛以下的算胡图族"。荒谬的族群划分,加上比利时挑拨离间分而治之的统治手腕,如比利时殖民时扶持图西族,撒手时却把统治权交给胡图族,最终导致种族主义手段的屠杀行为。再如,长期坐享"大熔炉"之称的美国,却坐视种族主义的泛滥。同样,缅甸的罗兴伽问题,本来只是因为历史殖民统治而残余下来的族群冲突问题,却因国际社会炒作"种族屠杀"而被污名化了。缅甸若开族、缅族与具有孟加拉吉大港裔的罗兴亚人因为存在的分歧,是很难被贴上"种族主义"标签的,但2016年10月9日和2017年8月25日两次穆斯林极端主义袭击,却让该事件陷入"未定论"的境地。在缅甸人坚持认为这是恐怖主义袭击时,西方人却阐述其后续的"反恐行

---

① [法] 奥利维尔·罗伊:《排他的文化共同体》,爱德华·莫迪默等主编《人民·民族·国家——族性与民族主义的含义》,刘泓等译,中央民族大学出版社2009年版,第82页。

第一章 族际理论与国家构建的相关理论

为"是缅甸对罗兴亚人的"种族主义屠杀"。无论如何，标签化、污名化的行为，导致族群冲突向种族冲突的转化。

其三，族际关系中的权力不对称性及其产生的"自决权"困境，往往促使主权国家中的民族难以解决权利和义务的问题，并在稀缺的权力资源环境中产生国家分裂的问题。在非对称的族际关系中，即迪马谢夫所强调的显性族群和隐性族群，往往存在大民族主义和少数民族对峙的问题。少数民族权益保护一直是国际社会尤其是国际法所致力于讨论的话题。人们在讨论族际关系理论时，往往认为通常所说的自决权就是民族自决权。实际上，民族自决权在国际法律协议中是否就意味着任何族群都有权分裂国家主权或者主权国家呢？民族自决权作为一项政治原则，在很多时候比一项法律权利更有益。因为作为一项法律权益，它总是让人失望，并且具有破坏性，不仅能够在实际上破坏一个国家、政权甚至地区的稳定，还能够在道义上将其合法化。在殖民时代，民族自决原则的确发挥了一定的积极作用，但从20世纪的历史尤其是战后史来看，民族自觉原则基本发挥的都是消极作用。尤其是在很多的多族群国家，族群所建构的民族和国家体系本身就不完备，自决原则将目标与可行性作用于所有的族群。一旦仇恨的种子被埋下，它就会使分裂国家的行为和行动具体化。它提供了一个框架，其中要求民族意愿的实现必须包括以"民主制度形式出现的自决权"。

如果要做到"民族"等同于"国家"（nation 和 state 含义的合并），做不到国家民族的构建，就必然出现民族自决——"相信每一个民族都有权建立一个独立的国家并决定自己的政府"[1]。这样的含义有很强的目的论和宿命论，即如果被界定为一个民族或族群，这个族群就有权通过某种手段（理论上是通过政治协商与和平民主，但实际上，很多情况下不受认可的民族自决所经历的均是冲突）来获得独立的权力。

---

[1] Alfred Cobban, *The Nation State and National Self-Determination*, ed., London: Collins Fontana Library, 1969, p. 39.

按照这个定义,在缅甸这么小的国家里,有135个民族,如果每个民族都按照自决权进行政治活动,整个人类社会的"蛋糕"必然是不够分的。国家构建在开始之前,就在其概念的生成逻辑中消亡了。

即便是在西方业已现代化或者已经进入后现代化的国家,也仍然受困于传统民族主义或者说族群理论所设置好的民族自决困境。英国一直存在苏格兰独立的问题,自1707年苏格兰与英格兰合并后,他们要求独立的呼声就从未中断。2014年,苏格兰举行独立公投,确定其是否脱离英国独立。同年9月19日,苏格兰独立公投计票结果公布,55.8%的公民对独立说"不",大英帝国因此保留下来。英国存在的民族独立问题,尚能在合法的框架内得以控制,而西班牙的民族独立问题就没有那么幸运了。比利牛斯山区的巴斯克人是欧洲传统的牧民,其语言是非印欧语系,和其他民族有较大差异。这个民族自历史上就表现出强力的内聚力和排外性,拒绝其他民族的同化,并多次抵挡住外界入侵。1980年以来,巴斯克地区实施高度自治,但巴斯克社会上层人士仍然致力于让巴斯克独立。与此同时,巴斯克极端组织"埃塔"(ETA)在西班牙各地制造恐怖事件,致使数百名军警丧命。

族际关系理论的建立,原本是为了认识族际关系的规律,进而找到促进族际平衡和积极互动的方法,但很少有族群在族际关系中主动顺应文化的"生境",通过自然融合的手段来实现族际关系的调和,尤其是当这些族群被贴上各类标签之后。例如,"土著人"(indigenouspeoples)在族际理论中多被冠以落后的形态或标签。这样的标签化问题如果不解决,就会成为主张族际理论产生"族群例外论""族群优秀论"的不利因子。族际关系理论的发展,应当避免这种情况。

第四节 本书研究的理论框架

一 历史与阶段:不同时期的缅甸族际关系

缅甸族际关系问题表面上看是缅甸独立后才出现的问题,包括人们普遍看到的因《彬龙协议》无法解决的"联邦退出权问题",但实

第一章 族际理论与国家构建的相关理论

际上,"不解决缅甸独立前的少数民族(族群)的政治取向问题,就无法理解独立后缅甸少数民族的政治取向问题"[①]。要将整个缅甸族际关系的历史串联起来,需要按照一定的阶段进行有关族际互动的分析,并将这些阶段之间的关系连接起来。从历史发展的角度来看,族群之间从相互接触、相互认知到相互敌对、相互融合的过程,是你中有我、我中有你的过程。因此,每一时期的族际关系,都对下一时期的族际关系起到系统性的作用。

封建王朝的缅甸族际关系史,与其他国家的族际关系史区分度不大,总体来说是专制王权下的农耕国家,与其周边的部落族群产生了多次统一与复仇的冲突性战争。尽管征讨一事互有来往,但总体上看是缅族占优势。整个缅甸封建史,实际上围绕缅族如何在缅族、孟族、若来族等各族群互动中取得支配地位而来。支配地位又可以区分硬支配和软支配,这关乎今日缅甸主体民族的族际关系。

就硬支配而言,一方面指的是较为完化的征服和通化过程,在思想意识上基本完成了融合;另一方面,则指在历史上以征服为主,同时在军事力量上取得完全胜利,后者从反抗到放弃抵抗的过程。缅甸孟族和若开族,都有这两种情况。就软支配地位而言,是指虽然历史上取得过优势,但随着历史变迁又出现反复的情况。这种情况因为殖民者的出现更加复杂。但在解放前,缅族仍然与这些族群保持着一定的联系,并且认可这些族群是"缅甸山区少数族群",他们典型的是掸族和克耶。此外,还有一些族群在历史上同缅族接触较少,这些族群在更为偏远的山地,历史上并不属于缅甸而是其邻国的管辖,或者说,历史上更多受到的文化影响并非来自缅甸地区。因此,这些族群天生就有"族际离散"的情况。

基于以上概述,历史研究是本书要搭建的理论构架的基础。历史与现实的关联,正是本书所探寻的过程与结构结合的关键点。

---

① 祝湘辉:《山区少数民族与现代缅甸联邦的建立》,世界图书出版公司2010年版,第2页。

此外，本书所论及的"阶段论"，实际上如果置入历史过程，并没有那么严苛。之所以进行阶段划分，实际上是因为在历史研究进程中，并没有那么清晰的性质对接。比如，本书在解析族际关系的过程中，基本按照独立前、独立后的标准来区分，独立后则按照吴努政权、奈温政权、新军人政权、吴登盛政权和民盟政权来区分；但是在论及国家构建时，则以宪法作为界定。实际上，两者从历史阶段论来说并没有一一对应，但其内容或者说阶段性质的族际关系，包括族际离散、族际建构与族际融合，却是可以联动起来的。

二 融合与离散：缅甸族际关系的密切程度

聚与离的逻辑区分，是对一种族际关系比较中肯的谱系构建。前文已经着重对族际关系的类别进行了区分和联系，实际上，本书的理论框架基本上是按照这种逻辑进行的。

首先，对族际关系的两端并没有必要做很严格的界定，因为在族际平衡的中端，族际关系的取向总会基于国家构建的因素找到自身的结构性因素。族际关系或利于或不利于国家构建，基本上就是一个时期内族际关系的结果或者表现。但是，族际关系的两端趋势是可以明朗化的，而且两端的状态并不是本书研究的重点。本书认为，族际关系的发展趋势，是在不明朗的混沌状态时多种复合因素相互作用的结果，是各因素间和谈与妥协的必然产物。

其次，族际关系的融合是一种取向积极的过程。如果在国家构建中，其取向则不一定，因为有时候单向主动的整合恰恰可能是消极被动的，只是可能说，最终的结果或者说表现出来的结果是积极的。反之亦然，族际离散体现的可能仅仅是弱势民族对强势民族的一种必然反馈，并不一定是负面的。有时候，正是这种负反馈促进了强势民族的转型，进而促进双方的良性互动。

最后，族际建构是本书置于国家构建中的主要部分。国家构建是否能够从族际关系中获取正面的反馈，取决于族际关系中的建构因素发挥了多少作用。族际建构所反映出来的，包括信任建构、认同建构及共同体建构等。

三 构建与矛盾：国族构建与民族自治的辩证统一

国家构建永远是一个复杂的命题，原因是国家构建本身并不是一个可理论化、操作化的概念，而是只有真实构建了，产生了效果，才谈得上构建（不管是过程还是结果）。基于此，本书所要讨论的国家构建，并非一个自变量，更不是一个因变量，而是作为另一核心概念的链接，随时出现在整个族际关系的进程中。如果没有国家构建的参与，族际关系就不存在族际融合和族际离散的辩证统一，族际体系也就不存在发展与演变的基础了。

在理论框架上，本书将把国家构建嵌套于族际关系理论进行第二位的论述，这并不是说国家构建不及族际关系本身重要。相反，族际关系是枝干，国家构建才是关键，只不过国家构建表现具有一些滞后性。因此，本书的框架建构主要基于族际关系和国家构建两个核心概念，根据它们在历史中的互动与结合而展现出来。因此，历史经验和案例既是理论的生成者，又是理论的实践者。

第二章 独立以前的缅甸族际关系

缅甸最早的族际关系要上溯至缅甸历史记载的"古代",实际上,缅甸族际关系甚至要早于王朝史。不过,从本书论述意义上的族际关系来看,在缅甸王朝史(封建王朝史)开启之后,才存在严格意义(有史书记载)的族际融合与族际离散。不过,出于历史的完整性,有必要提一提王朝史之前的缅甸族际关系。缅甸最早的完整民族是持藏缅语的"骠人"。骠人最早被完整记载于中国史书《新唐书》中。实际上,骠人自称为图罗朱,建国(非严格意义的国家)早于中国汉朝。最强盛时期,骠国西接今若开地区、印度曼尼坡省,北接南诏国,南接孟加拉国。《新唐书》说骠国有18个属国。虽然有史料称骠人就是早期缅族,但也有史料考证,骠人和缅人是两个族群,只是后来骠人逐渐被缅人融合了。[①] 骠人与缅人在历史上处于相互竞争、相互融合的关系,至后来骠人衰落,逐步消融于中缅印多个民族交界处,随后才是缅族(王朝史)的兴起。

第一节 封建王朝时期缅甸族际关系

骠人与缅人的族际融合,至今史料讲述众多,但总的来看,属于骠人逐步衰落过程中,与缅人族际离散逐步变成族际建构,最后变成

[①] 何平:《东南亚民族史》,云南大学出版社2012年版,第172页。

第二章　独立以前的缅甸族际关系

族际融合乃至族际同化的过程。不过，这谈不上严格意义的族际体系，因为缺乏充足的史料表明，骠人与缅人有长时期的族际互动。然而，自缅甸王朝史，有可靠史料可证实，缅甸族际关系便已开始发展。其中，族际融合、族际离散都有不同程度的体现，族际建构只发生在部分少数族群中。

一　战争与征服下的族际融合

缅甸的第一个封建王朝是蒲甘王朝。该王朝始建于公元849年，第一任国王是匹印比亚。1004年，蒲甘王国遣使到中国向北宋朝贡。缅甸封建王朝共历十五代王，为后来缅甸封建社会的政治、经济、文化和宗教的发展奠定了基础。1057年，阿奴律陀挥师南下，攻取孟族首都直通，开启宗教改革，使小乘佛教得以迅速发展，并将其确定为国教，统一人们的宗教信仰。同时，吸收孟族先进技术，促进手工业的发展，形成与孟族融合的政治局面。

蒲甘王朝时期的族际融合，很少有主动程度上的族际协商或者族际协调，大多数情况是由战争、征服而完成的族际同化，蒲甘王朝也不例外。征服者阿奴律陀王就任后，目标直指北部的掸族部落、南部的孟人国家和西南部的阿拉干（若开）。从历史上看，缅族与掸族、孟族、若开是相互征伐的关系，蒲甘王朝是首次开展这样激烈的族际互动。实际上，在征伐之前，缅族与掸族、孟族、若开之间的关系倾向于族际隔绝。这些少数民族历史上虽然相互接壤，但并不经常进行互市，原因包括地理因素的隔绝和语言的天然限制。公元1057年，阿奴律陀攻占孟国，随后攻占阿拉干，都是翻山越岭的结果。该过程实际上是征服与归顺的关系。

可以认为，蒲甘王朝时期的族际互动是从族际离散的顶端向族际战争的另一顶端激烈转变的过程。因此，最终因征服所产生的国家是缺乏族际建构的，也很容易瓦解。不过，蒲甘王朝在族际融合过程中，也采取了一系列的良性措施。孟人叛乱后，蒲甘王采取了一系列怀柔政策，注重在社会经济方面进行族际整合。例如，阿隆悉都

（1113—1169）在其执掌政权期间就采取了有效措施，把蒲甘王朝推向鼎盛。他颁布法典，努力发展小手工业和农业生产，在全国统一度量衡，发展海洋运输事业，积极推动蒲甘文化（包括缅文语言文化）和宗教事业，促使缅甸依赖宗教文化完成了中部地区的凝聚。

　　缅甸的第二个王朝是东吁王朝。1531年，莽应体在东吁创建，是缅甸历史上最强盛的封建王朝。东吁王朝的统一，同样是一个族群战争或者说族际征伐的历史。东吁趁掸族与孟族40年内战消耗两败俱伤之际，再加上莽应体王不惜雇用有近代武器和战舰的葡萄牙兵进攻白古、阿瓦，其子灭掸族阿瓦王朝，完成缅甸的第二次统一，并一度入侵暹罗民族，占领泰国广大领土。这种积极的族际整合，注定要遭受顽强抵抗。不过，值得强调的是，不管是在莽应体征伐的过程中，还是在莽应龙在位期间，他们都制定了一系列的民族政策，给予各民族平等权利，保留各族首领治理本地区的权力，允许掸族和孟族在朝中任职等，用来缓和民族矛盾。因此，这一时期，缅族与孟族的族际融合一度有所加强。

　　缅甸的第三个王朝是贡榜王朝（1752—1885）。贡榜王朝是缅甸历史上最后一个封建王朝，统治疆域一度占据中南半岛大部分地区，后来被英国殖民者打败。贡榜王朝的出现和缅族统一的再现，无疑还是族群战争或者说族际征伐的过程。1753年，缅族领袖雍藉牙进攻阿瓦，控制了牟河和下亲敦江流域的大部分地区，并以新城瑞冒为首都，建立起贡榜王朝。1756年，他攻占勃固，统一缅甸。

　　贡榜王朝时期对族际关系尤其是族际融合的认识更加扩大化，或者说更加民族主义化了。贡榜王朝不断通过对外征伐来确保内部的统一，是为民族主义发挥对内巩固的作用自有的动力。雍藉牙在位时，常常强调国家统一与能够持续抵御外敌入侵有关。雍藉牙的后代们，也继承了雍藉牙的理念。第三代王孟驳继位后（1763—1776年），迁都阿瓦，并于1767年攻陷暹罗王都阿瑜陀耶城，抗击英国殖民者的入侵。长期的对外征战，使不少原本向中国朝贡的属地开始改向缅甸朝贡。这引起了清王朝的反感，随即演变为四次清缅战争

第二章 独立以前的缅甸族际关系

（1762—1769）。缅甸在这场战争中基本立于不败之地，但同时和暹罗、清王朝作战，力有不支。虽然这一时期的作战使贡榜王朝保持了国内族群间的团结（尤其是孟族、缅族），但却耗费了相当多的国力。第六代贡榜王孟云继续本着征讨的方针，将阿拉干地区纳入自身的版图，并在此过程中推进若开族与缅族的融合，最终引发英缅战争。缅甸封建王朝的族际融合史至此中断。

二 族际融合与族际离散的交织

封建王朝时期的族际离散，大致始于蒲甘王朝灭亡前后。蒲甘王朝的灭亡，自然与强大的蒙古征伐有关系，但也与蒲甘王朝后期不注重族际关系治理有关系。蒲甘后期，那罗梯诃波帝继位。由于统治者无能，民众起义反抗，蒲甘王朝由此走向衰落。蒲甘灭亡后，并没有完全融入缅族的掸族、孟族趁机在南北边举起，分别建立了阿瓦王国（1368年）和勃固王国（1369年）。孟族与掸族相互竞争，族际离散，缅甸再次分裂。从1386年到1425年，北部的阿瓦王国和南部的勃固王国不断发生冲突，史称"四十年战争"。

东吁王朝时期的族际离散与族际融合交织得更加紧密，其所表现出来的倾向不免过于功利主义。四十年战争中，东吁远离战区，未遭战争破坏，人口不断增多，利用当时纷繁复杂、各自为战的混乱族际关系，与阿瓦王国联姻，获取皎克西的"粮仓"地区，促进农业的发展；同时，与强大的勃固王朝结盟，利用勃固的势力牵制阿瓦王朝的进犯，采取亲孟政策，吸引各民族向东吁地区靠拢。不过，利用完毕后，东吁很快征服了这些原本团结的对象，但并未取得被征服地区的民心。因此，东吁王朝从一开始依靠征伐起家，就注定了其要面临长期的武装起义。1752年，孟族军队攻占首都阿瓦，结束了东吁王朝的统治。

贡榜王朝的族际离散，要从东吁王朝后期开始说起。在缅甸沦为英属殖民地之前，孟族与缅族一直在缅甸中部地区为争夺支配地位而进行斗争。1752年，孟族占领东吁王朝的首都阿瓦，缅族领袖雍藉牙拒绝投降，这使得孟缅冲突延续至贡榜王朝时期。贡榜王朝的族际离散，与此前的王朝不同，其因为大量的对外战争，客观上推动孟族和缅族的融合。当然，这种融合并不包括若开族和缅北大量的少数民族与缅族的融合。

三　缅族王朝的崛起与族际关系的形成

封建王朝时期，族际关系与国家构建关系并不直接。在很大程度上说，这一时期并没有严格意义上的国家，只有"统一王朝"。如果将"统一王朝"视作国家的话，封建王朝时期的族际关系自然是在征伐与反抗之下的国家构建。该构建有较大的不稳定性，多次因族群矛盾而导致王朝更迭。

值得强调的是，封建王朝时期的缅甸统治者，通过一定的方式整合了族际关系，使其融入统治者的框架（不管是否存在合法性）。蒲甘王朝时期，国王把土地分封给各地封建主和各级行政官员，由他们定期向国王纳贡，直至1853年敏东改革才结束。阿奴律陀在位时的国策，除了弘扬佛教以外，还鼓励农业生产，大力发展水利灌溉事业。史载"（阿奴律陀）王在全缅各地，因地制宜地兴修堤、堰、渠、塘。王到南部的垒敦后，登达良山，环视四周，见格育山泉水下泻。阿奴律陀认为：'如层层设堰筑坝，引水灌田，将在佛教长存之五千年中为众生造福。'遂用7200万士卒在班扬河附近筑金达、鄂乃丁、彪比亚、古弥四堰"①。

东吁王朝的崛起史，实际上有族际建构的影子。东吁缅族出现时，当时缅甸主要的族际竞争是掸族与孟族的南北之争。除这三个族群外，尚有木邦、孟养、孟密、阿拉干等族。东吁的崛起，与东吁王朝所实施的族际融合政策有着密切的联系，是在与阿瓦、勃固南北族际冲突的族际离散所共同建构的。莽瑞体执政时期，对缅甸下缅甸的孟族实施团结政策，任命孟族官员出任地方首领，允许孟族官员参与

---

① 李谋等译注：《琉璃宫史》（上卷），商务印书馆2011年版，第223—224页。

第二章 独立以前的缅甸族际关系

国家事务。

贡榜王朝的族际构建对国家构建的形成,主要体现对主权的巩固。雍籍牙王在位时为发展经济,巩固统治,在缅甸采取了一系列措施,如推行法治,编著各种缅文法典,大力兴修水利,努力发展农业。不过,更主要的是,贡榜王朝通过内聚力和对外战争,的确将贡榜王朝的主权延续了上百年之久。即便在第一次英缅战争中,缅甸也没有处于绝对的下风,只是连年征战和封建集权,不利于生产力的真正解放。在英国的坚船利炮面前,缅甸面对的最终只能是王朝的灭亡与国家构建的中断。

第二节 殖民时期缅甸族际关系

缅甸封建王朝因1824—1826年、1852年及1885年三次英缅战争而沦为英国殖民地,从而进入殖民地时期(1885—1948年)。缅甸的族际关系与殖民者有非常微妙的关系,这一切都源自殖民者"分而治之"的殖民策略。在具体执行过程中,由于受到两次世界大战和世界民族觉醒运动的影响,族际关系也分为族际离散体系、族际构建体系与族际融合体系。实际上,这一时期的族际关系格局,巧妙地衔接了封建时期趋于闭塞的族际关系,以及缅甸独立后开始开放化的族际关系,奠定了战后缅甸现代史中民族问题的基本格局与走向。

一 同一宗教信仰的族际融合

殖民时期的族际融合并不明显,因为这一时期严格意义上更多的是族际离散。不过,族际融合仍然存在于缅甸几个历史上曾经交战的族群之间。首先,由于共同御敌的效应,缅族与孟族已经在很大程度上融合了。二者文化和历史认同的交织,共同缔造了当前的缅甸文化,这与严格意义上孟高棉语系、藏缅语系的隔离并不相通。其次,由于若开地区出现了大量穆斯林移民的情况,若开北部的若开族大量逃离至原先若开的缅族集聚区,而缅族集聚区接受了这群有着共同文化和部分共同历史认同的族群。总的来说,截至这一时期,缅甸缅族、孟族与若开族完成了很大意义上的同一化,而殖民战争实际上强化了这一认同,这也是殖民者意料之外的事。

然而,在殖民时期,也有众多少数民族与缅族一样,对殖民者开展了不屈不挠的反抗斗争。在反抗外来殖民者侵略的过程中,各民族团结起来,有利于族际的融合。例如,掸族首领马延昌与贡榜王朝的末代国王锡袍合作反抗殖民者的行动,掸族领袖萨耶山与缅族领导的起义共同反对英国殖民者,钦族人民与缅甸等各民族合作共同反抗英国殖民者,合作长达10年。随着缅甸民族主义运动的开展,各民族间的融合逐渐深入。

二 "分而治之"下的族际离散

首先,殖民时期的族际离散,主要是国家失去主权、各族群所在地四分五裂所导致的。19世纪,英国完成对印度南部和中部的殖民扩张,并把势力扩展到印缅边界,为此,英属印度与缅甸在边界问题上的冲突不断升级。为了进一步吞并缅甸,并伺机将殖民地拓展到整个东亚(包括中国),1824—1885年,英国对缅发动了三次侵略战争。英国的三次侵缅战争,并不是要一次性吞并缅甸,而是分步骤、分等级地占领各少数民族地区,进而为其分而治之打下基础。1826年,缅王与英国签订《杨达波条约》,无条件接受英国侵略者提出的各项无理要求,开启了缅甸殖民时代。缅甸首次以非民族运动的方式放弃阿拉干(若开)地区的统治。这片富庶的土地,正是因英国殖民者大量输入穆斯林劳动力,招致社群冲突、积贫积弱,沦为今日缅甸最不发达的省邦之一。第二次侵缅战争,英国攻占下缅甸地区,实际上开始了分裂克伦人和缅族人的行动。英国鼓动部分受过良好教育的克伦人尽早脱离缅族的统治,进而接受"最先进教育",并以基督教对其进行文化熏陶。在第三次英缅战争后,英国再吞并上缅甸地区,并对山区少数民族(主要是克钦、掸族等)进行更为等级化的"分而治

第二章 独立以前的缅甸族际关系

之"。这导致整个缅甸的族群被割裂,出现互不沟通、互不理解、被利用、相互讨伐的状态。而准则中状态,随着昂山将军等"三十志士"被日本招募,更加固化了这种形态。

其次,殖民时期的族际离散,与当时缅甸国力衰弱、沦为殖民地有关,但更与英国殖民者采取"分而治之"手段管理缅北少数民族地区和缅甸南部缅族地区有关。从表面上看,缅甸民族主义的兴起与抵抗殖民者有最直接的关系,但实际上,缅甸民族主义的生成与克钦民族主义、克伦民族主义这些族群独立思想的生成是同步的,只是从结果导向来看,缅甸独立建国具有了排他的独立性。在英国殖民者对缅甸采取"分而治之"政策时,缅族与克伦族在政治立场上就具有了对立性。英国殖民者为制衡缅族力量,给予克伦人"优先权"。就克钦民族主义而言,英国在克钦族地区建立了殖民统治后,一部分克钦族改信了基督教和佛教,但他们仍然认为"万物有灵",并保留了传统的鬼神思想。为了驱恶崇善,他们经常举行祭祀典礼,"木脑节"就是其中一种最隆重的群众性祭祀盛典。克钦族受到英国、美国的支持,其上层人士认可西方的生存方式,后者则认可克钦族的作战英勇,将其送至欧美地区留学。克钦与缅族的隔阂不仅仅是历史上的,也在意识形态上形成了分离。

最后,殖民时期的族际离散,还表现在族际心态的不平衡发展。这既有地理地缘因素的影响与外部势力干预,又是在世界广泛的民族运动背景下各族群民族意识觉醒所致。1922年,英国殖民统治者在缅族民族主义运动的压力下,通过《缅甸改革法案》,同意在缅甸实施"双元政制"改革,将地方行政、教育、公共卫生、公共工程、林业和农业等部门交由缅甸政府管理。然而,这一做法却引起克伦族的不满,他们提出克伦人在缅甸内疗应该有一个专属地域,即属于自己的"邦"。此时克伦人所提出的邦,仅仅只是一个模糊的概念。部分克伦知识分子认为,这种"邦"应当和缅族是平等的关系,这与建立国家的诉求无异。

三 《彬龙协议》与族际关系的整合

殖民时期的族际关系经历了一定的"聚与离"后,在独立前夕开始出现统一的民族觉醒。此时正值讨论"构建什么样的国家"的问题,因此,这一时期的族际关系,实际上是在讨论"是否加入缅甸国家构建,以何种方式加入缅甸国家构建"。在国家构建的问题上,昂山将军与缅甸山区少数民族进行了数次磋商,最终达成的阶段性成果《彬龙协议》意义重大。

所谓的山区少数民族,实际上是英国人通过第二次和第三次英缅战争人为设立的一个概念性认同区分——对于这两个不同的概念,即缅甸低地、缅甸高地的少数民族,采取截然不同的统治和控制政策。具体而言,山区少数民族主要是居住在山区的掸、克钦、钦、克伦、克耶等少数民族。山区少数民族不包括孟族、若开等少数民族,这是因为三次英缅战争后,英国占领了缅甸,建立了全面的殖民统治。在英国殖民体系中,孟族、若开族聚居的沿海或平原地区一直被归属于同一整体的缅甸本部的行政管理体制之下;掸族、克钦和钦族等聚居的山区地域则采取与缅甸本部不同的统治制度。这进一步扩大了山区少数民族与缅族政治经济发展的差异,也包括心理上的隔阂与不信任。[①]

"分而治之"的政策,对各少数民族缔造国家的期许,产生了不一样的结果,缅族所期待的统一的现代化多民族国家,并非少数民族所期待的"共同体组织形式"。形成这一种族际隔阂的原因,实际上是在殖民政策实施过程中,缅族就已经极大地融入英国殖民者的现代生产方式,而部分精英甚至开始找寻西方民主政治方式(不管是议会斗争的巴莫傀儡政权模式,还是激进接受共产主义的德钦党人,或是寻求强烈民族主义救国的中间派人士)。缅族对于同英国人平等地进

---

① 祝湘辉:《山区少数民族与现代缅甸联邦的建立》,广东世界图书出版公司2010年版,第11页。

第二章 独立以前的缅甸族际关系

入国际社会,并发展自己的民族抱有期许。与此同时,长期处于封建社会结构,而且英国人在殖民过程中毫无意愿破坏其生活方式的山区少数民族,则更愿意维持原有的生活方式。即便他们接受了基督教传教士的熏陶,但对于融入现代化工业生产体系却毫不感冒。

因此,在殖民后期,围绕缅甸将来的政治前途问题,不同族群是有不同考虑的。缅族希望各民族间能够协商一致,在联邦主义的理念下形成统一的国家。① 以土司为代表的掸族,徘徊在独立与统一之间。在掸邦,封建土司仍然掌握着主要的政治权力。他们纷纷发表了对掸邦前途的看法。良瑞土司于1945年10月提出:掸邦应在英联邦内取得自治,并由一位土司治理;南部掸邦的苏空班盛和苏空苏也提出:掸邦的面积为62400平方英里,是荷兰的几倍,人口有200万,人口密度比澳大利亚还要大,森林物产丰富,所以掸邦应与缅甸、印度、锡兰一样成为自治国家。登尼北部地区土司苏宏帕公开宣称:为了掸邦的强大,应将现34个区合并为12个区,然后由这12个区的土司轮流统治掸邦。经过昂山将军的一系列协调对话,土司们表示"有条件"观望。

克钦族一开始的态度也比较模糊,但在曼坑村会议后,多数克钦族土司实际上确定了他们与缅甸联合的政治态度。在一次与自由同盟的联席会议上,杜瓦信瓦瑙发表演讲说:"克钦、缅、掸族的团结非常重要。现在我们正在与英国人做斗争,需要缅族人的配合。你们缅族人即将独立,并选举出自己的政府和领导人,我们克钦人也会在不久的将来成为一个独立的民族,但是这需要缅族的帮助。"②

钦族、克耶族则相对积极。1946年12月,自由同盟钦族分部主席吴温都貌、副主席德钦昂敏、钦族妇女协会主席玛登迎在仰光的自由同盟总部举行了记者招待会。自由同盟的统战官员德钦瓦丁向新闻

---

① 李晨阳:《独立前缅甸民族主义精英对国家发展道路的探索》,《南洋问题研究》2006年第4期。
② [缅]吴觉温等:《少数民族问题与1947年宪法》(第一册),大学出版社1990年版,第186页。

界第一次介绍了钦族领导人。吴温都貌说："我们自由同盟钦族分部的政治态度是：先与缅族同时获得独立，再与缅甸合并为一个国家。"他的讲话受到与会者热烈的欢迎。吴温都貌的态度基本上代表了觉醒了的钦族人民群众的态度。1946年9月11日，在克耶族领导人的一次会议上，克耶领袖吴比都耶提出建立"独立克耶族联邦议会"的主张。吴比都耶在发言中说："仔细研究历史发现，我们的独立地位只是一种名义上的独立。为了获得真正的独立，我们应该尽快建立统一的政治制度，这样才有助于我们各个地区的人民团结起来，增进彼此的理解和交流。"[①]

在一系列极其不易的族际对话中，各族群终于决定"有条件"地联合，建立缅甸联邦国家。这个"有条件"的认同一直支撑到今日，缅甸联邦并没有真正分裂，足见其生命力所在。这一切始于功臣昂山将军及其努力下的彬龙会议。1947年2月12日，掸族、克钦族以及钦族领导人与缅甸总督执行委员会的代表在彬龙召开彬龙会议，通过与缅甸过渡政府合作，同意在统一的缅甸境内建国，但要确保边疆地区人民所要求的权利。1947年9月24日，《彬龙协议》原则在1947年《缅甸联邦宪法》中得到充分体现。可以说《彬龙协议》是缅甸殖民时期族际建构史的巅峰表现，也为后来的缅甸民族构建与国家构建奠定了基础。

[①] ［缅］吴觉温等：《少数民族问题与1947年宪法》（第二册），大学出版社1990年版，第598页。

第三章　独立以后的缅甸族际关系

　　许多第三世界国家摆脱了殖民宗主国的统治，加入亨廷顿所说的"第三波"民主浪潮。由于这些国家建国基础先天不足，各民族之间存在传统矛盾，加上族际认同基础薄弱，领导人存在大民族主义思想，处理族际关系不当，引起国内局势动荡，进而中断了国家构建，成为衰败国家。这些国家的特征是：经济低速发展，产业结构单一，经济自由化程度低下；政治民主化踌躇不前，贪腐现象层出，军人政变，法治建设迟缓，公共产品提供严重不足；贫富差距拉大，阶级互不认同，民生未能改善等。与此同时，由于第二次世界大战后国际化思潮的相互影响，族际政治体现出四大特征：一是广泛互动。族际问题在第三世界国家发生后，逐步由亚非国家向全球蔓延，并逆向影响了那些前殖民国家和新兴民族国家。二是长期存在。族际政治问题出现数量多、频率高、处理难度增大的事实，且无法一劳永逸地解决，所以族际矛盾频发已经成为某些国家的痼疾。三是复杂多变。族际问题在表现形式上各不相同，有的要求直接分离建国，有的要求高度自治，有的采用武装路线，有的通过议会斗争，但无论何种表现形式，其本质都是为了本民族的利益。四是族际政治冲突的外溢效应。一般而言，族际政治冲突首先发生在国家之内，对于国家的统一、稳定和发展不仅产生直接的影响，而且由于其边界外溢效应，对相邻国家也会产生影响。

　　缅甸作为一个典型东南亚大陆国家，在族际政治方面也有一些鲜明的特色。在经济方面,第一,经济所有制发生根本变化。1962年之后,缅甸从市场经济急剧转变为"缅甸式社会主义"经济,中央指令计划占据统治地位,对私有经济进行大规模国有化,从而窒息了缅甸的经济活力。第二,发展战略缺乏和执行力低下。执掌经济大权的是原军官阶层,缺乏长远的目光,不像韩国军人政变后保留了一批经济精英制定国家发展战略。第三,长期忽略边疆地区的发展与治理,导致非法经济尤其是毒品的泛滥,严重侵蚀产业结构,造成毒品代替种植项目的艰难实施和频繁复种。据2014年8月18日联合国毒品与犯罪办公室(UNODC)声明,到2013年,缅甸的鸦片种植达到十年来的新高,约达到870吨。[①] 第四,对少数民族地区的治理绩效较差,中央政府经济本身举步维艰,分配到少数民族地区的资源就更稀少,造成边疆少数民族离心力的持续增强。第五,长期以来,西方国家对缅甸进行严厉的经济制裁,并且与缅甸的民主和人权挂钩,持续向缅甸政府施压。

在政治方面,一是缅甸政治仍然施行"宫廷政治",即"西学为体,缅学为用"。虽然在吴努、吴巴瑞和奈温时期,不同阶段的具体政策有较大区别,但在上层,缅甸帝王时期形成的政治文化仍然在今天的缅甸政治舞台上起作用。二是议会政治运行不顺利,议员相互攻讦,政府内部党同伐异,派系分裂不断。1962年奈温政变以后,缅甸进入军事独裁时代。1988年以后,新军人政权执政,缅甸进入无宪法时代,国家按照军政府颁布的法律和行政令运作,20年后才通过2008年宪法。三是"国中有国""一国多军",国家认同碎片化,东部和北部边疆地区处于割据状态。四是罗兴伽人问题。1982年,缅甸公民法将罗兴伽人排除在外,奈温政权对该群体实行多次围剿和驱赶,导致该问题地区化和国际化。

值得关注的是,缅甸独立之时确定的市场经济和民主政治路线,

[①] Myanmar and UNODC Sign Landmark Agreement to Strengthen the Rule of Law and Counter Crime and Drug Threats, UNODC, Yangon/Naypyitaw (Myanmar), 18 August, 2014, http://www.unodc.org/southeastasiaandpacific/en/myanmar/2014/08/country-programme-signing/story.html.

第三章 独立以后的缅甸族际关系

在缅甸社会发展过程中实际上呈现出 U 形曲线和螺旋式的回归路线，即并非"新尝试"，而是有"复兴"的要素。这意味着，缅甸比起其他国家并没有过于"先天不足"，其恢复民主与自由的速率也不会太慢。缅甸的民主与自由要素同该国制度息息相关，大致以军政府为界，民主消失殆尽，市场自由逐渐被封锁。在吴登盛政府上台前夕，民主与自由要素重新上升，这个过程与该国 GDP 贡献率的曲线大致相似，是两条没有严格界限的 U 形曲线，大致的时间节点是：民主衰减——1958—1962 年奈温看守政府上台和奈温政变（1960 年短暂大选恢复民选政府）；民主恢复——2003 年提出"七步路线图"；自由衰减——1960 年全面国有化（1955 年的《投资政策声明》是市场自由的最高峰）；自由恢复——1988 年颁布《外国投资法》，如图 3-1 所示。

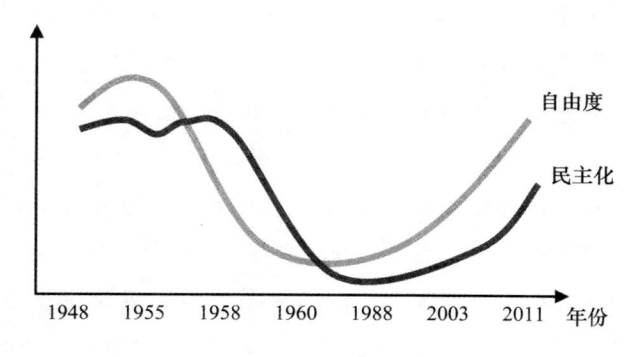

图 3-1 缅甸自由度与民主化的 U 形曲线

在社会方面，一是缅甸下层人民生活极端贫困。据 2013 年统计数据，缅甸有 75% 的人口所在地区缺电，约 26% 的人口处于联合国定义的极端贫度状态。[①] 二是中产阶级力量薄弱，而这是社会稳定不可或缺的基础。除了仰光和曼德勒两大城市外，全国大部分人口是农

---

① "Income Gap 'World's Widest'", *The Nation*, September 4, 2013, http://www.nationmultimedia.com/aec/Income-gap-worlds-widest-30214106.html.

民，城镇化尚未起步。三是尽管存在独裁统治，但国家机器对民间社会控制并不紧，社会组织甚至反对党的空间仍然存在。从吴努、昂季、吴巴瑞到昂山素季和88学生组织，这些政治人物虽然遭到打压，但并未在肉体上消灭，一直在发出自己的声音。四是为了巩固统治，高层不惜摧毁教育系统，长期关闭大学，造成一两代人教育水平严重下降，至今未能恢复。根据联合国人类发展指数，2014年，缅甸教育指数得分为0.299（满分1分），排名第160位（共统计187个国家。）[1]

　　发展中国家还面临着第二次世界大战后复杂的国际局势。就国家共性而言，各国均受到国际格局和大国战略的压制，对外交往发展迟滞，受到冷战等影响。[2] 冷战时期的两大阵营对峙，迫使各小国优先考虑安全。就交往对象国而言，缅甸作为中国和印度之间的小国，逐渐采取独立性较强的中立主义路线。1954年，缅甸与中国、印度等国共同倡导"和平共处五项基本原则"，此后一直走中立外交路线，即不偏不倚，避免过度依赖某一大国，"不同任何国家结盟；同一切国家友好相处"[3]。1962年奈温上台后，继承这一路线，在社会纲领党的一大到四大，始终强调严格执行中立原则[4]，避免在大国之间选边站，以达到国家利益最优化。[5] 丹瑞新军人政权时期，尽管面临着恶劣的国际环境，不得不加强与中国的关系，但仍然抓住一切机会改善与大国和国际组织的关系，并分别在1997年、1998年、2000年加入东盟、环孟加拉湾经济合作组织、恒河和湄公河流域合作组织等。[6] 2011年吴登盛上台后，缅甸国际环境有所转圜，缅甸政府发起全方位

---

[1] Human Development Report 2014, *Sustaining Human Progress: Reducing Vulnerabilities and Building Resilience*, UNDP, Empowered lives. Resilient nations, p. 170.
[2] 罗荣渠：《现代化新论——世界与中国的现代化进程》，北京大学出版社1995年版，第162—168页。
[3] 贺圣达、李晨阳：《列国志：缅甸》，社会科学文献出版社2009年版，第404页。
[4] 同上书，第406页。
[5] 同上。
[6] 同上书，第409页。

第三章 独立以后的缅甸族际关系

多元外交攻势,与美国、欧盟、日本等国关系热络,高调宣扬"与所有国家友好相处,接受所有国家对缅甸发展的支持"[①]。

由于缅甸连接印度洋和太平洋、东南亚与南亚、中国与印度的地理位置,它一直处于大国压力之下。在大国压力下,缅甸强烈的民族主义情绪表现出极大的排斥性。而且,缅甸素来有民族主义传统,在殖民时期反抗英国统治,发动大规模抗议行动,直到联日抗英,获得独立;奈温政权排外思维明显,将缅甸变成一个"隐士之国";丹瑞政权尽管与中国关系紧密,但仍然与中国保持一定距离,以至于西方学者认为,中国对缅甸的影响力被夸大了……这都表现了缅甸的中立主义路线和大国平衡政策。今天,缅甸的外交路线增加了现实主义因素。例如,时任总统吴登盛为了体现缅甸不依赖中国和向西方靠拢的决心,暂停了密松电站。[②] 但当罗兴伽人问题日益凸显,欧美和国际组织对缅甸的压力不断增加时,举国上下一致谴责外部干涉缅甸内政。[③]

第一节 吴努时期的族际关系

一 建国初期的族际融合困境

1947 年,昂山将军遇刺,吴努受英国总督委托,组织新的行政委员会,并担任同盟内部领袖。吴努是一位坚定的国家民族主义者,笃信佛教人性论[④],上台以后,迅速与英国签订《英缅条约》,很快赢得缅甸的独立。缅甸的迅速独立建立在对英国提出条件的妥协基础之上。此时,吴努政府并没有与缅甸共产党和少数民族就国家构建问题达成一致——建立在反殖民认同下的国家民族主义由于反殖民需求的

---

① Press Release, *The Global New Light of Myanmar*, Mar. 28, 2015, p. 9.
② 李晨阳主编:《缅甸国情报告 (2011—2012)》,社会科学文献出版社 2012 年版,第 53—55 页。
③ Press Release, *The Global New Light of Myanmar*, Feb. 4, 2015, p. 9.
④ 贺圣达:《缅甸史》,云南人民出版社 2015 年版,第 452 页。

减弱而逐渐消沉，但新兴的民族国家认同并没有产生。

吴努在其执政初期，高度重视国家统一，反对少数民族独立建邦，宣称"缅甸居民，包括掸族、克伦族、克钦族、克耶族和若开族，从摇篮到坟墓，生活在同一块土地上，彼此是一间房子里的亲人"①，并提出"解决少数民族问题在于联系各民族的纽带，而不是瓦解联邦，成立各自建邦"②。根据当年昂山将军的设计，他组织反法西斯人民自由同盟召开了一系列会议，主导了1947年宪法的设计。缅甸1947年宪法强调缅甸联邦的"邦权力"，并强调缅甸由5个邦组成，划分成三种类型，主要内容包括：（1）宪法应是缅甸联邦具有独立主权的共和国宪法。（2）联邦由宪法规定的单独各邦组成，各邦享有宪法规定的自治权。（3）缅甸联邦、各邦和政府部门应切实保障人民享受应有的权利。（4）宪法保证缅甸各族人民在社会、政治、司法方面都是平等的。在不违反法律、不有悖于群众风俗习惯的前提下，人们有思想、言论、信仰、宗教、迁徙、集会的自由。（5）宪法应切实保障少数民族的权益。（6）维护缅甸联邦的团结，维护领土和领海的主权。（7）在国际舞台上争取缅甸应有的位置，提高人民生活水平，维护世界和平，发展与各国的良好关系。③

吴努对于邦界定的设置，是存在问题的，实际上，他只是按照《彬龙协议》缔结者的需求进行安排和操作。但总的来说，吴努政权缔造民族自治邦，并给予邦权力的做法，是对中央与地方分权的一种表现，有利于当时的民族融合。不过，吴努政权不是一味强调分权，其对中央权力仍然是比较重视的。比如，强调缅甸联邦政府有权设置民族邦，有权治理和管理民族事务。实际上，吴努也继承了昂山将军对于一旦10年期限到后缅甸联邦分崩离析的担忧。因此，吴努同意《彬龙协议》的领袖建邦权，同时暂时不对一些少数民族进行建邦安

---

① 贺圣达：《缅甸史》，人民出版社1992年版，第452页。
② U Nu, "Towards Peace and Democracy", *Ministry of Information*, 1949, p. 152.
③ ［缅］吴觉温等：《少数民族问题与1947年宪法》（第二册），大学出版社1990年版，第460—461页。

第三章 独立以后的缅甸族际关系

排，为以后的宪法修正提供了空间。

总体来说，吴努政权时期的族际融合，很难发挥较好的效力。吴努政权自1948—1962年制订了4个经济发展计划，但这些经济发展计划前半部分基本没有完成，后半部分要么没有明显的成绩，要么被一些突发事件打乱。吴努政权从经济上融合的做法，受到大量英控残余资本的掣肘，最后不得不向英国前殖民者妥协，引发其支持者的不满，也包括众多少数民族的不满。随着吴努政权支持率受到影响，议会民主制受到强烈的打击，该时期的族际融合便偃旗息鼓，最终朝着相反方面发展。

二 "大缅族主义"与族际离散

吴努时期的缅甸族际关系，面临着历史的机遇期。因为按《彬龙协议》的规定，少数民族在10年内有义务留在联邦。昂山之所以设置10年的缓冲期，是因为如果10年内缅甸领袖能够处理好族群矛盾，或许10年后少数民族更愿意留在联邦而不是选择离开。当然，这种缓冲实际上是"双刃剑"，在暂时缓解民族矛盾的同时，也为以后少数民族自决提供了依据。"掸邦和克耶邦在宪法生效10年之后有权按照有关规定决定是否继续留在缅甸联邦。"[①]

然而，吴努时期国家构建目标应该是塑造一种缅甸联邦的国家观念、国家情怀和意识，从而实现缅甸现代国家的统一。[②] 正是由于建国宗旨所在，吴努政府在处理与少数民族之间的关系时，并未遵照《彬龙协议》中的民族平等精神，而是采取"大缅族主义"政策，对少数民族进行排斥和压制。[③] 在政治上，以联邦政府的名义打击反政府武装和少数民族的分离运动，拖延克伦族、若开族、孟族的建邦请求；文化上，采取佛教国教化和缅族文化来构建国族的同一性，实现

[①] 贺圣达：《缅甸史》，云南人民出版社2015年版，第454页。
[②] 刘务：《缅甸1988年以来的民族国家构建研究》，博士学位论文，云南大学，2013年。
[③] 李晨阳：《军人政权与缅甸现代化进程研究》，香港社会科学出版社有限公司2009年版，第88页。

民族同化的目标;军事上,以清剿国民党残军为借口,派军队进驻掸邦,对其实施军事管制;行政上,利用对"掸邦人民自由同盟"和"掸邦农协积极发展组织"的掌控,实现对掸邦土司的掌控。吴努时期所采取的民族国家构建政策并未从根本上解决少数民族对国家的认同问题,反而由于过分强调国家一体化,忽视了少数民族的多样性,族际关系紧张,民族关系恶化,矛盾日益突出。在其任期内未平息克伦民族联盟的叛乱,也未满足孟族和若开族的建邦要求。更为糟糕的是,对联邦国家认同较高的掸族和克钦族也组建了掸邦独立军(SSIA)、掸邦联合军(SURA)和掸邦军(SNA)等反政府武装。

在加强行政集权中央制的同时,为巩固其政治合法性,吴努政府不遗余力地推行佛教,始终强调运用佛教来解决政治问题。吴努认为,佛教对于缅甸的社会和政治发展具有黏合力,是社会稳定与政治安定的前提条件,获取政治合法性以及推进现代化建设是紧密联系在一起的①,希望通过弘扬佛教的方式来维护缅甸联邦的稳定与持久独立②。1961年,吴努提出将佛教作为国教的宪法修正案,认为此举有利于"顺应历史"和"提高权威",并规定"联邦每年财政预算不低于5%用于援助宗教事业"③。同时,他以缅甸为主体,强调宗教优势。缅族作为推行此种宗教优势的主力,在逐渐形成压倒其他宗教势头的同时,也加上了民族沙文主义的烙印。1952年,缅语被规定为公务用语,1956年被强行推广到少数民族邦机构,并成为基础教育学校三年级以上唯一教学用语。④ 作为回应,缅甸基督教和全国宗教少数民族联盟指责佛教事业"劳民伤财",斥之为"不幸的事业"⑤,对吴努政府背离昂山"政教分离"路线的政策表示强烈不满。佛教民族主义的扩张,使得佛教信众的主体——缅族形成极强的民族优越感,进

---

① [新]尼古拉斯·塔林等:《剑桥东南亚史》(Ⅱ),王士录等译,云南人民出版社2003年版,第430页。
② [日]生野善应:《缅甸的佛教》(下),罗晃潮译,《东南亚研究资料》1992年第6期。
③ 李谋:《缅甸与东南亚》,中国出版集团2014年版,第78页。
④ 钟智翔、李晨阳:《缅甸武装力量研究》,军事谊文出版社2004年版,第146页。
⑤ 黄夏年:《现代缅甸佛教复兴与佛教民族主义》,《东南亚研究》1992年第6期。

第三章 独立以后的缅甸族际关系

一步导致缅甸的大缅甸族主义,不利于缅甸早期族际关系融合。

三 族群同质化思想的推行

吴努时期的族际关系对国家构建的影响主要表现在去殖民化、去封建化、去异质化三个方面。

首先,去殖民化是指殖民主义的色彩并没有在缅甸族际关系中完全消失,族际分歧仍然因殖民者当年留下来的残余干扰着缅甸的国家构建。由于殖民者当年许下的空头支票,众多少数民族仍然有或多或少独立于缅族甚至高于缅族的感受,这导致族际认同延续了殖民时期的误解。少数民族对于缅甸这个国家的构建,显然仍然处在消极观望的状态,部分山地土司甚至在等着10年后独立分离出联邦的时刻。因此,吴努政府积极缔造国家民族的概念,意图真正让"缅甸民族"摆脱殖民主义的色彩。不过,政治和意识形态上的独立,抑制不住吴努在经济依赖和政治权力游戏中的软弱。吴努政权由于忙于大选事业,不仅没有继续调整族际关系,反而间歇性地采用拉拢制衡的手法。罗兴亚问题,正是这一时期不当地利用关系,导致有关国家认同未能良好建立。

其次,去封建化主要强调生产方式的更新。吴努政权意图通过发展典型的资本主义经济和对外资企业采取国有化(难度重重,并未完成)来复兴缅甸经济,同时希望获取山区少数民族的资源来实现土地改革。在执政近10年的光景中,吴努政权提出将缅甸国民生产总值提高78%的计划。[①] 这个计划不仅仅是一个经济计划,而且是一个政治改造计划,其中包括所谓的"地方政权民主化"。这种理想中的民主化,对于众多少数民族来说就是对权力的褫夺,尤其是对封建土司们来说,他们并不习惯于昂山将军"接班人"这种简单粗暴的想法。实际上,对于众多少数民族来说,吴努政权并不能有效证明其"以农业化为主的经济向工业化的转型"有利于确保其民族利益,因为这意

[①] 杨长源等:《缅甸概览》,中国社会科学出版社1990年版,第127页。

味着它将伤筋动骨地更改自己的生活方式。最终，随着吴努几个经济计划的失调，缅甸族际构建和国家构建均偃旗息鼓。

最后，较为有争议性的是去异质化。对于缅甸发展是否应当存在一定的异质化，在昂山将军看来，缅甸是一个多民族国家，民族成分相对复杂，在这样一个多元文化的社会，需要"造就一种统一的国民意识或民族文化，以便为建立统一的民族国家提供所需的合法性"①。可见，作为国家首领的昂山将军，希望建立包容各民族的统一国家。"我们需要的是像德国和意大利那样的强有力的国家，将只需要一个民族、一个国家、一个党和一个领袖，不需要议会反对派，不需要个人主义的胡说八道"，"一党制是维护一个有力而又稳固的政府的最好形式，虽然不能说它永远是理想的形式"。②吴努实际上基本继承了昂山将军的想法，其在认可缅甸存在的异质性的同时，又要争取将这些异质性进行一定程度的同质化。

吴努的民族主义强调同质性，却忽略了各民族的差异性和各自的民族权利，在宪法设定的"少数民族退出权"问题中，也通过议会和总统的限制削弱了少数民族邦的权力。随着佛教民族主义的推行，少数民族意识到宪法中给予少数民族在议会和自决权方面的空间不足以抵挡大缅族主义对其实施暴政。③1957年，掸邦土司以1947年宪法规定的10年选择退出权为由在掸邦拉成发动万人游行，以苏昆确为首的土司宣布成立"掸邦人民团结组织"，前总统苏瑞泰（掸族，缅甸首任总统）的夫人南舍坎则改编土司自卫队。④此外，掸邦另外一支较大的少数民族——佤族于1959年在逃缅中国国民党残部柳元麟支持下，建立了佤族反政府军。克钦族在1961年2月建立克钦独立

---

① 李晨阳：《独立前缅甸民族主义精英对国家发展道路的探索》，《南洋问题研究》2006年第4期。

② Josef Silverstein, "The Political Legacy of Aung San", *Journal of Asian Studies*, Vol. 33, No. 1, 1973, p. 151, 转引自李晨阳《独立前缅甸民族主义精英对国家发展道路的探索》，《南洋问题研究》2006年第4期。

③ Sakhong, Lian H., ed., *Designing Federalism in Burma*, UNLD Press, 2005, p. 17.

④ 钟智翔、李晨阳：《缅甸武装力量研究》，军事谊文出版社2004年版，第186页。

◆◆ 第三章 独立以后的缅甸族际关系 ◆◆

军（KIA），借吴努推行佛教民族主义之机引发的民族不满，开始大规模武装斗争。① 除了克钦和掸族，当时拒绝参加签署《彬龙协议》的克伦族也数次利用国内矛盾发动大规模武装叛乱，一度攻占距仰光仅20千米的永盛镇，并控制了锡唐河流域总部和卑谬附近的地区。② 勃欧族、拉祜族、德昂族、那家族、克耶族、孟、钦族和若开族也都成立了自己的武装。缅甸自20世纪五六十年代开始陷入了全国范围的内乱，濒临国家分裂。1962年，克伦、克钦、掸、孟四股较大的少数民族反政府武装，兵力已达六七千人。③

吴努政府时期，"大缅族主义"和加强中央集权取向是族际关系治理的基本价值取向，始终影响甚至支配着吴努政府对族际关系治理的整个过程。"大缅族主义"取向使吴努政府在族际关系治理上偏离正轨，如议会民主制只是徒有民主外表，以缅族为主的执政集团与少数民族存在极大分歧；民族自治邦形同虚设，它违背了民族平等的原则；民族同化政策是典型的"缅人沙文主义"，企图彻底改变少数民族根深蒂固的民族价值和生活方式，甚至摧毁他们的民族尊严和自我标识。在加强中央集权取向的指引下，国家政治权力不断深入各少数民族地区。吴努政府派遣忠于政府的民族人士担任当地行政官员，强制限制土司和上层人士的土地数量，不断剥夺少数民族上层人士的传统特权。另外，吴努政府还采用武力打击反政府武装势力来加强中央集权。这些最终导致族际关系的恶化和少数民族分离运动的兴起。

第二节 奈温时期的族际关系

第二次世界大战以后，随着帝国主义殖民体系的解体，亚洲和非洲的许多殖民地国家获得了独立。第二次世界大战后的"前30年（1945—1975），亚洲大部分国家由于民族矛盾、宗教矛盾、土著与移

---

① 钟智翔、李晨阳：《缅甸武装力量研究》，军事谊文出版社2004年版，第256页。
② 贺圣达、李晨阳：《列国志：缅甸》，社会科学文献出版社2009年版，第149页。
③ 李谋：《缅甸与东南亚》，世界图书出版公司2015年版，第83页。

民的矛盾、地方民族与中央政府的矛盾而长期政治不稳定"①。此时期的缅甸，正处于国际转型、国家大变动的时期，也是众多转型国家逆流政变的时期，族际关系表现为激烈的政治互动。

一 "缅甸式社会主义"思想指导下的族际融合

1962 年，奈温发动军事政变，解散国会和选举委员会，成立了由 17 名高级军官组成的缅甸联邦革命委员会，并成为国家元首和政府首脑，组建社会主义纲领党。② 奈温上台后，摒弃和继承了吴努政府的一部分民族政策。为解决民族问题，实现国家统一，奈温对少数民族采取较为缓和的政策，意图争取少数民族的支持与信任。1963 年 4 月，奈温大赦此前抓捕的众多少数民族"分离主义者"，一度形成少数民族"愿意和谈"的态势。谈判失败后，奈温于 1964 年颁布了《维护民族团结法》，不论民族大小，克钦、克耶、缅族和掸族等民族均要长期合作发展；全国的经济和社会发展，不分民族、种族的区别，要共享发展成果；各民族有权按照自己的特殊情况，维护语言文化与宗教；给予少数民族宗教信仰的自由，维护本民族的政治权利和风俗习惯的诉求。同时，宣布 1974 年宪法继承 1947 年宪法中的民族平等原则与尊重民族宗教和文化的原则，在民族地区兴办医院和学校，促进少数民族地区经济发展。此外，在少数民族地区创办民族发展学院，在军队和各民族上层中选派学员，为少数民族地区培养管理干部和教育人才。加大宣传少数民族文化和节日庆典的力度，加大对少数民族地区的拨款力度。③ 废除佛教为国教的宪法修正案，宣布各民族宗教信仰自由。不过，奈温同时强调了"纪律"，一旦存在"损害国家主权"的"自决权"时，必须进行再协调。

---

① 金涛、孙来运主编：《世界民族关系概论》，中央民族大学出版社 1996 年版，第 80—81 页。
② 李晨阳主编：《缅甸国情报告（2011—2012）》，社会科学文献出版社 2013 年版，第 201 页。
③ 杨长源等：《缅甸概览》，中国社会科学出版社 1990 年版，第 144 页。

第三章 独立以后的缅甸族际关系

不过，奈温对少数民族地区的族际融合主要是通过威权和强制手段来实施的，所采取的方式也较为简单粗暴。一是限制佛教民族主义。执政初期，奈温废除了佛教的特殊地位，并要求所有佛教团体须到政府注册，1964年5月因僧侣抗议才废除此规定。① 二是强调国家民族，如强调"下决心使克钦、克耶、钦、缅、掸……同甘共苦、永不分裂"②，刻意抹去大缅族的特殊色彩。三是打击分离主义，政府每年1/3的财政支出用在军事上，主要是镇压内乱。③ 对于少数民族地区的地方官员，奈温通过任命革命委员会及其下属的军官取代民族地区的非缅族地方行政官员，从而实现对该地区的控制，并宣称发动军事政变的主要原因是"少数民族拥有更大的自治权，拥有退出权，这会危害到国家统一和民族团结"④。

二 中央集权下的族际离散

执政初期，奈温的强力政策对稳定国家局势、建立统一的民族认同有非常重要的意义，但是奈温时期的族际融合方式或者说族际整合手段却跑偏了。奈温解决民族矛盾的出发点并不是实现民族平等，而是加强中央集权，削弱民族地方自治权。"奈温力图以融合为由，去同化其他少数民族文化，否认孟族、钦族的文化传统。"⑤ 他用"打压"和"威慑"而非"给予"和"改善"的方式来改善民族关系，非但没有给少数民族带来实际利益，缓解民族矛盾，反而更加强化了大缅主义色彩，引起少数民族地区人民的反感。

奈温政府实际执行的民族政策并不宽松，限制剥夺少数民族权利的行为较吴努时期有过之而无不及。奈温政府将原1947年宪法中规定的

---

① 李晨阳主编：《缅甸国情报告（2011—2012）》，社会科学文献出版社2013年版，第205页。
② 贺圣达、李晨阳：《列国志：缅甸》，社会科学文献出版社2009年版，第155页。
③ 同上。
④ Michael W. Chamey, *A History of Modern Burma*, Cambridge University Press, 2009, p.108.
⑤ Mikael Graves, eds., *Exploring Ethnic Deversity in Burma*, NIAS Press, 2007, p.159.

"缅甸本部"分为7省，将少数民族邦从5个扩大为7个，这样7省成为与少数民族邦地位相等的政治单位，分散了少数民族的权力。同时，取消了1947年宪法关于民族邦拥有自己的宪法、立法机关和分立自决权的条款，规定全国实行统一的行政制度，强调中央集权领导。另外，还取消各省邦的议会和少数民族邦的土司，代之以听命于中央政府的"人民委员会"，建立社会主义纲领党一党专政。对少数民族从政治、经济和军事上实施严格的控制，使得民族矛盾不仅没有得到缓解，反而使民族武装不断增多，民族关系进一步恶化。奈温时期，少数民族反政府武装包括缅共在内最多时达到29支[①]，其中主要的少数民族武装有克伦民族武装、掸邦联合军、掸邦联合革命军、掸邦军、克钦族武装、克耶族武装、孟族反政府武装、若开族武装、勃欧族武装、拉祜族反政府武装、佤族反政府武装等。

　　奈温政府还加强了中央集权制，削弱少数民族地方权力，认为"少数民族拥有较多的自治权、退出权等谈判权力会危及国家统一和民族团结"[②]。在少数民族地区，一方面，解散各少数民族邦的议会，成立由缅族军官主导的邦区委员会；另一方面，增加中央政府派驻在少数民族地区的机构，以扩张中央政府的权力，实现民族国家构建。然而，事与愿违，奈温政府越加强中央集权，剥夺少数民族的自治权，双方矛盾就越尖锐。[③] 少数民族地区纷纷以武力为后盾建立起地方割据式的武装，反政府力量不断发展壮大。在吴努时期，掸邦土司按照传统统治当地，反政府武装并不多见。但到了奈温时期，政府逮捕了土司，废除土司制度，反而引起掸邦的动荡不安，武装反抗层出不穷。在克钦邦，克钦独立军于20世纪60年代初才刚组建，在奈温错误政策的刺激下，70年代末日益壮大，拥有8000兵力的武装力量

[①] Martin Smith, *Burma: Insurgency and the Politics of Ethnicity*, London: Zed Book Ltd, 1991, p. 1.

[②] Michael W. Charney, *A History of Modern Burma*, Cambridge University Press, 2009, p. 108.

[③] 李晨阳：《军人政权与缅甸现代化进程研究》，香港社会科学出版社有限公司2009年版，第261页。

第三章 独立以后的缅甸族际关系

和稳定的根据地。① 到 80 年代末奈温政权崩溃前，缅甸仍然存在 29 支少数民族反政府武装。② 从一定意义上说，与民地武之间的战争阻碍了缅甸民族国家的构建。战争给国家特别是本来就落后的少数民族地区造成极大的破坏，不利于少数民族地区的整合。同时，为镇压少数民族武装，扩充军事力量，政府用于军费的开支高达 30%，使得用于经济发展的资金捉襟见肘，这在一定程度上阻碍了缅甸现代化发展。③ 可以说，奈温政府希望以缅甸式社会主义意识形态推进国民认同感，促进民族国家构建，结果不仅没能实现这一理想，反而把缅甸推向民族武装斗争的深渊，民族间的隔阂越来越大。

奈温时期是民族矛盾最为尖锐的时期，也是民族分离运动表现最为严重的时期。掸邦和克耶邦割据式的民族拥兵自立刺激了其他邦。在混乱之际，各邦都建立了自己的武装，包括新建的若开邦和孟邦。这些少数民族武装通过民族、宗教和文化，笼络当地民众支持，在最盛的 20 世纪 80 年代一度达到 4 万—5 万人。④ 奈温时期，早期的克伦民族联盟（KNU）因为实施分化政策而分裂，1967 年重建，并在 1970 年同吴努"议会民主党"合作，力图推翻奈温政府，长期得到泰国支持。⑤ 奈温上台之后，否认吴努期间对罗兴伽人的土著族群认同，通过立法、围剿、驱逐三步完成对该民族的"删除"。⑥ 自 1974 年后，该族就不再成为缅甸宪法承认的合法民族，开始了民族分离斗争。1978 年，罗兴伽人组建了罗兴伽穆斯林游击队，目的是建立

---

① 刘务：《缅甸1988年以来的民族国家构建》，博士学位论文，云南大学，2013年。
② Martin Smith, *Burma: Insurgency and the Politics of Ethnicity*, Bangkok: White Lotus, 1999, Chart 1.
③ 宁骚：《民族关系与民族政策的国际比较》，北京大学出版社1995年版，第225—226页。
④ 钟智翔、李晨阳：《缅甸武装力量研究》，军事谊文出版社2004年版，第148页。
⑤ 同上书，第278—280页。
⑥ Name of Muslim Group in Burma Goes Unspoken, By Matthew Pennington/The Associated Press/Monday, August 18, 2014, http://www.irrawaddy.org/burma/name-muslim-group-burma-goes-unspoken.html.

"若开独立国",得到孟加拉国的支持。① 20 世纪 60 年代,缅共不敌政府军,撤到中缅边境的缅北地区。1968 年,缅共与果敢族武装合流,以"人民军"旗号与缅政府军作战。在缅北期间,缅共内部拥有大量克钦族、佤族、克耶族和果敢族的武装人员,通过意识形态的力量,形成缅甸最为特殊的一支民族分离主义力量。

奈温政权对于族际关系的处理走上另一个极端,导致国家构建的失败。它从吴努时期的经验教训出发,认为议会民主制不利于缅甸政权的稳定和民族国家的构建。为此,奈温在执掌国家政权后,立即颁布命令,解散了联邦及地方议会,并废除多党民主制。早在 1960 年,奈温看守政府时期,他就意识到,议会民主制加强了缅甸社会力量的离心力度,并认为 1960 年大选中"廉洁派"和"巩固派"之间的斗争以及少数民族强烈反对佛教成为国教等一系列的国内社会矛盾根源皆源于议会民主制。因此,1962 年奈温成立革委会,加强中央集权,削弱少数民族拥有的地方权,认为"少数民族拥有较多的自治权、退出权等谈判权力会危及国家统一和民族团结"②,并增加中央政府派驻在少数民族地区的机构,以扩张中央政府的权力,实现民族国家构建。

在国家结构方面,奈温政府认为联邦制由于中央和地方的分权,易导致国家和民族之间的分裂,为此,在解散议会的同时,拒绝了掸邦、克耶邦等领导人提出的关于少数民族拥有更大自治权乃至退出权的要求,并在 1971 年制宪委员会上决议,缅甸需要一个单一制而不是联邦制的国家体制。③

在对外层面上,奈温上台以后,立即宣布缅甸奉行独立的、不结盟的外交政策,为避免缅甸国家受冷战意识形态的影响,采取"闭关自守"的外交方针。1962 年,缅甸政府取消吴努邀请美国"和平队"

---

① 钟智翔、李晨阳:《缅甸武装力量研究》,军事谊文出版社 2004 年版,第 300 页。
② Michael W. Charney, *A History of Modern Burma*, Cambridge University Press, 2009, p. 108.
③ 李晨阳主编:《缅甸国情报告(2011—2012)》,社会科学文献出版社 2013 年版,第 211 页。

第三章 独立以后的缅甸族际关系

的决定,停止接受美国福特基金、亚洲基金和富布赖特计划的援助,并宣布退出英镑区。

在思想意识形态方面,奈温认为应当完全肃清一切外来的意识形态,走"缅甸式社会主义"发展道路,坚决抵制西方资本主义国家的渗透和东方社会主义国家的"革命输出"①,与其他国家的交往"只限于一定程度"②。对内实行高度集权,对外实施自我封闭,构成奈温政府"缅甸式社会主义"的基本特征。

一方面,为了实现对国家经济生活的全面控制,奈温上台后,在全国实施大规模的国有化运动。奈温认为,外资企业、资本主义市场会影响缅甸国家经济正常运行;国家经济命脉部门中的非国有成分会导致国家经济的混乱;私有地产未能为社会经济发展提供服务;出版、教育、媒体的市场化等民主自由化思潮更是助长了社会游行示威、罢工等现象的出现。因此,自20世纪60年代中期,缅甸在金融、交通和电力部门开始全面实行国有化;关闭私人媒体,控制社会舆论,用"缅甸式社会主义"思想加强对人民的控制;驱赶外国人,关闭外国企业,停止向外国人发放经营执照,对申请公民权征收高额居留费。

另一方面,奈温自上而下地发动反共排华运动,并颁布打击无国籍人士法令。1967年,仰光发生了大规模的排华事件。③

然而,奈温政权在政治、经济、文化等领域实施的改革措施并没有带来政治稳定和经济发展。政治上的高度集中、经济上的高度计划以及外交的闭关自守,使得当时缅甸的经济陷入停滞,民众困苦不堪,生活难以为继。尽管奈温时期实施"闭关锁国"的外交方针,禁止西方民主思想在缅甸传播,但缅甸的民主思想并没有销声匿迹,群

---

① 王民同:《东南亚史纲》,云南大学出版社1994年版,第506页。
② 杨长源等:《缅甸概览》,中国社会科学出版社1990年版,第181页。
③ D. P. Murray, *Chinese Education in South-East Asia*, Routledge, Vol. 37, No. 6, 1964, p. 191; Martin Smith, *Burma Insurgency and the Politics of Ethnicity*, London, New Jersey: Zed Books, 1991, pp. 153–154, 225–226, p. 98, p. 39.

众游行示威和抗议中提出的民主化的政治诉求,给奈温政权"缅甸式社会主义"国家构建带来极大的挑战。

一方面,以吴努、吴巴瑞、吴觉迎、昂季准将等为首的缅甸上层精英向奈温提出建议,要求改变高度集中的政治体制,恢复民主。然而,此建议非但未得到奈温采纳,反而被冠以政治犯的名义将其抓捕。1966年吴努获释后,成立国内团结顾问委员会和议会民主党,力图推翻奈温政权。① 1976年,吴觉敏发动政变,意图结束缅甸社会主义制度,虽然以失败和被处死告终,却引发了学生的抗议支持。②

另一方面,学生、工人、农民等举行游行示威,要求恢复民主自由。在1969年12月、1970年12月、1974年11月、1975年6月、1976年7月、1987年和1988年,多次发生学生示威抗议。③ 1988年,工人和僧人也参与到学生示威游行活动中,学生运动总爆发,最终以苏貌为首的军人发动政变,镇压学生运动,结束了奈温时代的统治。

第三节 新军人政权时期的族际关系

新军人政权时期,大体同苏联解体、东欧剧变这一全球最重大的事件在时间节点上接续。20世纪90年代,随着苏联解体和冷战结束,全球范围内也发生了较为激烈的族际政治互动。"世界上有53个国家和地区发生了民族冲突,149个国家和地区中有112个存在民族问题隐患。"④

政治转型中有一种效应叫"多米诺骨牌效应",它是指在一个存

---

① 李晨阳主编:《缅甸国情报告(2011—2012)》,社会科学文献出版社2013年版,第209页。
② 同上书,第215页。
③ 同上书,第202—217页。
④ 严苁、青觉:《从概念厘定到理论运用:西方民族冲突研究述评》,《民族研究》2009年第4期。

第三章 独立以后的缅甸族际关系

在内部联系的系统中,一个很小的初始能力即可导致一连串的连锁反应。这类似于"滚雪球效应",只要一个国家发生剧变或者转型,其周边国家很有可能也受其参照影响同样发生剧变或者转型。"如果一个国家有支持民主的改良派和民主反对派,那么这个国家至少会通过渐进改良或者激进革命的方式实现民主化。"① 然而,此种现象在缅甸并没有发生,缅甸的民主之路不是改良派带领缅甸渐进改变的,而是由原有保守派经过分裂逐渐主动转变而来的。

为此,本书强调的是与"多米诺骨牌效应"相反的一种情况,即"多米诺骨牌效应"悖论。"多米诺骨牌效应"悖论的原因是,当人们意图通过某类相同的方式控制事件的连锁反应时,却因为系统中个体差异而导致非意图型效应的发生,反而强化了被控制对象的反控制意识,从而导致"多米诺骨牌效应"悖论失败。1988年,在反奈温政变力量和民众示威游行反抗作用下,奈温政权瓦解。令人惊讶的是,缅甸并没有出现民主化浪潮,而是再度回到军人政权,而且此政权在欧美国家的封锁孤立下坚持了近30年。

此时的缅甸,似乎是这一世界民族变动时期少有的保持政权属性不变的国家。复杂的族际关系不仅没有恶化,反而有了某种程度的调和。实际上,正如周平所说,族际的政治互动并没有像许多人预言的那样愈演愈烈……但是族际的政治互动却变得更加深刻,许多热点地区和热点问题仍然存在。② 总体来说,缅甸在这一时期所面临的是国际社会对其"不变"的一种可能的惩戒。然而,非常巧合的是,恰好在这一时期,缅甸巨大的邻居——中国也在世界激流变化中保存了自身的政权和国家稳定,因此,缅甸开始向中国靠拢。中缅属于在国际社会的"谴责声"中背靠背取暖的两个国家。在这样一个背景下,缅甸政权开始了新一轮的族际关系调和。

---

① [美]亨廷顿:《第三波:20世纪后期的民主化浪潮》,欧阳景根译,中国人民大学出版社2013年版,第116—118页。
② 周平:《论族际政治及族际政治研究》,《民族研究》2010年第2期。

一 停火协议的签署与族际融合

新军人政权时期的族际融合,并不是典型的族际整合所表现的整合型特征。相反,这时期缅甸所呈现的族际融合,恰好有一些"逆历史潮流而为之"的特色。族际关系的双方——以缅族为首的缅甸政府和缅甸少数民族以民地武尤其是缅北民地武(缅共余部)与缅南民地武(克伦民地武)在面临生死存亡的时期,从某种意义上达成了较好的共识性妥协,进而形成良性发展的趋势。

新军人政府上台以后,为改变国内族际矛盾冲突的局面,从政治、经济、文化、教育等领域进行了一系列改革,在一定程度上缓和各族际的关系。政治方面,新军人政权成立国家恢复法律与秩序委员会,宣布废除社会主义纲领党,颁布《缅甸政党注册法》,允许少数民族在自愿的基础上组建政党。经济方面,改变原有过去计划经济体制,宣布成立社会主义市场经济,引进国内外先进技术和资金,努力发展国民经济。[①] 民族方面,在少数民族地区实施经济发展方针政策,把少数民族地区发展纳入整个国家发展规划,并在少数民族聚居地区设立"边境地区与少数民族发展委员会",用来促进该地区文化教育事业发展,并且出台《边境地区与民族发展总体计划》。新军人政府力图通过政策措施来激活少数民族地区经济、文化、教育的发展,在一定程度上为族际融合奠定基础,取得了较为显著的效果。

1989年,缅甸共产党瓦解,恢委会与瓦解后成立的四支民地武签订停火协议。政府允许民地武保留武装,在划定区域实行自治,民地武则宣布维护缅甸联邦统一,不寻求退出联邦。1995年,政府与克钦独立组织(KIO)、新孟邦党(NMSP)、克伦尼民族进步党(KNPP)达成停火协议。政府承认停火的民地武对辖区享有控制权和高度自治权,政府为当地提供经济发展援助,修建学校、医院、道路、桥梁、通信设施和寺庙教堂,初步建立产业体系。政府的法院、移民局、学

---

① 李晨阳:《军人政权与缅甸现代化进程研究》,博士学位论文,云南大学,2006年。

第三章 独立以后的缅甸族际关系

校和医院逐渐在民地武辖区出现,移民和人口部向部分当地民众发放公民身份证,开展普查和统计选民工作,中央政权向偏远的边疆地区渗透。为了将民地武经济融入整体国家经济,政府鼓励民地武到本辖区以外投资。民地武开始在仰光、曼德勒、腊戍、密支那等城市投资于物流、旅游、酒店、木材和采矿业。政府允许少数民族团体使用本民族语言教学,但不得利用这种教学从事分裂国家或反政府活动。停火协议的签署,为少数民族地区经济发展带来了一定成效,逐渐改变了这些地区同中央政府的关系,以及其本身的政治运作方式。这些地区获得自治地位和合法经济利益,政治、经济和社会发生巨大变化。尽管停火协议未使政府与民地武建立永久和解,一些民地武残余力量仍向政府军发动小规模的军事袭击,但没有一支民地武会主动挑起战争。双方处于一种脆弱的和平状态。

二 民族政策的调整与族际离散

新军人时期的族际离散主要表现为大缅族主义分裂,一部分缅甸精英中的民主分子另立党派,成立民盟,与少数民族武装互为同情,共同反对军人政权统治。此时,少数民族武装的政治诉求有了新的发展变化,由分离转向获取更多的利益要求。

1988年,昂山素季从英国回到缅甸,与昂季、丁吴一起作为创始人,成立全国民主联盟,并组成中央执行委员会,其中,昂季为主席,丁吴为副主席,昂山素季为秘书长。支持者很快就聚集到民盟旗下,形成一个广泛的联盟。党员在1989年发展到150多万人,在大选前达到250万人。民盟在竞选纲领中称,缅甸民主不应通过地下运动和武装斗争途径来实现,所有政党和团体应在选举中竞争,赢得民众的支持,通过对话、协商等非暴力方式实现民主。

1990年5月27日,缅甸举行首次民主选举,93个政党和82名独立人士共2296名候选人参加大选。尽管军人政府试图以各种手段控制选举,但昂山素季领导的全国民主联盟赢得约60%的选票和485个议席中的396席,而被寄予厚望的民族团结党只获得约25%的选票和 10 个议席，甚至低于掸邦民族民主联盟（23 席）和若开民主联盟（11 席）的少数民族政党。军政府不愿意交权，并宣布需要起草宪法，在宪法得到全民公投后，政府才会把政权交给按照宪法产生的新政府，并一度通过强制镇压、逮捕等手段控制政权，对昂山素季、吴温丁和吴努等人实施逮捕。因此，新军人政权的合法性受到国内外质疑。

新军人政权违背大选结果，不交予政权，激起少数民族和缅族中的民主派共同且公开反抗其统治。克伦民族联盟多次公开支持昂山素季[①]，全缅学生民主阵线在克钦独立军和克伦民族解放军的支持下组建全缅学生民主阵线学生阵营，流亡泰国清迈的民盟、学生军和克伦民族联盟组成"21 世纪人民力量。"[②] 缅族阵营发生分裂，新军人政权合法性产生危机。1993 年丹瑞上台后，执政集团意识到反政府力量日益强大且公开联合反抗对于国家的统治非常不利，意识到如果一再坚持原有的对立，只会造成民族分离主义的增强和缅族内部的继续分裂，甚至在军人内部也会出现分裂。

为此，新军人政权为实现制宪承诺，制定了七步民主路线图，召开国民大会，通过民主化方式来转移民盟和少数民族武装的注意力，缓解族际矛盾。事实上，由于政府对少数民族采取"区别对待、各个击破"的政策，引发少数民族武装的极大不满。2009 年 4 月，军政府推出"民地武整编计划"，将各少数民族武装改编为"边防部队"，并任命缅国防军官为少数民族武装的各级指挥官，企图全面实行军令统一，真正成为"一国一军"。军政府强力推行这一改编计划，遭到一些势力较大的民地武的抵制。后来，军政府拿相对弱小的果敢同盟军开刀，酿成了 2009 年果敢冲突，彭家声被迫出逃。克钦独立军、勐拉军和佤联军达成默契，抗拒国防军的改编。

---

① 钟智翔、李晨阳：《缅甸武装力量研究》，军事谊文出版社 2004 年版，第 164 页。
② 同上。

◆◆ 第三章 独立以后的缅甸族际关系 ◆◆

三 国家认同危机与族际整合

新军人政府时期,族际关系较吴努政府和奈温政府有较大不同。吴努与奈温时期,政府力图通过镇压和军事打击的手段,对少数民族进行排斥和压制,力图维护政权稳定和国家统一。然而,新军人政府时期,对于民族问题所采取的方法则是通过政治和解,发展民族地区经济,增强少数民族的国族认同,逐步构建整个国家的民族主义认同,从而团结各少数民族力量,实现国家构建。

首先,推进与少数民族武装政治和解进程。奈温时期,民族矛盾最为尖锐,已经建立起数十支少数民族武装,参与人数近五万人。在这样既定的情况下,新军人政府以国家不分离为前提条件,允许少数民族武装在与政府和解的地方实行辖区自治,并称为"特别行政区"。同时,新军人政府赋予少数民族一定的政治参与权,颁布《缅甸政党注册法》,允许少数民族组建政党并参加大选。新军人政府推行的政治和解政策在一定程度上取得成效,到1999年,政府与19支少数民族武装签订停火协议。政治和解政策的提出,给予少数民族武装组织作为合法团体回归国家主流政治舞台。[①]

其次,实施多元民族整合的国族认同政策。缅甸政治精英国家构建的理念是"一个种族,一种语言,一种宗教"。因此,在政治活动中,他们力图通过政治、文化、宗教等手段,塑造一个同质性的缅甸国族。[②] 一方面,新军人政府为提高少数民族的国族认同意识,允许他们成立政党,通过政治斗争及议会选举获得更多自治权,让少数民族树立"缅甸国族内的自治"。1993年,新军人政府邀请9支少数民族代表参加制宪大会,并允诺新宪法制定少数民族自治的原则,允许

[①] Trevor Wilson, eds, *Myanmar's Long Road to National Reconciliation*, Institute of Southeast Asian Studies, Singapore, 2006, p. 52.

[②] David C. Williams & Lian H. Sakhong, eds., *Designing Federalism in Burma*, *Peaceful Co-existence: Towards Federal Union of Burma*, p. 24.

少数民族在国民大会表达观点①，少数民族参加国民大会的比例达到58.2%。另一方面，新军人政权以国族名义，试图造就一种同质性的国民意识或民族认同，从而为政治统治提供合法性。② 1989年，缅甸国名由"Burma"改为"Myanmar"，其意在缅甸，国家名更具包容性，而非只指缅族。③ 2006年，缅甸行政中心靠近缅族中心的南部仰光向更朝向缅北少数民族的内比都地区转移，有利于增加和少数民族的交流与接触。

最后，发展少数民族地区经济，缩小省邦之间的发展差异。1989年，中央政府成立"边境与民族地区发展中央委员会"，用于管理少数民族地区事务。1993年，政府拨款127亿缅币用于民族地区发展。在基础设施、文教卫生、社会福利提高的前提下，族际矛盾大大缓和。

新军人政府时期的族际融合，与国家构建的危机是紧密相连的。正如上文所提到的"多米诺骨牌效应"悖论，实质上是国家构建危机的反馈。由于国家构建危机，合法性受到质疑，新军人政府已经深切地感受到变革的重要性和紧迫性。为解决族际的冲突，它允许少数民族成立政党，逐渐把少数民族地区各种民族性和地方性的力量纳入民族国家构建的统一框架。同时，新军人政府通过制定"七步民主路线图"、召开国民大会、多党制选举、制定宪法等方式开启缅甸民主化进程，这在一定程度上被少数民族接受。他们对国家的认同感有所增强，族际的和解取得一定进步，民族国家整合程度有所提高。

---

① Zaw Oo, Win Win, *Assessing Burma's Ceasefire Accords*, East-west Center Washington, Institute of Southeast Asian Studies, 2007；转引自李晨阳《缅甸国情报告（2011—2012）》，社会科学文献出版社2013年版，第80页。

② Jessica Harriden, "Making a Name for Themselves: Karen Identity and the Politicization of Ethnicity in Burma", p. 110.

③ Eduardo Zachary Albrecht and Amit Arora, *Democratization and Good Governance in Myanmar/Burma1*, Division of International and Area Studies of Pukyong National University, February 2014, p. 10.

◇◇ 第三章 独立以后的缅甸族际关系 ◇◇

第四节 吴登盛时期的族际关系

2011年，缅甸结束了近半个世纪的军人统治，由吴登盛政府执掌国家政权，开启缅甸民选政府之路。吴登盛政府上台后，缅甸走完民主路线图的七步进程，即重启国民大会、建立民主制度、起草宪法草案、全民公投通过草案、按新宪法大选并组成议会、议会选举产生国家领导人和议会内阁。至此，民主化进程开始全面推进。

一 以民族和解为中心的族际融合

随着民主改革进程的深入，国家政治制度环境发生较大的变化，各族际关系有了更加协调的互动。吴登盛政府改变了新军人政府实施的民族政策，倡导用政治和解来解决少数民族武装问题。上台之初，吴登盛政府就从"民族"和"国家"两个维度确定了国家的三大任务，即"联邦不分裂""民族团结不分裂"和"主权稳定"。吴登盛在就职演说中明确指出，"国家统一、民族团结、政权稳固是过去的军政府和现在政府以及子孙后代都必须担负的历史重任"[①]。时任总统政治顾问吴哥哥莱进一步阐释了"民族构建""国家建设"和"全国停火"为吴登盛政府时期工作的重中之重。[②] 因此，为实现民族团结，吴登盛政府依据2008年新宪法，给予少数民族更多参政、议政的权利，开拓少数民族参政、议政的渠道，致力于少数民族地区经济发展，给予少数民族群众地方治理的发言权，维护少数民族地区社会秩序稳定，促进民族团结。

首先，吴登盛政府给予少数民族政党参政、议政的权利。依据

[①] 张云飞：《缅甸新总统呼吁加强民族团结》，2011年3月31日，http://news.xinhuanet.com/world/2011—03/31/c_121250447.htm。

[②] U Ko Ko Hlaing, *Reform of Myanmar: Current Situation and Developing Trend*, Draft of International Meeting, Myanmar in 2014: Re-integrating into International Community, July 29, 2014.

2008年宪法，缅甸确立了7个少数民族邦和6个自治县①，允许少数民族在联邦和地方议会中占有与本地区人口基本相当的议席。

其次，吴登盛政府发展少数民族地区经济。为了缓和民族矛盾，提高少数民族对国家的认同，2011年吴登盛上台后，开始致力于发展少数民族地区的经济，意图通过少数民族地区经济的发展来促进族际融合。他认为，"仅有口头上的承诺与正式会谈对于实现民族团结是远远不够的……要实现民族团结……需要通过修建公路、铁路和桥梁来打破各民族地区之间的天然屏障，提高少数民族地区的教育和卫生水平；提升少数民族地区的经济基础，提高民族的经济地位"②。同时，吴登盛政府制订了扶贫发展战略计划，拟订可实现项目投入运营计划，成立发展资源研究所，实施审查和监督工作。

最后，吴登盛政府采用新的和谈方式，与少数民族武装签订停火协议。吴登盛政府改变了过去军人统治时期对少数民族武装采取的打压政策，转而采用和谈方式。2011年8月，吴登盛总统发表了题为"和平谈判邀请信"的宣言，号召少数民族武装摒弃前嫌，与政府和平谈判③，并成立和谈小组，负责组织会谈。2012年3月，吴登盛总统提出省邦、联邦层面的民族和解路线图，成立联邦和平工作委员会（UPWC），并在该委员会副主席吴昂敏自筹资金的支持下，建立了智库型民间组织缅甸和平中心（MPC）④，与16支少数民族建立的民族联邦联合委员会（UNFC）及其建立的国家停火协调小组（NCCT）进行阶段性和谈。对缅共分裂出来的佤联军、掸东同盟军等，他则进行单独接触。通过多轮谈判，佤邦和掸邦第四特区承诺维护国家主权和

---

① 7个少数民族邦：钦邦、克钦邦、克耶邦、佤邦、掸邦、若开邦、孟邦；6个自治县是佤族自治州以及勃欧族、德昂族、德努族、那伽族和果敢族的自治县。

② "President UTein Sein Delivers Inaugural Address to Pyidaungsu", *The New Light of Myanmar*, March 31, 2011.

③ "Union Government Offers Olive Branch to National Race Armed Groups", *The New Light of Myanmar*, August 19, 2011, p. 1.

④ About MPC, http://myanmarpeace.org/about/about_mpc; http://www.mmpeacemonitor.org/stakeholders/myanmar-peace-center.

第三章 独立以后的缅甸族际关系

民族团结。[①] 2013年1月，吴登盛政府启动与少数民族武装的政治对话，并于同年11月协商签订"全国性停火协定"。2014年3月，由政府、民地武、军方组成的联合委员会起草停火协议；2015年10月，吴登盛政府与8支民地武装签订全国停火协议。

二 吴登盛时期的族际离散悖论

尽管族际融合是主流，但这并不否认吴登盛时期不存在族际离散，民族矛盾依旧存在。吴登盛政府上台不到两个月，政府军与克钦独立军（KIA）就爆发了大规模的武装冲突，至此维持17年的停火协议被破坏。截至2013年1月，由于冲突，克钦境内难民人数上升到5.5万人。[②] 2014年11月19日，缅甸政府军再次制造炮击克钦军校的"11·19"事件，导致双方再次发生激烈冲突，造成重大伤亡。12月底，彭家声率果敢同盟军残部对果敢老街地区发动进攻，政府军派出大量兵力对其进行反击，交战双方造成400多人死亡。而且，军队在国家中的重要作用无疑增加了少数民族对大缅族主义的担心。尽管联邦和平工作委员会（UPWC）同少数民族联合谈判代表国家停火协调委员会（NCCT）经七轮谈判已经签署了全国停火协议草案，但矛盾重重、间打间谈的格局未变，缅甸民族问题的解决仍然任重而道远。

随着2012年5月28日在若开邦罗兴伽穆斯林与佛教徒发生大规模暴力冲突，裹挟宗教矛盾的罗兴伽人问题成为当今比较突出的族际矛盾。首先，罗兴伽人的身份认可问题是该矛盾的核心问题，而关于罗兴伽问题，后续章节会专门论述，这里不再赘述。其次，关于少数民族地区建设问题。纵使缅军控制了缅北，由于当地减贫、毒品、电力问题突出，重建困难重重，而民武残余武装分子并不会停止巷战式骚扰。最后，可能是向缅甸输入的恐怖主义。据全球恐怖主义指数

---

① 李晨阳主编：《缅甸国情报告（2011—2012）》，社会科学文献出版社2013年版，第90页。

② 联合国人道主义事务协调办公室（OCHA）的报告，详见http://www.unhcr.org/pages/49e4877d6.html。

(GTI)最新排名统计,缅甸受恐怖主义袭击的可能性较大,排到全球第35位。①恐怖主义一旦和缅边境穆斯林尤其是无家可归的罗兴伽人及其他民武组织接触,恐怕缅甸又会出现新的乱象。

三 2008年宪法框架下的族际关系

吴登盛时期的族际构建与国家构建同步进行。2011年,民选总统吴登盛在就职演说中将其现代化思想表述为"民族和解"和"国家建设"两个维度,明确国家任务为"联邦不分裂""民族团结不分裂"和"主权稳定"。②吴登盛总统上台后,根据2008年《缅甸联邦共和国宪法》,他开启了"联邦制国家"的构建。

首先,吴登盛政府上台后,继续推进缅甸的政治转型,重建民主机构和民族联邦体制。一般来说,建立民主政治体制需要构建多元化的政治制度和结构。2010年大选之后,按照"七步民主路线图",2011年新成立的联邦议会在内比都召开,作为国家最高权力机构履行立法与监督职能,议长、总统和副总统分别由联邦议员投票选举产生。总统是国家元首,具有最高的行政权,负责任命内阁成员。国防与安全委员会是缅甸最高的决策机构,由总统、两位副总统、人民院主席、民族院主席、国防军总司令、国防军副总司令、国防部部长、外交部部长、内政部部长、边境事务部部长11人组成。从人员组成来看,掌握要职的人员中,大部分是军人,但不可否认的是,缅甸多权分立的模式已基本构建,初步具备了民主政体的雏形。③

联邦制构建方面,2008年新宪法确认了以缅族为主的7个省和以

---

① Terrorism Index 2013, Global Rankings, Vision of Humanity, http://www.visionofhumanity.org/#page/indexes/terrorism-index/2013.

② "We Have to Strive Our Utmost to Stand as a Strong Government while Conducting Changes and Amendments in Order to Catch up with the Changing World, President U Thein Sein Delivers Inaugural Address to Pyidaungsu Hluttaw", Nay Pyi Taw, *The Global New Light of Myanmar*, March 31, 2011.

③ 李晨阳主编:《缅甸国情报告(2011—2012)》,社会科学文献出版社2013年版,第36页。

第三章 独立以后的缅甸族际关系

少数民族为主的 7 个邦,新成立了 6 个少数民族自治州(县),进一步认可少数民族自治权,允许少数民族在联邦和地方议会中拥有成比例的议席,允许少数民族政党参与国家的政治生活,这也是对民族自治权的进一步认可。此外,少数民族在联邦和地方议会中拥有与自身人口大体相当的议席:获得各级议会议席的 22 个政党中,有 17 个是少数民族政党;在巩发党中也有少数民族议员,加上联邦两院议会的议员,少数民族议员总数占联邦及地方议会议席总数的比例,基本接近 30% 全国人口的比例。[①] 当然,联邦政府对地方的授权是有限的,对地方的控制也较为严格,带有一些"单一制"国家的色彩。比如,省、邦的最高行政长官并非由当地民众选举产生,而是由总统任命。联邦制的真正实现尚需时日。

其次,吴登盛政府上台后,持续推进全国和谈进程,争取各民族认同。前军政府对"民地武"强力实施改编方案,意图将其置于政府军统一控制下,结果再次激起多个少数民族的抵抗情绪。军政府解散后,吴登盛政府成立了专门负责与民族武装停火的国家和平工作委员会,该委员会副主席吴昂敏自筹资金建立了智库型民间组织——缅甸和平中心[②],与 16 支"民地武"建立的缅甸民族联合联邦委员会及其建立的国家停火协调小组进行持续和谈。2015 年 3 月底,双方签署"全国停火协议"草案。对未参与民族联合联邦委员会的佤联军、掸东同盟军等,则进行单独接触,与之维持基本和解与和平的局面。通过多轮谈判,佤邦和掸邦第四特区承诺维护国家主权和民族团结。[③] 2015 年 10 月 15 日,政府与 8 支"民地武"的代表完成"全国停火协议"(NCA)的签署,并拟定在 90 天后开启政治谈判,讨论建立"联邦制"国家问题。

---

① 李晨阳主编:《缅甸国情报告(2011—2012)》,社会科学文献出版社 2013 年版,第 87 页。

② About MPC, http://myanmarpeace.org/about/about_mpc; http://www.mmpeacemonitor.org/stakeholders/myanmar-peace-center. 2015-06-08.

③ 李晨阳主编:《缅甸国情报告(2011—2012)》,社会科学文献出版社 2013 年版,第 90 页。

再次，为提升政府合法性，吴登盛政府加强社会文化建设，减少对社会领域的控制，解除对新闻媒体的管控，提高社会透明度。一方面，吴登盛政府根据宪法规定，对不同民族在宗教信仰和语言方面实施宽容政策，形成较为友好的文化气氛，缓解少数民族对大缅族主义的偏见和敌视。他认为，"在不影响其他民族和其他宗教的情况下，每个公民有自由使用本民族的语言、文字、文化、宗教及习俗的权利"[1]，"每个公民有权依法自由传承发展各自珍视的文学、文化、艺术及风俗"[2]。另一方面，吴登盛政府放松对媒体的控制，取消新闻出版审查制度，签署《印刷和出版商注册法》，解除对国外媒体和网络的封锁，提高新闻宣传自由度。

最后，吴登盛政府上台后，为巩固其合法性，对内改善人权，对外寻求与国际社会的广泛合作。对内改善人权方面，吴登盛政府通过签署大赦令及释放政治犯来改善国家的人权状况。2011年以来，吴登盛政府已经释放了数百名政治犯。仅在2014年10月政府特赦的3073名囚犯中，政治犯及前军事情报人员就有58名。[3] 2014年3月，缅甸联邦议会通过时任总统吴登盛颁布的《国家人权委员会法》，并接受联合国人权特使李亮喜赴若开邦、缅北等地进行人权考察，在2015年1月与美国进行了人权对话。[4] 同时，吴登盛政府还通过了《劳工组织法》和《和平集会游行法》，允许工人有罢工的权利，这是自1962年首次赋予工人罢工的权利和自由。[5] 在寻求国际合作方面，吴登盛政府通过国内的政治改革，相继改善与欧美国家的关系，使得欧美等西方国家对缅减少或取消制裁，为缅甸国内经济发展赢得了国外

---

[1] ［缅］缅甸宣传部印刷与书籍发行公司：《缅甸联邦共和国宪法（六）》（2008年），李晨阳、古龙驹译，《南洋资料译丛》2009年第4期。

[2] 同上。

[3] 《缅甸政府宣布特赦逾3000名囚犯》，亚太日报，2014年10月8日，http://www.apdnews.com/asia/seasia/2014/1008/112363.shtml。

[4] "Myanmar and the United States Conclude Successful Second Human Rights Dialogue", *The Global New Light of Myanmar*, Jan 17, 2015.

[5] 李晨阳主编：《缅甸国情报告（2011—2012）》，社会科学文献出版社2013年版，第37页。

第三章 独立以后的缅甸族际关系

生存的空间。对外关系方面,吴登盛政府继承了缅甸中立外交思想,在各大国之间积极实行平衡战略,寻求更多发展机遇;积极参与东盟地区事务合作,在2014年担任东盟轮值主席国,成功主持东盟及其对话伙伴国系列峰会。

总体而言,缅甸建国后的现代化进程大体相当于"民族国家构建"进程。然而,民族构建离不开国家制度的设计,国家制度也因为民族主义的变化而有所调整。2010年大选及随后的吴登盛政府加快民主化进程,正是各项政策和多个元素在新的历史机遇下,多元合一、协调发展的体现。

另外,吴登盛政府在国家构建方面最显著的成绩,还在于开启了以政治改革为核心、较为彻底的一系列经济、民族、外交配套改革,形成"不可逆转"的改革形势。执政党巩固与发展党(巩发党,前身是军方背景的巩固与发展协会)在2010年大选中被质疑有操纵选票的造假行为,但以吴登盛总统和联邦议会主席吴瑞曼为首的缅甸高层迅速以较为彻底的改革措施改变了外界的看法。西方学者对缅甸的政治变化开始持肯定、理解的态度,并认为选举和宪政实施必将描绘出缅甸的政治蓝图——"除了人们多年为之奋斗的社会、经济、政治变革,还有人们在政治角逐中开始建立的相互理解"[①]。

第五节 民盟执政时期的族际关系

2015年11月8日缅甸举行大选,昂山素季所领导的全国民主联盟(民盟)取得压倒性胜利,而军方扶持的时任执政党——联邦巩固与发展党(巩发党)惨败,其他小党和少数民族政党所获议席也很少。新旧政府权力交接顺利,2016年3月30日,退役军官吴登盛领导的政府卸任,民盟资深成员、新总统吴廷觉领导副总统(退役军官

---

① International Crisis Group, The Myanmar Elections, Asia Briefing, No. 105, 27 May, 2010, p. 1.

吴敏瑞和民盟钦族议员亨利班提育）、各部部长宣誓就职。2016年4月1日，新政府正式成立，军人执掌国家政权的时期宣告结束，缅甸政治民主制度开始了新的篇章。民盟执政后，推出诸多内外新政策，缅内外局势发生较大变化，族际关系问题也发生一些变化。

一　21世纪彬龙会议与族际融合

民盟执政后，首要的工作就是"将和平放在首位"。实际上，民盟执政时期的族际融合还是完成了不少工作，也取得了一定的成绩，只是由于其将民族和解放到无可比拟的位置来试图尽快解决，而客观情况是，军人权力核心不允许其解决，因此，它从最初的众人观望期待，到最后只能跌入谷底。不过，即便外界的反馈不好，也不能否认这一时期民盟在族际融合方面的一些成绩。执政以来，民盟政府在民族和解方面还是取得了一定成绩：新孟邦党（NMSP）和拉祜民主党（LDP）于2018年2月与政府签订停火协议，使签署NCA的民地武组织增加到10支；21世纪彬龙大会已经举行三次，民族和解问题有了一定的进展。第二次21世纪彬龙会议达成37项共识，确立建立联邦国家的原则[①]；第三次彬龙会议上，14项原则被批准，其中7项涉及社会事务，4项涉及政治安排，2项涉及土地和环境，1项涉及经济。

首先，民盟执政后，做到了政治和解与民族和解的同一化。民盟时期，昂山素季政府基本全盘接受了吴登盛政权的民族和解政策，只是将国家和平大会（NPC）改成21世纪彬龙—国家和平大会（21PC-NPC），把主管和解事宜的机构缅甸和平中心（MPC）国有化，自己亲任该中心主席。昂山素季在2016年缅历新年讲话中，除了强调为民服务、为民谋利外，还强调民族和解、国内和平、法治、修宪、民主转型等。昂山素季尤其强调，新政府不会推翻前政府的做法，而是努力将所有组织和利益攸关方都拉入其中。为此，民盟设计了"21

[①] "Birth of Pyidaungsu Accord for Peace", *The Global New Light of Myanmar*, May 30, 2017.

第三章 独立以后的缅甸族际关系

世纪彬龙——国家和平大会机制"。昂山素季在和平问题上,出人意料地和军政府达成共识,并表示努力将没有签署协议的组织带入全国停火协议的进程,并监督好联合监督委员会(JMC,该机制始于吴登盛时期)的工作。昂山素季强调,"如果我们都想要和平,如果我们都有真实的意愿,和平进程没有理由不成功。基于这样,决定新的实际上是'给和拿'(give-and-take)的政策路径。如果我们都本着拿(take)而非给(give)的心态来谈判,我们就不会取得成功。这就是为什么我希望你们能够将给予(giving)作为首要选择,朝着对这个国家有利的方向进发"[1]。

其次,坚持和平路线,呼吁缔造政治文化。昂山素季强调,建设联邦国家要有决绝之心。"你们都知道,我们国家面临着很多压力和指责;国内有很多折中观点和异见。我们不能够容忍多样性,这是我们的弱点。我们要知道时不我待,想被尊重,就必须好好想想。"误解和憎恶是人性,但汲取教训并为未来谋福,才能真正建立联邦。[2] 昂山素季之所以搭建"21世纪彬龙大会"机制,其意图是继承昂山将军在族际融合方面的衣钵。

最后,保持清醒头脑,肯定联邦主义制度的艰难。2018年2月,昂山素季在出席签署NCA会议发言时表示,NCA是和平的开始而非完成,是政治对话、消除武装冲突的开启,是通过协商解决政治问题联合努力的探索,这有利于国家和平稳定;结束贫穷落后的局面。即便如此,仍然有还没有签署的组织,北部仍然有战事,和平之光不能照到北方,我们所有人都需要继续努力工作。即便是想法相近的族群间,在具体实施中也遇到了不少瓶颈。例如,若开邦第一选区议员吴维盛昂在2016年5月4日向民族院提交"要求若开邦停火,并邀请若开军(AA)参与政治对话"的紧急议案。对

---

[1] "Inching toward Peace: State Counsellor Calls for Peace Conference within Two Months", *The Global New Light of Myanmar*, April 28, 2016.

[2] "I Wish to Remind All of You Not to Waste This Opportunity: State Counsellor", *The Global New Light of Myanmar*, Feb. 14, 2018.

此，国防部部长盛温中将表示，停止冲突只和新军（AA）有关，国防军只是在守护地区和平稳定。民族院并没有通过该议案，只是把该议案记录在案。① 不过，昂山素季也表示，不应该因为挫折就放弃，应该一开始就做好心理准备：这很难，因为如果不难，就不可能取得长足的进步。"什么是联邦制度？这个世界上没有标准答案，没有适合所有国家的联邦制度。我们要建立的是符合我们国家和社会的制度。至于怎么做，我们要通过磋商和讨论来找到路径。"建立联邦制的前提是拥有信任和理解。② 即便昂山素季缔造了这样一种族际融合的氛围，仍然要汲取彬龙大会失败的三个教训：代表性、支持与合作性、宪政性三大问题。

（一）彬龙会议需要吸收所有少数民族

实际上，彬龙协议仅仅是四支民族签署的——缅族、钦族、克钦族和掸族。同样，近期签署的NCA也仅仅代表四支民族——缅族、钦族、克伦族和掸族。这八支少数民族虽然签署了停火协议，但并没有在民族政治谈判中被赋予特权。

（二）会议必须有各利益攸关者的支持

民盟政府的和平倡议必须有军人、政党与少数民族的支持，包括那些反对者。彬龙协议时，昂山将军誓言要平等给予少数民族权利，他说"如果缅族得到了一缅币，你们也会得到一缅币。"但是，现在这种情况已经不如先前。

（三）会议必须建立在修改现在的宪法并且颁布新宪章的基础上，以保证联邦机制和全民平等

这是因为，彬龙协议的基本精神理念是，承认各民族（当时称frontier areas）平等自治。当时还允诺让少数民族10年之后有权独立。当然，这在昂山将军被暗杀之后就沦为一纸空谈。

---

① ［缅］国防部部长盛温（Sein Winn）中将呼吁若开军（AA）放弃武装斗争. The Voice Daily 5月5日 V4 N21 第28版.

② I Wish to Remind All of You Not to Waste This Opportunity: State Counsellor, *The Global New Light of Myanmar*, Feb. 14, 2018.

◇◇ 第三章 独立以后的缅甸族际关系 ◇◇

二 "双头政治"下的族际离散

民盟执政时期的民族问题,处于"双头政治"的左右之下。昂山素季所能操控的空间极其有限。在此情况下,族际离散呈现出新的趋势。

其一,少数民族组织对全国性和谈组织框架的信任感下降。民盟执政后,经过多方磋商,将联邦和平大会改为21世纪彬龙会议,但是该会议缺乏实质性成果,与会各方只是提出一些原则性的意见,未能就少数民族最关心的实行"真正的联邦主义"、政治权利、地位等方面进行深入探讨,因而未能达成共识。第一次21世纪彬龙会议代表共1600名,时任联合国秘书长潘基文出席会议,中国外交部亚洲特使孙国祥等国际组织和国外代表参会。佤联军(UWSA)因不满会议程序问题,中途退场。[①] 第二届21世纪彬龙会议在第一次会议的基础上增加了讨论议题,但是在军方的反对下,一切涉及少数民族核心利益的原则问题并未得到解决。[②] 第三届21世纪彬龙大会因为各方利益未能达成一致而一再推迟,最终在2018年7月召开,比原计划晚了半年。[③]

其二,认同危机的扩散使得已经解决的问题又出现新的变数,并且出现少数民族武装联合起来争取利益。克伦民族联盟(KNU)是缅甸的一支主要的少数民族武装。2012年1月,KNU与吴登盛政府签订停火协议,成为签订NCA的倡导者,提出军方和少数民族武装应该摒弃前嫌,相互信任,用和谈的方式来解决双方的矛盾。然而,令人失望的是,2018年2月,克伦民族联盟的下属军事团体——克伦民族解放军(KNLA)与军方发生武装冲突。同年4月,KNLA副总司

---

① Lun Min Mang, "Drafting of National-level Dialogues' Terms of Reference Under Way", *Myanmar Times*, September 21, 2016.
② "Birth of Pyidaungsu Accord for Peace", *The Global New Light of Myanmar*, May 30, 2017.
③ "Nyein Nyein, Third Session of Panglong Peace Conference Pushed Back to May", *The Irrawaddy*, Mar. 1, 2018.

· 117 ·

令波觉贺（BawKyawHeh）在克伦民族联盟成立69周年纪念仪式上说："签订停火协议的意图是避免冲突，在KNLA与缅甸军队之间构筑起信任，但现在看来，一切皆是空话，而且缅甸军队也只是在追求自己的军事议程。"① 然而，缅军少将妙觉（Myat Kyaw）表示，"冲突发生只是一个误解，军队只是想进入该区域对道路进行重修"②。从这次冲突事件来看，军方和少数民族武装在涉及核心利益时，彼此之间的不信任感就会加强，更不会因此而妥协。

此外，刚加入NCA的新孟邦党（NMSP），也对政治对话过程中的程序性方案表示不满。4月20日，孟邦公民社会组织、政党和社区领袖呼吁新孟邦党（NMSP）拒绝在缅甸军队控制的地方进行公共（磋商）会议，以表达其对缅甸军队限制不得超过40名代表参加该会议规定的不满。举行公共磋商会议，是新孟邦党计划在耶镇开展联邦和平大会对话的前期准备。第三次彬龙大会之所以推迟到7月举行，与该进程的缓慢推进有较大关系。

其三，少数民族认识到民盟解决不了实际问题，军队才是核心掣肘，但军队"以打促谈"的做法，使族际信任危机再度出现恶化。缅军意图通过"以打促谈"的做法解决与少数民族武装的矛盾，希望建立更好的军民关系，但考虑到现有的政治局面，军方应该确保国家安全……无论政治体制如何，军方的主要责任是参与并保卫国家安全。③ 然而，在少数民族武装看来，军方此种做法的目的是想要少数民族妥协。民地武组织从2011年政治转型以来保持了一贯路线，民盟执政以后更是保持其一贯作风，他们认为军方是决定缅甸政治发展的核心力量，由此对民盟产生不信任。

值得强调的是，以上三点往往相互纠葛，使得事态愈加复杂。尤

---

① Lawi Weng, "Tatmadaw Using Ceasefire to Gain Upper Hand, KNLA Deputy Chief Says", *The Irrawaddy*, April 24, 2018.

② Nyein Nyein, "KNU Still Wants Talks with Military to Settle Standoff after Meeting Postponed", *The Irrawaddy*, April 3, 2018.

③ Htet Naing Zaw, "Tatmadaw Chief Calls on All Citizens to Show 'Myanmar Spirit' on Armed Forces Day", *The Irrawaddy*, Mar. 27, 2018.

第三章 独立以后的缅甸族际关系

其在民盟执政期间,军人很容易将民地武问题作为自己政治要价的老本,且其往往比较好用。譬如,民盟上台以来,随着形势发展,缅政府军队对缅北民地武的耐性已经从"以打促谈"到"以打逼谈",甚至"打而不谈"。2018年5月11日,缅北军区司令德扎觉(Teza Kyaw)少将与当地媒体代表团会面时,就后者提问关于"为何对克钦采取军事行动"时强调,军方只是在维护法治,任何不法行为都将受到打击。德扎觉表示,军方在缅北采取的行动,目的是控制该地区,克钦独立军(KIA)时常侵扰他奈(Tanai)地区的管理工作,导致伤亡,为此军方要进行清剿。德扎觉表示:"为了国家稳定和和平法治,这里应该被政府军控制。"谈到流离失所者时,德扎觉毫不客气地说,如果这些难民同克钦独立军没有任何关系,我们什么都不会做,但如果我们被告知他们是克钦独立军战斗员或者是窝藏了克钦独立军战斗员者,我们就会揭发并且采取行动。[①]

结果在5月12日,KIA协同德昂民族解放军(TNLA)对中缅边境木姐镇安全哨站和民兵驻在地房屋进行袭击。缅甸国家媒体报道,由约50名民地武作战员从班坎(PanKhan)桥西南部袭击了木姐镇警察站,另有30名民地武作战员袭击了当地南坎妙马(NamkhamMyoma)民兵领袖吴艾山(UAIkSan)家中房屋,10名民地武作战员袭击了木姐镇警察营和南坎(Namkham)民兵驻在曼温(Man Wein)国门附近的营地。在冲突中,分别导致1名警员、4名民兵、14名平民(12男2女),共19人死亡;3名缅甸警察、6名民兵和18名平民(17男1女),共27人受伤[②]。后据证实,此次缅北冲突已造成2名中方在缅人员死亡,并有3枚火箭弹和一些流弹落入中方境内。另有300余名缅甸边民进入中方境内避战。中方本着人道主义精神对入境人员给予安置。

[①] "We'll Ensure Rule of Law. If Anything is Against This, We'll Remove It: Northern Command Commander", *The Global New Light of Myanmar*, May 13, 2018.

[②] "KIA/TNLA Attack in Muse Kills 19, Injures 27", *The Global New Light of Myanmar*, May 13, 2018.

零星冲突的加总，便是军政博弈下认同危机的加剧，导致信任危机不断加剧，这样的表现往往是累加的，让民盟执政时期的族际离散更加复杂化。实际上，这一时期的族际离散更多呈现一种非线性发展趋势，是一种回环往复但毫无转圜迹象的牵引力。尽管包括中国在内的各方均积极支持缅甸民族和解，但缅甸族群内部离散的牵引力不减，也就意味着各方无法真正实现和平。

三 族际关系的"再整合"机遇

民盟时期的族际关系总的来说是"有和无解、和而不解"。军方与少数民族地方武装组织各怀心思，缺乏信任，而民盟缺乏运用有效手段调和军方与民地武之间的关系。正是在这样的背景下，国家构建必然受到影响。

（一）族际关系问题直接影响国家构建

民盟上台伊始，将民族和解、国家稳定与安全视为国家构建的首要任务。在政治和解方面，民盟新政府执政后立即释放政治犯。在民族和解方面，新政府继承吴登盛政府的政治谈判方式，于2016年8月底召开"21世纪的彬龙会议"①，并灵活调整中央政府与多个少数民族地方武装（民地武）的政治谈判框架与方式，增加和解进程的包容性。尽管优先重视民族问题，但是民族问题依然没有得到解决，国家构建的政策也没有得到较好落实。

第一次"21世纪彬龙会议"如期举行，但取得的成效并不大。其原因在于，一方面，尽管军方在公开场合表示支持民盟新政府推动民族和解的发展进程，但是就在彬龙会议举行期间，政府军与掸邦、克钦邦、若开邦的多支"民地武"的冲突仍在持续进行。而且，政府军还声称，对于"民地武"发起的挑衅，必须予以武力回击。正由于双方不愿让步，这给和平进程蒙上阴影。2016年5月21日，果敢同

---

① 1947年，缅国父也是昂山素季父亲——昂山将军与多个少数民族召开"彬龙会议"，就民族和解与团结建国达成多项重大共识。

第三章 独立以后的缅甸族际关系

盟军、德昂民族解放军和若开军发表联合声明，反对政府军要求民地武放下武器，不能接受政府军在还未解决政治问题的情况下，要求他们放下武器并封锁民地武。5月23日，实力较强的克钦独立军质问民盟政府为何不就政府军与其冲突发出"声明"，并强调，政府首先要促成政府军和几支民地武停火，如果冲突不停，克钦独立军将抵制"21世纪彬龙会议"。另一方面，代表缅族利益的中央政府和政府军与隶属多支少数民族的民地武矛盾根深蒂固。自1948年缅甸独立以来，政府军与诸多民地武的冲突就没有彻底停止过，少数民族要求几乎除国防、外交、货币等中央事权之外的地方高度自治权。然而，这些政治诉求涉及宪法修改、国家政治架构调整、中央与地方分权等方方面面，很难达成一致。

（二）族际关系问题裹挟其他问题，间接影响国家构建

自1948年缅甸独立以来，中央政府和政府军主要代表缅族利益，与隶属多支少数民族的民地武矛盾根深蒂固。直到现在，政府军与各民地武的矛盾冲突依旧没有得到很好的解决。虽然军方在明面上也配合民盟支持全国停火协议，但对少数民族提出的所辖地区拥有高度自治权的要求，军方和政府不可能予以满足。甚至在很多公开场合，军方宣称其所坚持的立场不变，包括对民地武的强硬立场。在2018年新组织签署NCA的仪式上，总司令敏昂莱讲话称，签署NCA是政府、军队和所有人努力的结果，是在所有人通过多党制民主，基于我们的三大国家事业（Our Three Main National Causes，即国家统一、民族团结、主权完整，是军人政权时期就决定的）来编撰的。NCA基本原则第二条表示，"要通过对话达成的协议来结束军事冲突并且建立一个新的政治文化"。有些民地武组织感到疑惑或者有幻觉，是因为他们误解了我们的安全改革是让他们"投降"。我们不能因为一己之利，就拿起武器对抗民主。只有NCA，才能结束70年的冲突。[①] 此前，以

---

① "All Ethnics Are Urged to Cooperate in the Efforts for the Emergence of the Peaceful, Modern and Developed Union: Senior General Min Aung Hlaing", *The Global New Light of Myanmar*, Feb. 14, 2018.

佤联军为首的民地武组织强调需要修改 NCA，按照他们所认为的 NCA 来签署，但遭到军方的严厉抵触。军方强调 NCA 为基础的立场，成为当前民地武组织是否愿意同缅中央合作的严厉界定。在很多少数民族眼里，这只不过是大缅族主义的历史性复制罢了。

（三）总的来说，民盟执政时期是民族构建与国家构建的一次"再整合"

实际上，一度认为被边缘化的少数民族，一开始也有较大的意愿参与国家构建。例如，民盟政府上台不久，掸邦重建委员会（RCSS/SSA）发言人称，已签署全国停火协议（NCA）的各支民地武已于4月致函国务资政昂山素季，请求与其会面，就新政府重组和平组织、重启政治协商进程，以及联邦制度相关事宜进行磋商。不过，就算双方也有意愿，双方内部的分歧以及之间的分歧，形成国家构建过程中极其有阻挡力的"网"。比如，军政之间信息不匹配，多次形成隔阂障碍，军政矛盾与民族和解相互阻碍；民地武之间也存在利益冲突，你来我往，民盟刚上台，德昂民族解放军（PSLF/TNLA）与掸邦重建委员会（RCSS/SSA）再度爆发武装冲突。此次冲突于掸邦曼东（Man Ton）镇区爆发，距民盟上台前的一次冲突平息仅1个月。因此，不管是在民族构建还是国家构建上，对民盟来说，都存在诸多考验。

第四章 缅甸民族国家构建的历史进程

异常复杂的民族分离主义并没有使缅族沙文主义变弱,反而强化了大缅族主义在整个政治框架的影响力。缅甸作为一个核心政治概念,没有因民族冲突而四分五裂,在1988年后军人政权推动国家构建中,强化了"七省七邦属于缅甸不可分割的一部分"的概念,将"缅甸"的英文由Burma改为Myanmar,从而将各民族的政治统一体在话语上合法化。[①] 佛教民族主义引起国际社会的批评,但客观上,它在整合共同信仰小乘佛教的掸族、孟族和若开族时发挥了重要作用。民族地方势力并非铁板一块,而是经常为了地盘、经济利益发生火并。例如,蒙泰军指挥官坤沙割据金三角地区,缅政府军联合佤联军清剿,许诺将坤沙地盘交给佤联军。在政府军的利诱下,佤联军一鼓作气,击败了蒙泰军。[②] 掸邦军从蒙泰军分裂出来后,时常与崩龙民族解放军因地盘发生龃龉。此外,少数民族组织内部也经常分裂不断。克伦民族联盟/克伦解放军自1951年左右翼分裂后,此后又经历了数次分裂,每次分裂都元气大伤。最后,克伦民族联盟成为一支无足轻重的力量。

这表明,在缅甸,缅族沙文主义、民族分离主义和国族主义三大民族主义力量均衡,较难实现最理想的良性互动——即将大缅族主义

[①] Steinberg, David I., *Burma: The State of Myanmar*, Georgetown University Press, 2001, pp. 200 – 229.

[②] 钟智翔、李晨阳:《缅甸武装力量研究》,军事谊文出版社2004年版,第213—214页。

和民族分离主义减少到最小,而将国族主义提升到主导地位。缅甸要实现民族国家构建,必须克服大缅族主义和民族分离主义倾向,提倡国族主义,以国族为基础构建新的缅甸国家。

第一节 1947年宪法：联邦制国家构建

1947年宪法,实际上是缅甸国父昂山将军一手"设计"的结果。昂山是独立运动领导人,他早期的政治思想影响了缅甸国家构建。昂山早期信仰社会主义,他理想中的缅甸是包括缅甸本部和少数民族的多民族国家。他是最早的缅甸国族总设计师,也是民族国家构建的总设计师。

昂山将佛教与社会主义综合起来,将其贯穿整个缅甸民族解放过程。昂山思想中,佛教和社会主义并行不悖。一方面,他用佛教解释马克思主义的基本原理,如"理论指导实践"的"理论"是佛经,实践是修行;"物质运动"永恒是"生死轮回";"最终实现的人类理想社会"是"涅槃"等。[①] 另一方面,他判断社会主义必然取代西方资本主义,论证过程借用了佛教"轮回说"和马克思主义的剩余价值理论。

昂山民族构建思想的另一核心是"多元整合"。他看到了殖民地缅甸社会多元分裂的状况和未来民族冲突的危险,决心打造共享的价值和文化观念,这是未来独立后缅甸稳定和成功的必要前提。[②] 他认为,"世界上每一个民族都应发展预期全体福利一致的民族主义,而不论其民族、宗教、阶级性"[③]。为应对缅北山区民族对缅甸国家民族认同感较弱的挑战,他主张强政府、一党制和国家民族主义。受日本法西斯军队的影响,他希望缅甸只有一个国家、一个政府、一个政党,"正如德国和意大利那样"[④]。

---

　　① 张锡镇:《当代东南亚政治》,广西人民出版社1994年版,第345页。
　　② [英]安德鲁·海伍德:《政治学》,张立鹏译,中国人民大学出版社2013年版,第128页。
　　③ 贺圣达:《缅甸史》,人民出版社1992年版,第449页。
　　④ Josef Silverstein, *The Political Legacy of Aung San*, Southeast Asia Program Publications, Cornell University, Revised edition, 1993, pp. 13–14.

第四章 缅甸民族国家构建的历史进程

此外,昂山注重实用主义。他以社会主义、佛教和王道思想为基础,择其有用者推动国家构建。一方面,昂山希望缅甸保持中立,不参加两大阵营的任何一方。尽管他提出"把缅甸建成社会主义国家"的口号①,但并不意味着缅甸会选边站。昂山从骨子里就不太接受西方代议制民主,他认为,缅甸要以最快的方式"从资本主义过渡到社会主义"来实现民主。②另一方面,昂山通过争取人心以促成民族国家构建。1947 年 2 月,昂山与掸邦土司、钦族和克钦族等签订《彬龙协议》,该协议成为构建缅甸民族国家的历史基础。随后,在英殖民体系内,昂山组建了行政委员会(即临时政府),践行了在亨廷顿和福山看来可以先行民主之名(程序民主),再行民主之实(实际民主)的理念③。

令人遗憾的是,民族主义反殖民带来的聚合性没有转化到国家构建中,反而在反殖民任务结束后开始瓦解,典型的就是反法西斯同盟这个全国最大政党的瓦解。昂山思想中"民族团结"的关键步骤就是建立统一的多民族共同体,要统合这种共同体,多党民主制是行不通的。对民族统一和国家兴盛的追求,一度让位于对权力的追求,尤其是在大选时期。

就制度构建而言,"民主化"处于什么样的位置呢?事实证明,昂山的反殖思想从一开始就不接受西方代议制民主,他认为"民主"应该是确保"独立后的缅甸民族当家做主",并通过最快"过渡资本主义到社会主义"的方式来实现民主。④其政治独立设计"民族独立—各民族团结—民主—社会主义"的国家发展道路,实际上是杂糅

---

① 杨长源等:《缅甸概览》,中国社会科学出版社 1990 年版,第 119 页。
② 李晨阳:《独立前缅甸民族主义精英对国家发展道路的探索》,《南洋问题研究》2006 年第 4 期。
③ [美]亨廷顿:《第三波:20 世纪后期的民主化浪潮》,欧阳景根译,中国人民大学出版社 2013 年版,第 4 页;Francis Fukuyama, *The Origins of Political Order*, *From Prehuman Times to the French Revolution*, Farrar, Straus and Giroux, New York, 2011, p. 201.
④ 李晨阳:《独立前缅甸民族主义精英对国家发展道路的探索》,《南洋问题研究》2006 年第 4 期。

了多重政治结构的框架。① 其中的"民主",只是"建成社会主义"之前的一个模糊阶段,或者说更具工具性而非程序性。对民主制度选择模棱两可的态度,简单地表述就是"不接受、不反对,为我所用、积极改造",是一种"漂流状态"。昂山的选择倾向是强政府和一党制,他希望仅仅有一个国家、一个政府、一个党,"正如德国和意大利那样"②。这种选择彰显的精英主义、一元制与民主精神根本又是相悖的。昂山遭到国内亲英分子的暗杀,同盟内的共产党又分裂出去,正式宣告昂山民族主义与"民主"漂流状态的结束。此后,三大民族主义在相互斗争中影响着整个缅甸的国家构建,民主化也在此过程中受到极大影响。

殖民时期末,族际关系存在的矛盾,其痕迹已经初露端倪。国家民族主义、大缅族主义和民族分离主义潜伏在缅甸独立之初,并对缅甸联邦的维系形成极大的挑战。昂山卓越的领导才能、个人魅力和成体系的治政方略,较好地管控了三种民族主义可能暴露出来的问题。昂山的早逝,无疑加速了这些问题的暴露时间。

值得注意的是,民族主义领导人的能力相当程度上影响了国家构建。典型的例子就是,反法西斯人民自由同盟这个全国最大统一战线的瓦解。吴努的整合能力、人格魅力相比昂山逊色不少,他头脑中的大缅族思想根深蒂固,缺乏宽容心。缅甸独立之初的关键任务是建立统一的多民族共同体,要统合这种共同体,宽容和妥协艺术必不可少。但吴努、吴觉迎和吴巴瑞由民族运动领导人蜕变为短视的政客,对国家统一强盛的追求让位于对权力的追求,结党营私,相互攻击,造成民族纷争和军人上台。

殖民地时期,为了反抗英国殖民统治,缅甸民族主义者拔高佛教

---

① Gustaaf Houtman, Mental Culture in Burmese Crisis Politics: Aung San Suu Kyi and the National League for Democracy, Tokyo: Institute for the Study of Languages and Cultures of Asia and Africa, Tokyo University of Foreign Studies, 1999, p. 14.

② Josef Silverstein, *The Political Legacy of Aung San*, Southeast Asia Program Publications, Cornell University, Revised edition, 1993, p. 13 – 14.

第四章 缅甸民族国家构建的历史进程

地位，彰显缅族文化、文学语言和传统的优越性，却逐步嬗变为大缅族主义思想。昂山原有的反对佛教干预政治的重要主张被后来的领导人忽略了。由于缅甸在被殖民之前从来没有建立过包括克钦、克伦等少数民族的多民族国家，整个缅甸的王朝史实际上是缅族领袖统治留下的政治遗产，缅族较少在历史上与这些少数民族交往，主要是与掸族和孟族打交道。英国殖民采取"分而治之"的政策，给予克钦、克伦等少数民族不亚于缅族的待遇。缅甸独立后，实际建立的是缅族占优的国家，领袖精英基本全数是缅族，这就为大缅族主义大行其道埋下伏笔。

"彬龙大会"前后，昂山意图走"中间路线"，虽然暂时掩盖了民族矛盾，但其合法性危机使后来的民族分离主义成为国家分裂的定时炸弹，还在冷战的国际大环境下使缅甸罹受孤立。"中间路线"所强调的"实用性"，过于依靠领袖的政治头脑，随着领袖的更换，实用主义也无法执行下去。反之，与大缅族主义相对立的少数民族分离主义愈演愈烈，包括孟族、若开（阿拉干）族、克耶（克伦尼）族、克钦、克伦等几大民族在内的领袖逐步建立起自己的反政府武装。缅甸内战零零星星持续了半个世纪，至今仍未完成全国停火协议。只有"爱国性"思想所强调的爱国主义，是缅甸国家民族主义的核心所在。昂山的"强政府"想法也没有能够得到正确贯彻。这种爱国主义随着反殖民需求的淡化，逐渐被强烈的民族分离主义和大缅族主义所冲击。

昂山遇刺后，以吴努为首的缅甸精英探索建国后的发展道路。1948年1月4日，缅甸正式建国。此后，尽管挫折不断，领导人频繁更换，出现军事管制，断断续续担任了12年总理的吴努仍在落实着昂山国家构建思想。[①] 由于这段时期缅甸建立了议会民主制，又存在多党竞争，可以称为"多党民主制时期"。

[①] 除了1956年6月至1957年2月外，吴努一直代表反法西斯人民自由同盟担任内阁政府总理。钟智翔等：《缅甸概论》，中国出版集团2012年版，第52页。

1947年制定宪法的过程比较痛苦，核心问题在于"分离权"的问题。1947年缅甸宪法制定过程中，宪法顾问吴羌通的地位可以说是举足轻重，宪法的所有条款都是在他的草案的基础上加以讨论形成的。早在1947年4月，吴羌通就特地到印度进行考察，与印度宪法顾问拉奥（Benegal Narasinga Rau，印度宪法顾问，1952年开始成为印度最高法院法官）进行会谈，就如何制定宪法向印度顾问进行咨询，写出初步宪法草案。1947年5月，自由同盟的预备会议召开，也制定了一个自由同盟的宪法草案。草案受苏联宪法中将加盟共和国分为"加盟共和国""自治共和国"和"民族共和国"的影响，将山区少数民族5个邦划分为"加盟邦"（Union State）、"自治邦"（Autonomous State）和"民族邦"（National State）3种类型。在昂山看来，掸族比较符合民族划分的定义，最有资格成为"加盟邦"。可以说，这是一个"苏式"的宪法草案。在吴羌通回国后，自由同盟请他修改和制定宪法，实际上就放弃了此前的"苏式"宪法草案，而采用"印式"宪法草案。

由于少数民族对分离权提出强烈要求，吴羌通在宪法草案中加入分离权的规定。在他看来，分离是与现代联邦国家的原则相违背的。后来，为了减少分离权对联邦的损害，宪法草案又加入10年的期限。① 这是自由同盟于1947年3月在预备会议上提出来的。当时昂山建议，10年，也就是两个五年建设计划完成后，山区少数民族要想分离的话再分离。昂山说："如果10年之后他们还想分离，那么就是我们缅族人的失败。"② 当然，昂山从内心期望10年内山区少数民族重新建立对缅族的信心，永远不再分离。根据基本权利委员会通过的吴羌通关于分离权的草案，缅甸的联邦制保留成员邦分离权，其主要内容是：分离权的使用以10年为期限；分离权的使用要有当地邦议会

---

① ［缅］吴觉温等：《少数民族问题与1947年宪法》第一册，大学出版社1990年版，第332—342页。山区调查团报告也提出：世界各国的联邦宪法中规定分离权的少而又少，一定要慎重，如果写入宪法，就要注明期限。

② 同上书，第516页。

第四章 缅甸民族国家构建的历史进程

2/3 的多数同意。

尽管在 1947 年的制宪会议上吴努宣称"建成社会主义"[1]，但实际上通过《缅甸联邦宪法》创建的却是西方的议会民主制，杂糅了法国、美国、苏联和英国宪法的规定，包括三权分立、联邦制和英式司法程序等。[2] 通过多党制竞争、依宪治政和定期大选，多党民主制在形式上延续了近 15 年。

然而，初步建立的民主化是非常不成熟的。一方面，该民主化缺乏缅甸精英民主思想的核心支持。显然，多党制竞争并非昂山政治设计的初衷，政治分歧导致同盟破裂，很大程度上使"强政府"和"一党政治"成为泡影。另一方面，民主化缺乏政治文化的支持。未经广泛宣传、打下民意基础，特别是没有培养少数民族政治参与自觉性和给予其充分民主权的情况下，民主建制在初生的缅甸土壤中很难生长。此外，吴努希望通过民主制度取得英国在缅甸国家构建过程中的支持，但此举一度被民族主义者指责为对英的妥协政策[3]，引发了国内工农起义。吴努自身的反共主义情绪，使得执政联盟与缅共矛盾日益加深，缅共武装力量北上和少数民族武装合流，进而使民族矛盾同意识形态矛盾合流。在此基础上，形成大缅族主义、民族分离主义共同破坏缅甸民主制度的局面。

一方面，大缅族主义与佛教民族主义结合，实际上形成议会内部缅族团体和佛教支持者独大的局面，少数民族无法通过议会斗争获得权利，只能转入武装斗争，从而使得民主的政治参与和民意基础被蚕食；另一方面，民族分离主义者借全国内乱之机纷纷成立武装组织，而缅共意图推翻议会民主制建立人民民主专政，不仅使民主化在理论和实践上无法进行，还因争夺选票导致精英集团分裂，进而让本就未经整合的缅甸国家归于分裂。吴努求助于奈温的军事管制，意味着民主化在缅甸初期走到尽头。1962 年奈温政变后，议会民主制度被废

---

[1] 杨长源等：《缅甸概览》，中国社会科学出版社 1990 年版，第 119 页。
[2] 贺圣达：《缅甸史》，云南人民出版社 2015 年版，第 453 页。
[3] 贺圣达、李晨阳：《列国志：缅甸》，中国社会科学文献出版社 2009 年版，第 149 页。

除，民主化全面陷入挫折。这段时期，缅甸的国家构建围绕权力斗争与内部分裂展开（见表4-1）。

表4-1 吴努时期（含建国前）缅甸民族主义精英的内部分裂①

时间	权力斗争与内部分裂
1946年	缅甸共产党退出同盟
1951年大选	吴努、吴巴瑞、吴觉迎派系斗争
1956年大选	德钦漆貌等退出同盟，建"工人农民党"；吴埃貌退出同盟，建"正义党"；自由同盟仅获得47.9%选票
1958年	自由同盟彻底分裂，吴努、德钦丁建"廉洁派"，与吴巴瑞和吴觉迎的"巩固派"斗争，执政内阁分裂
1960年大选	吴努为获胜，承诺在其获胜后允许孟族和若开族建邦
1962年	掸邦代表赴仰光谈分离问题

而且一开始没有针对外国干涉进行调节，使得国内一度陷入"代理人战争"的困境。吴努政府名义上奉行中立政策，实际上却有严重的亲西方倾向。由于英国仍然控制着缅甸大量的社会资本，吴努政府对英妥协。为了镇压克伦叛乱及缅共割据，1949年7月，吴努出访英国寻求军事训练和武器援助。② 此外，缅甸还接受了美国的援助，1950年9月13日，缅美签订了双边经济合作协定。③ 尽管缅甸是第一个承认新中国的非社会主义阵营国，但吴努认为与中国的关系是"不明朗的，是颇为冷淡的"④。1955年中缅共同建立"和平共处五项原则"，但此时缅政局已经开始动荡，吴努政府随即陷入民族主义（包括佛教民族主义和民族分离主义）的危机。

---

① 整理自贺圣达、李晨阳《列国志：缅甸》，第146—152页。
② 同上书，第149—150页。
③ 范宏伟：《和平共处与中立主义：冷战时期中国与缅甸和品给共处的成就与经验》，世界知识出版社2012年版，第10页。
④ 同上书，第12页。

◇◇ 第四章 缅甸民族国家构建的历史进程 ◇◇

内乱很快滋生，原先团结一致的民族主义者由于党派利益进行了十多年的内耗。一是社会动乱。在缅共的领导下，仰光在1948年3月爆发了工人大罢工，而彬文那也召开了全面农业大会，支援工人罢工。二是党争。以吴巴瑞和吴努为代表的两派在1951年和1956年两次大选中为争总理之权发生纷争，随即造成执政的自由同盟在1958年宣告分裂。党争的手段无所不用其极，如吴巴瑞利用学生罢课呼喊"保卫民主、打倒吴努"①，吴努更是多次联系军队领袖奈温将军出面干涉，并在1958—1960年组成"看守内阁"。支撑缅甸国家民族主义的精英联盟瓦解，国家认同的建构让位于朋党之争，本该集中精力处理的民族矛盾逐步浮出水面，最终造成整个国家经济、政治、社会、民族、宗教的大动荡。缅甸陷入意识形态和民族主义的双重冲突，本就未经整合的缅甸国家归于分裂。无可奈何之下，吴努求助于奈温的军事管制，1958年看守政府的成立意味着民主化在缅甸走到尽头。1962年奈温政变后，议会民主制度被废除，民主化陷入全面挫折。

第二节 1974年宪法：集权式国家构建

奈温军人集团统治自1962年延续到1988年，1974年颁布了《缅甸联邦社会主义共和国宪法》。1974年宪法将大权集中于以缅族为主的军人统治阶层身上，对少数民族政策更趋严格。首先，宪法将为少数民族设立议席的民族院取消，另设"人民议会"，实行一院制。其次，宪法强调国家的行政中央集权，废除了1947年宪法中关于各民族"邦"在立法和民族的特权。② 再次，宪法规定实行一党制，少数民族政党全部成为非法组织。最后，尽管宪法未规定佛教国教的地位，却实际上建立了以缅族文化为核心的均质化文化。③

---

① 贺圣达、李晨阳：《列国志：缅甸》，社会科学文献出版社2009年版，第151页。
② 杨长源等：《缅甸概览》，中国社会科学出版社1990年版，第346—370页。
③ 刘务：《缅甸2008年宪法框架下的民族国家构建——兼论缅甸的边防军改编计划》，《印度洋经济体研究》2014年第4期。

尽管1974年宪法规定"每位公民：不论种族、宗教信仰、地位或性别，在法律面前一律平等"①；"每位公民应有自由使用自己所热爱的语言文字，维护自己的风俗习惯、文化传统和宗教信仰的权利"②，然而奈温政府并未贯彻宪法中的一些保护少数民族的条款，并且取缔了包括中文学校在内的少数民族学校，要求从小学到大学各个层次的学校必须使用缅语。

1974年宪法抛弃了1947年宪法中关于邦—地区自治的原则和联邦结构，不承认民族自决权，在"国家结构方面实行中央领导下的地方自治制度"，"缅甸联邦社会主义共和国实行人民议会一院制"。同时，取消了国会中的第二院——民族院，在政府中没有任何专门处理民族问题的机构。"按照新宪法，邦不再是国家的自治单位，它们的地位已与一般的行政省拉平，像省一样。两者都是国家统一的实际上整齐划一的行政区划中权力完全相同的部分，差别只是在邦里多半是少数民族，而在省里多半是缅族。"奈温军人集团在1974年宪法中还明确规定了全国要建立统一的行政制度，强调中央领导，以人民议会为国家最高权力机关，勾销了1947年宪法中关于民族邦拥有自己的宪法、立法机关和分立自决权的规定。1974年宪法第30条规定：哥都礼邦定名为克伦邦；钦特区定名为钦邦；德林达依省第一行政区定名为孟邦；若开省定名为若邦。虽然少数民族邦从五个增加到七个，在形式上增加若开邦和孟邦，但以保持的七个缅族省对七个少数民族邦的平衡并不能改变民族邦自治权被剥夺和单一制政治框架构建的实质。

军政府上台后推行缅族化政策。军政府一直巩固发展缅族文化，反对少数民族多样化的政治、文化认同，强调缅族的纯洁性，否定其他民族文化。奈温在全境实施统一的民族语言政策，宣布缅语为整个缅甸联邦的官方语言，要求政府和公共机关使用缅语，从小学到大学

---

① 杨长源等：《缅甸概览》，中国社会科学出版社1990年版，371页。
② 《缅甸社会主义联邦共和国宪法》，1974年，第153条。

第四章 缅甸民族国家构建的历史进程

各个层次的学校必须使用缅语。他不但要求缅语作为官方语言，还禁止缅甸各少数民族拥有学习其他民族语言的权利，尽管1974年宪法第198条规定："为了使国家机构内部上下之间和机构之间的联系统一和明晰，应使用缅甸语为正式通用语言。如有需要，亦可使用有关民族的语言。"

军政府弱化民族和族性，通常把民族问题视作诸如地区发展和文化多样化的宪法问题进行解决。尽管1974年宪法第22条和第153条对公民的权利有着清楚的规定："每位公民：不论种族、宗教信仰、地位或性别，在法律面前一律平等"；"每位公民应有自由使用自己所热爱的语言文字，维护自己的风俗习惯、文化传统和宗教信仰的权利"，但"这些权利的行使不得损害整个联邦内的民族团结和社会主义社会秩序。如果个人的某项活动不利于一个或几个其他民族的利益，则应与有关方面协商并征得同意后方能实施"。虽然最大的七个民族被赋予了建立民族邦的权力，但一党制和国家集权型的单一制反对一切有关民族自治权和退出权的讨论。

1974年宪法还清楚地规定联邦内的次国家行为体无政治行政、主权，以及自治权，在许多重要条款上都反复声称缅甸是一个多民族国家。第四章明确规定国家主权来自全国人民，宪法明确规定所有公民生而平等，不论其民族差别。在民族构建上，军政府倾向于巩固缅甸文化、历史的缅族化，镇压缅甸多样性的社会认同，并且强调缅甸人（实际上应该被解读为缅族）的纯洁性，否认少数民族文化，尽管宪法明确规定："缅甸文是通用文字。其他民族的文字也可以用于教学。"

此外，按照时间点，少数民族依据宪法规定的"10年期"独立已到，在吴努和奈温拒绝履宪的情况下，通过建立武装来提高话语权也为其夺权披上了合法性的外衣。虽然有宪法上的"合法性"，但掸邦和克耶邦割据式的民族拥兵自立刺激了其他邦。在混乱之际，各邦都建立了自己的武装，包括新建的若开邦和孟邦。这些少数民族武装通过民族、宗教和文化笼络当地民众支持，在最盛的20世纪80年代一度达到4万—5万人。① 奈温颁布1974年宪法后，否定了这些武装的合法性，少数民族的分离运动变得日益激烈。

需要补充的是，尽管1974年宪法已经被新军人政权于1988年废除，但后者实际上仍然继续部分依据宪法所奉行的集权方式进行国家构建。在制宪过程完成之前，该宪法仍然对缅甸国家建设有指导意义。如果说20世纪末期新军人政权的主题是民族问题，21世纪初期的主题就转到了民主化问题上。随着民族矛盾得到缓和，政府开始着力于同昂山素季缓和关系。问题出现了，政府"进两步退一步"策略与昂山素季及其支持者希望迅速在缅甸恢复民主制度的要求不符，最终结果是昂山素季断断续续被监禁了17年多，并且形成每次释放和再度关押或者延长关押都要引发民众示威抗议的"昂山素季困境"（见表4-2）。

表4-2 昂山素季"抓捕—释放"与民众示威抗议的互动进程②

时间	昂山素季关押情况	其间发生的民众民主抗议
1989年7月20日—1995年7月10日	第一次关押后释放，但仍有人身限制	1988年8月全国民主示威；1988年10月仰光学生示威；1989年7月烈士节示威
1997年1月	解除限制，随即再限制	1996年5月支持素季游行
2000年9月2日—2002年5月6日	第二次关押后释放	2001年9月民盟13周年纪念要求释放素季；2002年5月泰缅边境游行示威
2003年5月30日	第三次关押，政府宣称将无限期拘禁昂山素季	2003年5月，素季支持者游行示威；2003年9月，支持总理钦钮的大型集会
2003年10月13日	政府表示将继续实施保护性居留	

---

① 钟智翔、李晨阳：《缅甸武装力量研究》，军事谊文出版社2004年版，第148页。
② 表格为作者自绘，资料来源：李晨阳主编《缅甸国情报告（2011—2012）》，中国社会文献出版社2013年版，第223—256页。

第四章 缅甸民族国家构建的历史进程

续表

时间	昂山素季关押情况	其间发生的民众民主抗议
2004年12月1日	宣布延长昂山素季关押至2005年9月	2004年4月，仰光群众游行示威要求释放素季
2005年11月27日	宣布延长昂山素季关押至2006年5月	2005年5月，民盟大选胜利15周年集会；9月，民盟成立17周年集会
2006年5月26日	宣布延长昂山素季关押至2007年5月	2006年7月，第59届烈士节纪念集会
2007年5月25日	宣布延长昂山素季关押至2009年8月	2007年9月，12省邦僧侣游行示威，成为1988年以来最大规模的反政府运动，史称"袈裟革命"
2009年8月11日	以非法容留外国人为名判处昂山素季3年徒刑，随后丹瑞大将签署命令改为18个月监禁	
2010年11月13日	昂山素季获释	

1988年军人政变后，1974年宪法被废除，缅甸进入长达20年的无宪法时期，国由恢委会（和发委）发布法律和行政令管理。但1974年宪法的一些基本内核仍然被新军人政权所承认和沿用，除一党制和计划经济被抛弃外，如七省七邦架构、选区的划分等得到加强。在亨廷顿总结的发展中国家民主化过程中的四股力量——"保守派""改良派""民主温和派"和"革命派"中，改良派与温和派之间的力量差异影响着民主进程的发生方式。①缅甸有其特殊性，革命派几乎不存在，纯粹的保守派也不存在，因此，改良派和民主温和派的分裂成了民主化进程的关键因素。2004年10月，统治集团内部的改良派出现分裂。钦纽总理与和发委主席丹瑞、副主席貌埃矛盾激化，最

---

① ［美］亨廷顿：《第三波：20世纪后期的民主化浪潮》，欧阳景根译，中国人民大学出版社2013年版，第118页。

终遭到解职，其军情局势力被彻底清洗。面对国际社会对缅甸军人统治的压力，特别是美欧变本加厉的经济制裁，军人集团提拔了新的军方三号人物瑞曼和四号人物吴登盛，继续推进在可控范围内的谨慎渐变改革进程。

第三节 2008年宪法：民主式国家构建

一 制宪进程与国家构建的最新变化

1988年的学生运动结束了奈温军人政府统治，国家一度陷入混乱局面，以苏貌为首的军人集团发动政变并接管政权，基本恢复了社会秩序。丹瑞取代苏貌后，建立了强有力的中央集权，开始以和平发展委员会的名义颁布法律和行政命令，统治全国，客观上缔造了法治的进程。和平发展委员会颁布了一系列促进经济发展的法律，如《环境保护法》《外国投资法》《缅甸合作社法》《边疆地区与少数民族发展法》《边境地区与民族发展总体计划》①，推动国民大会的制宪进程，提出"民主路线图"的七步构想，为缅甸社会政治发展找到了基本目标。在民族关系方面，丹瑞政府与18支民地武签订停火协议，基本实现国家近20年的和平。在经济发展方面，丹瑞政府推行市场经济发展模式，经济在一定程度上得到发展。到2000年，缅甸GDP增长率开始突破10%，成为东南亚新兴活力经济体。② 2003年8月30日，钦纽向外界发表题为"关于缅甸的发展、进步和变革"的演说，首度提出"七步民主路线图计划"③。这一计划的提出，体现了缅甸领导

---

① 贺圣达、李晨阳：《列国志：缅甸》，社会科学文献出版社2009年版，第166页。
② Ivan Kushnir, *UN Data, Gross Domestic Product (GDP) in Myanmar*, E-book. World Macroeconomic Research, 1970–2013.
③ 第一步，重开于1996年中断的国民大会；第二步，以成功召开国民大会为契机，逐步建立起一套真正有序的民主机制；第三步，根据国民大会通过的制宪基本原则讨论制定新宪法草案；第四步，对新宪法草案进行全民公决；第五步，遵照新宪法自由公正地选举新的立法机构；第六步，遵照新宪法之规定召集胜选的立法机构代表举行立法会议；第七步，根据立法机构选举结果依法产生新的国家元首、政府首脑，组成新的行政机构，由新政府领导缅甸向现代化的民主国家迈进。

第四章 缅甸民族国家构建的历史进程

人强烈的危机感,也表现了循序渐进的意识——既要作为,又不能操之过急。

二 吴登盛时期缅甸的国家构建

自2008年宪法制定以来开启的缅甸民主化,是缅甸国家构建得以重启的重要标志。西方舆论一度怀疑军人只是"换装执政"。但是吴登盛在其五年任期内,大刀阔斧地在政治、经济、社会、外交等方面开展全面改革,并未遭遇逆转性阻碍。甚至,此前一直备受人们怀疑会发生动荡的2015年大选,从竞选到投票都在平稳、有序中完成。这与当时西亚北非多国爆发的"阿拉伯之春"、泰国军人政变迥然不同。这是因为,缅甸被压抑多年的民主热情突然释放,军人及其扶持的执政党压力巨大,必须顺势改革。民主改革带动了朝野和解。在2012年4月缅甸议会补选中,昂山素季正式当选为人民院议员。政府与其他在野党派、社会组织、流亡分子等的关系也在好转。缅甸各界在一些重大改革问题上达成一致,因而在吴登盛执政前期,改革进程较快。政府释放政治犯,解除对媒体控制,推动和平进程,改善与西方国家尤其是美国的关系,让缅甸进入"有纪律的民主"(principled democracy)时期。

综观这轮改革,有以下特点。

一方面,在改革进度上,注重轻重缓急。吴登盛政府根据缅甸当时社会发展基本情况,在不同领域采取不同的改革节奏。在其执政的前两年,首推政治改革,改组政府,改变了改革派与保守派权力格局;数次释放政治犯,取消新闻审查制度和对民营媒体的控制。缓则是指对涉及军人集团利益的问题时,吴登盛政府较为谨慎。例如,军人集团对修宪采取拖延、阻挠态度,吴登盛政府采取妥协态度。2015年6月,军人议员在议会成功阻止修改总统任职资格等重要宪法条款,在民族和谈方面不愿过多妥协,反映出改革在某些涉及军方核心利益的问题上难以逾越。而且,那些简单易推、吸引眼球的改革基本完成,改革进入深水区,矛盾和风险增多,当局处境艰难。围绕修宪、大选、民族宗教矛盾的博弈成为当前政坛斗争主线，因触及各方利益底线，朝野合作推进民主改革的气氛渐失，缅民主转型速度明显放缓，甚至有所收紧。政府加强了媒体管控，压制示威和罢工，抓捕部分违法示威者等。官民对立加剧，使得很多改革措施无法持续发展和深入。2014年，昂山素季批评说，缅甸改革从2013年年初就已经停滞。① 因而，民盟2015年打出"是时候改变"的竞选口号。

另一方面，改革呈现出变而未乱的发展态势。改革并未带来社会动荡，基本按照前军人政府设定的路径推进。政权组织形式发生根本性变化，军人退居幕后，由民选出来的议会和政府执政。军人全面执掌国家权力机构的局面完全改变，实行多党议会制，开放政治参与，推动昂山素季合法参政。

2012年议会补选后，民盟和民众呼吁深化改革的势头高涨，一度聚焦修宪问题，政府、执政党也同意考虑民盟和少数民族反对党的修宪意愿，进一步扩大各派政治参与性。2014年2月，吴登盛政府成立修宪委员会，并就总统候选人资格、军人政治地位、少数民族自治等多项提案在议会中进行激烈的辩论。在众多的提案中，核心讨论的内容是总统资格任命的条款。根据2008年宪法第59条规定，配偶或子女为外籍人士者不能被选举为总统。巩发党有人建议将有关条款改为：配偶和子女为外国人但在获得缅甸公民权后可参选总统。如果昂山素季的两个儿子获取缅甸国籍，她即可参选。② 美国时任驻缅大使米德伟声明，不能限制某个人参选总统。③ 不过，2015年6月25日，经过三天的激烈辩论，尽管执政的巩发党部分议员、在野的民盟等政

---

① Paul Mooney, *Myanmar's Suu Kyi Says Reforms Stalled*, West too Optimistic, *Reuters*, http://www.reuters.com/article/2014/11/05/us-myanmar-reforms-idUSKBN0IP2562014110. 2014-11-6.

② Htet Naing Zaw, "USDP Announces Surprise Constitutional Amendment Proposal", *The Irrawaddy*, December 31, 2013, http://www.irrawaddy.org/burma/usdp-announces-surprise-constitutional-amendment-proposal.html. 2014-1-16.

③ Kyaw Phyotha, "US Ambassador Supports Constitutional Reform, Calls Article 59F 'Relic of the Past'", *The Irrawaddy*, January 10, 2014, http://www.irrawaddy.org/burma/us-ambassador-supports-constitutional-reform-calls-article-59f-relic-past.html. 2014-1-26.

◇◇ 第四章 缅甸民族国家构建的历史进程 ◇◇

党的议员支持一些修宪议案,但由于军人议员占据25%的议席,其否决票导致缅甸联邦议会有关提案并未获得通过,再次宣告缅甸军人未来仍将在国家政治发展中扮演重要角色。2015年8月12日晚,热门候选人之一、被认为偏向与昂山素季建立联合政府的议长瑞曼被军警"控制",随即便被免去巩发党主席职位,被认为失去竞选的总统竞争力。

总的来看,"不可逆转的改革"给缅甸现代化进程带来了新希望。国际机构对缅甸宏观经济发展前景较为乐观。国际货币基金组织的数据显示,2011—2014年,缅甸年均经济增长率超过7%。[①] 由于缅甸具有非常丰富的矿产、自然资源,它被称为亚洲经济发展新兴地区[②]。

三 民盟时期缅甸的国家构建

民盟执政以来,外界普遍认为由于改革已经进入"深水期",民盟很难再有吴登盛时期那样光辉的成就。现实情况是,民盟的确遭遇到改革的瓶颈,如土地问题(回收征用土地)、公民资格认证和民族资源管理方面。然而,在民盟执政两年以来,民盟政府在国家构建方面还是取得了一些进步。

(一)经济方面的国家构建成果

经济一直被认为是民盟政权的软肋,原因是:民盟新上台,少有深谙经济改革的技术人才,不得不大量采用旧政权的官僚,导致经济政策青黄不接,难以发展。不过,即便是在摸爬滚打中,民盟政权仍然在经济发展方面摸索出一些经验,并且取得了一定进步。

经济政策的制定从目的模糊到目的明确。经济政策从无到有、从有到优,较好地概括了民盟这两年的执政情况。2016年7月29日,民盟政府首创"十二条经济政策"(又称"缅甸国家经济政策",主要内容详见表4-3)。该政策囊括了财政政策、产业政策、国际经济

---

① "World Economic Outlook Database",IMF,April 2015.

② "Myanmar has the Potential to Become Asia's Rising Star",http://www.adb.org/news/op-ed/myanmar-has-potential-become-asias-rising-star-stephen-p-groff. 2015-5-9.

政策和货币政策多个方面。

表 4-3 民盟"十二条经济政策"

主要政策	主要内容
国家经济建设四大目标	1. 民盟政府将实施能够实现民族和解、促进建立统一团结民主联邦国家的经济政策；2. 在各大省邦实现公正平衡发展的良好经济图景；3. 为新生代年轻人全面素质的发展创造机会；4. 建立一个全民参与、共同发挥创造力、付出努力、成果不断的可持续型经济体制
十二点国家经济政策	1. 建立透明、优良的公共财政管理制度以增加政府的财政资本 2. 促进国有企业进一步发展，对有改革潜力的国有企业进行私有化改革。支持中小型企业以增加就业，促进经济增长；政府将支持竞争和充满活力的私有部门发展 3. 培养人力资源，促进经济现代化；教育方面，则要促进职业教育发展 4. 优先建设电力、公路和港口等基础设施；建立"身份证数据系统""数字化政府战略"以及"电子政务系统" 5. 为本土和海外归来的全体缅甸公民创造就业机会；短期内优先发展能提供高端就业机会的经济项目 6. 为了实现全方面经济发展，保证粮食充足、增加出口，政府将均衡发展农业、畜牧业、工业，塑造工农业平衡发展的经济模式 7. 为符合市场经济制度，政府将制定专门政策发展私营经济领域，优化法治环境，实现产权保护，以保障每个国民自由就业的权利，促进外国投资 8. 政府将创造能够持续向商户、农户和住户提供资金流的金融系统，维护货币和金融系统稳定 9. 城镇的规划建设要与保护环境的长远目标相适应，需要提高公共服务水平，扩大公共活动场所，保护文化遗产 10. 建立有效公平的税收体系以增加国家财政收入，保护公民权利，制定法律法规以保护公民财产权 11. 为鼓励创新，促进高端技术发展，政府将制定相关制度和程序维护知识产权 12. 对东盟及域外地区经济形势的变化了然于胸，以远见卓识来为经济事业打下根基

作为民盟执政以来第一次在中央层面公开阐释的宏观经济政策，"十二点经济政策"虽指出了国家经济发展的大方向，但对各级政策机构和各市场主体的指导作用不足，主要体现在以下六个方面。

第一，财政政策方面，虽然对公共财政制度和税收体系改革做了大目标的规定，但具体的政策、落实机制和法律保障有待进一步解释。第二，产业政策方面，广为关注的农业、工业和基础设施等领域

第四章 缅甸民族国家构建的历史进程

都有覆盖，但表述粗略，优先发展方向不明确，因而难以发挥产业政策的市场导向作用。第三，国际经济政策并没有被集中阐释，"鼓励出口""促进外资"等表述放在产业政策和市场经济法制等对内政策之后。第四，货币政策过于简单，仅提及"维护货币和金融系统稳定"一点，看不出政府在汇率和物价等方面的考虑，然而，这是市场和百姓最为关注的两点。第五，"十二点经济政策"未对各项目标实现的时间期限加以规定，因此市场无法对其作出短、中、长期的回应。第六，该政策的整体结构和各点之逻辑性不强，发布时机看似仓促。

对此，一些宏观经济学家、在缅投资者表示出担忧，认为"十二点经济政策"并未解答关于缅甸经济发展的普遍疑惑，在为市场注入信心方面显得乏力，观望并见机行事的踌躇态度还将持续。同时，"十二点经济政策"对缅甸内阁部门（如农业部、建设部、工业部）的指导意义也明显不足。有猜测认为，各部委仍处在"等待中央的下达具体经济指令"的观望之中。总的来说，"十二点经济政策"的大方向在各界期望之内。综合考虑民盟政府面临的国内外政治经济形势，发布如此精简的经济政策虽让广大缅甸关切者略感失望，但也在情理之中。

从该民盟制定的国民经济建设目标可以看出，目前民盟政府的首要关切是民族和解，经济政策优先性为民族和解让道，并服务于民族和解及联邦统一事业。由于民族和解事务牵扯了各方大量精力，民盟很难在短时间内完全把握国家复杂的经济情况和相互纠缠的经济利益。因此，政府不会贸然发布具体的经济政策，尤其是涉及和谈地区的区域开发政策，以免产生适得其反的效果。然而，考虑到"百日新政"已过大半，虽各部委已颁布了着眼于短期见效的"百日计划"，民盟仍需要对外发布中央层面的、统一的经济政策，回应各界期望。与此同时，民盟选择在迈扎央会议讨论最重要议题，即政治对话框架问题的同一天宣布国家经济政策，可以看出昂山素季实际上是想借经济政策促进政治对话，巩固民族和解成果。

一是在2016—2017年,民盟政府制定的经济发展政策规划较为模糊,但2018年新上任国家总统吴温敏在就职演说中的规划就比较详细,不仅提出要给公务员职员加薪20%、官员加薪10%,还提出要在将来3年从当前3000兆瓦发电供应再翻一倍,达到6000兆瓦;配电量将从当前230千伏增加500千伏。建设部将在2019年完成100码新的高速公路,并将翻新成为柏油路或者混凝土路。农村将修600码新路,升级1000码路为柏油路或者混凝土路。总的来说,虽然新总统仍无法脱离昂山素季而独立施政,但相比此前,民盟执政有所发展和成长。至少就加薪一事,缅甸落实效率比较高。4月25日,在2018年第7次内阁会议中,联邦政府决定自2018年4月开始,根据计财部制定的措施,对为国家发展发挥重要作用的公务员、军人,依照不同档次进行加薪。本次加薪主要涉及公务员工资、津贴、日酬、月补贴和技术补贴等。军队有关补贴计划将提交国防部下属的防务委员会,在外工作人员津贴则按照原所在国现金标准维持现状,或等待回国后调整。

二是重视平衡城乡差异。例如,仰光省省长吴漂敏登在2018年5月表示,仰光省城乡发展不平衡,导致农村务工人员增多,产生各种棚户现象,因此新增为便利项目将不再是仰光城市委员会(YCDC)管控范围,而是就近发展解决就业问题。仰光城市委员会联合秘书表示,仰光省共44个镇,其中属于城市委员会管理的有33个,还有11个不在管辖区,如科科岛,如果想要建立相关的工业区,只能在管理范围的边缘,所以才提出这样一个计划。这11个镇分别是仰光省南部县的克耶(Kayan)、宋割(Thongwa)、皎丹(KyaukTan)、丁茵(Danlin)、昆千贡(Kwmhkyankone)及北部县的莱古(Hlegu)、莫比(Mobi)、岱枝(Taikky i)、坦德彬(Tantabin)等镇区。一旦建成,工业区覆盖率将从750英亩扩散到1800英亩。①

---

① "11 Industrial Zones to Be Set up in Yangon Region", *The Global New Light of Myanmar*, May 13, 2018.

第四章　缅甸民族国家构建的历史进程

三是注重发掘中小企业（SMEs）的潜力，培养中小企业导向型经济发展模式。副总统吴敏瑞在缅甸工商业联合会（UMFCCI）总部参加第 17 届与私有部门企业家会面仪式上表示，政府（中央银行）拟成立信用咨询公司来提供信用记录查询。该公司将为中小企业提供无抵押贷款的机会，主要针对中小企业给予便利，这有助于缅甸在国际从商排行榜上地位的提高。对此，缅甸 KBZ 银行高级咨询师吴丹伦表示欢迎，称这对银行来说也是一项重要的举措，毕竟信用历史对于信贷来说是一项比较重要的指数。目前，为了确保对中小企业的支持，缅甸已经成立中央委员会、工作委员会、中小企业代理机构、工作审查汇报委员会和基金管理组织，目标是在全国范围盘活中小企业管理机制。

四是产业发展尤其突出农业的地位。例如，强调农业作为第一基础产业的地位和发展要求。农业部部长昂杜在克伦帕安镇与当地农民见面时表示，农业部将为农民提供有效援助，包括农机使用方法、拓展现代农业技术及方法的使用等。此外，部长还考察了帕安镇德由拉（Tayote Hla）合流扬水工程，该项目在 2017—2018 财年期间惠及 1106 英亩稻田。[1] 此外，突出放开保险行业，实施对外开放。目前，投资商业规范委员会已经在该国授权 1200 个代理商，但这个数据与邻国相比简直就是九牛一毛。缅甸目前有 48 个险种，计划继续增加，当前保险业收入仅为 0.07%，1000 人中仅有 86 人买保险。缅甸保险协会秘书吴当韩表示，缅甸保险行业将吸引外国投资进入。由于缅甸投资行业缺乏专业人士，外国保险公司将允许在缅甸投资，同时吸引投资、技术和专业知识，以促进缅甸保险业快速发展。吴当韩称，发展保险行业可自外而内，通过培训的方式提高当地人民的意识。[2]

五是城市建设。2018 年 4 月，仰光省投资委员会、缅甸投资与公

---

[1] "Union Agriculture Minister Meets Farmers in Hpa-an", *The Global New Light of Myanmar*, April 25, 2018.

[2] "Foreign Companies to Enter Myanmar Insurance Sector", *The Global New Light of Myanmar*, April 19, 2018.

司管理协会（DICA）与德国国际合作机构、缅甸投资者发展协会在仰光举办2018年仰光投资论坛（YIF），500名外国商业代表参加该论坛，仰光省省长吴漂敏登出席。论坛讨论了有关司法与法律、投资审批进程、仰光省投资机遇、即将实施的项目、有效清晰具体的工作过程、私企投资、迪洛瓦经济特区等内容。会上还公布了《投资申请指南》《仰光从商与税收指南》等有利于投资者和商人的政策。吴漂敏登指出，仰光省当前重点是建设新的仰光计划，优先点则是基础设施和产业工作。他表示，要把仰光建设成为洁净、成功和法治的商业城市。① 当月，缅甸城市与住房发展司官员表示，民盟两周年来为若开地区提供了30幢新楼，包括422套房。这些房均是经济适用房，主要分布在若开17镇的14个镇区。此外，为了改善若开目前给国际社会留下的不良影响，仰光卑缪路缅甸广播与电视台（MRTV）举行会议，就促进推广"美丽若开"的电影文化行业进行讨论，宣传部部长培敏出席。培敏表示，希望能够通过这些电影来展示若开的美丽风景及人民的社会经济生活状态，提升若开形象，从而展示缅甸更多的积极面。

（二）政治法规方面的国家构建成果

在现代化进程中，行政资源整合是国家构建的重要组成部分。建立强大的公共权力体系，为民众提供公共服务产品，是国家构建的核心要素与内在要求。因此，统治者在上台执政后，往往会对政府机构进行改革，对法律进行重新构架，从而完善政府职责，强化社会管理，从而更好地为民众提供公共服务产品。针对缅甸社会出现的重重情况，民盟将政治资源整合、国家法律法规建设作为健全制度和提高施政绩效的重要手段。

1. 行政部门的改组与重建

2016年3月，民盟政府上台，昂山素季在全国发表首次讲话，承

---

① "Yangon Region Government to Explain Investment Opportunities during Investment Forum 2018", *The Global New Light of Myanmar*, April 21, 2018.

第四章 缅甸民族国家构建的历史进程

诺改善国家财政，消除腐败；改革机构，加强法治；通过农业改革促进农村生产力；建立成熟的金融体系和急需的基础设施。[①] 为实现这一政治承诺，民盟政府上台后着手实施行政改革，这一点也在政府部门人士中达成共识。民盟经济学家昂哥哥（Aung Ko Ko）指出："我们的目标是提高我们国家的经济效率……需要缩减政府规模，减少繁文缛节、贿赂和腐败。"[②] 一方面，为减少行政部门开支，民盟政府精简机构，对政府部门进行改组，裁撤合作部、科技部和体育部，合并总统府、民力能源部、计划财政部，增设民族事务部，将中央部委由吴登盛时期的 36 个缩减为 21 个；另一方面，为提高办事效率，民盟政府组建多个功能委员会，对政府部门人事进行调整，推出"百日计划"。

2. 反腐倡廉的强化与规制

缅甸是世界上腐败问题较为突出且严重的国家之一。根据国际透明组织（Transparency International）报告的 2017 年缅甸腐败感知指数[③]，缅甸的腐败指数从 2003 年到 2017 年平均为 18.47 点，在 2017 年创下 30 点的历史新高，并在 2008 年创下 13 点的历史新低。[④] 腐败被民盟视为国家发展的"癌症"，严重阻碍国家经济发展，威胁国家政治稳定，导致国家政权合法性丧失。民盟政府上台后，承诺做"廉洁政府"，三次修改《反腐败法》，禁止政府官员滥用职权、任人唯亲，要求国家公职人员严于律己、厉行节约，对国家贪腐人员绝不姑息，严厉惩处。2018 年 4 月，新总统吴温敏在就职演说中声称，"要

---

① Global Times, Myanmar State Counsellor Calls for Anti-Corruption Society, August. 29, 2018, http：//www.mizzima.com/business-domestic/myanmar-state-counsellor-calls-anti-corruption-society.

② Thiha, Korea's Tech Transfers Key to Myanmar's Reforms, June 6, 2016, https：//consult-myanmar.com/2016/06/16/koreas-tech-transfers-key-to-myanmars-reforms/.

③ 腐败感知指数根据公共部门的腐败程度对国家和地区进行排名。一个国家或地区的分数表示公共部门腐败的感知程度为 0（高度腐败）到 100（非常干净）。

④ Trading Economics, Myanmar Corruption Index, https：//tradingeconomics.com/myanmar/corruption-index.

加大反腐力度,严厉打击腐败"①,认为"腐败对外资进入、国家发展和国家形象都产生了很大的负面影响"②。他上台成立的第一个政府机构为反腐委员会,并查处实皆省副镇长吴登佐乌等基层官员,食品与药物监督管理局前局长丹图、计划与财政部部长吴觉温等高官,对涉贪腐的法官和律师也严惩不贷。③ 2018年4月20日,反腐败委员会正式对缅甸卫生与体育部下属的食品与药物监督管理局(FDA)局长丹图进行立案调查。丹图被指控在FDA内比都总部修建两幢实验室建筑时接受某公司贿赂,以帮助该公司赢取竞标。尽管反腐败委员会没有公布该公司名字,但普遍认为该公司便是耶泰乌托(Ye Taik Myotaw)公司。根据该机构表述,该案主要依据是2013年的《反腐败法》第56条。现任政务官以外的公职人员接受贿赂,将被处以10年以下有期徒刑,并处以罚款。④ 2018年8月,昂山素季在内比都与商界领袖举行的会议上呼吁建立反腐败社会,希望民众参与反腐败,坦言"民主制度只有在人民意识到自己职责并有能力履行职责时才能成功……如果一切都要由政府来完成,那么就不再有民主了"⑤。

3. 法律制度的构筑与完善

国家民主化是缅甸现代化建设需要解决的主要问题之一。民主和法制密不可分,国家的民主和法制完善程度,是文明发展程度的重要标志。⑥ 现代化民主国家构建需要有与民主政治发展及市场经济相适应的法律制度建设。民盟政府执政后,昂山素季一直强调,重建法治

---

① "NewPresident Vows To Bring Democracy, Human Rights to Myanmar", The Irrawaddy, https://www.irrawaddy.com/news/burma/new-president-vows-bring-democracy-human-rights-myanmar.html.

② 中国—东盟博览杂志社:《反腐,缅甸新总统上任第一炮》,http://k.sina.com.cn/article_3974550866_ece6d552001005srv.html。

③ 宋清润、张添:《民盟执政后的缅甸政治发展与挑战》,《当代世界》2018年第7期。

④ "Nyein Nyein, Anti-Corruption Commission Files Case Against FDA Chief", The Irrawaddy, April 20, 2018.

⑤ Global Times, Myanmar State Counsellor Calls for Anti-Corruption Society, August 29, 2018, http://www.mizzima.com/business-domestic/myanmar-state-counsellor-calls-anti-corruption-society.

⑥ 郭道晖:《民主、法制、法律意识》,人民出版社出版1988年版,第16页。

第四章 缅甸民族国家构建的历史进程

对于缅甸来说是至关重要的，它有利于缅甸和平发展的可持续性。民盟执政期间，一方面，政府颁布了一系列法律法规①，以推进政治改革、民主转型，创建国内和平稳定的局面，成为与军人博弈的有效手段；另一方面，对法律制度本身进行系统性改革。2018年1月，缅甸最高法院正式公布缅甸2018—2022年司法战略计划，将在司法判决方面进行系统性改革，扩大司法官员在改革中扮演的角色，并扩大媒体的参与。② 新总统吴温敏上台后，签署了总统行政令，特赦一系列囚犯时宣布废除刑事诉讼法第401条第（1）款③，敦促司法。

同时，法治建设得到军方的支持。2018年4月18日，国防军总司令敏昂莱在彬乌伦国防军事管理学校（Defence Service Administration School）与官兵会面并发表讲话。总司令敏昂莱强调，国防军是合法化的武装组织，军官和士兵需要遵守法律与道德，包括《日内瓦公约》的内容。军队招募应当在18岁以上。总司令警告，目前缅甸军队正受到国际社会的批评，所有军人必须严格遵守规章制度，严禁破坏法律。④

此外，在加强法制建设上，缅甸也积极和国际社会合作。2018年4月，联邦检察长办公室（Union Attorneys General Office）和美国大使馆联合举办了主题为"跨国犯罪：起诉金融犯罪和洗钱"的活动。美国驻缅甸大使马希尔在会上表示，任何国家在打击诸如人口贩卖、贩毒等跨国犯罪时都不能单打独斗，需要与其他国家联合打击这类犯罪。美国

---

① 民盟近两年在政治领域颁布的法律有：《民族院选举法第四次修正案》《人民院选举法第四次修正案》《省邦议会选举法第四次修正案》《联邦选举委员会法第二次修正案》《国家顾问法》《反腐败第二次修正案》《反腐败第三次修正案》《缅甸议会组织法》《反腐败法第四次修正案》《国家公务员法第二次修正案》等。

② "Supreme Court Launches Plan for Judicial Reform", *The Global New Light of Myanmar*, January 31, 2018.

③ Republic of the Union of Myanmar Oce of the President Order No. 16, 17, 18/2018 3rd Waxing of Kason, 1380 ME (17 April, 2018), *The Global New Light of Myanmar*, April 18, 2018.

④ "Senior General Min Aung Hlaing Meets Senior Army Officials in Pyin Oo Lwin", *The Global New Light of Myanmar*, April 19, 2018.

将协助缅甸加强其在起诉跨国犯罪方面的能力建设，就跨国犯罪问题以法律咨询的形式，支持检察长办公室的律师和相关执法机关。①

(三) 社会文化方面的国家构建成果

社会文化方面的国家构建，相对来说是民盟执政的强项。基于其执政更加亲民的理念，民盟上台后强调通过多种渠道解决社会问题，也取得了一定的成果。民盟在社会文化上对国家构建的严厉程度，某种程度来说丝毫不亚于前政府。

(1) 严格执法解决社会问题。民盟政府上台后，即任命仰光省行政长官吴漂敏登，后者则强调剿灭威胁警察部队和管理部门的恐怖团伙。在5月10日上午仰光省政府办公室举行的安全、依法治理、减少犯罪的100天计划研讨会上，吴漂敏登说，犯罪团伙用刀杀死警察并声称此处警察禁止入内，违者必死。缅甸坚决不能有这样的犯罪团伙存在的土壤。② 此外，新政府强调当地治理与改革。缅甸新政府开启改革后，最需要的是善治（good government）。由于集权统治数十年，缅甸面临放松对公众的军事管制和推进政府问责制来缓解社会服务的双重压力。军人集权遗留下来的很多问题是当地治理监管重叠，因此最关键的是对缅甸镇区一级的公共管理进行改革。

(2) 重视灾害管理和救助。缅甸是一个灾难多发的国家，其常年受高温酷暑和极端天气的影响，经常发生地震、海啸、飓风、雷灾与火灾。民盟上台后，较为重视民众的救灾救助。2016年5月，应对缅甸随时可能发生的旱灾，仰光省发展事务厅厅长吴貌貌梭（U Maung Maung Soe）表示，政府准备制订蓄水长期计划，并将升级蓄水池，如额摩耶（Ngamoeyeik）和觉九（Gyogyu）那样。"尽管这几天大雨，但缅甸仍然缺水，我们不能把雨水储存下来，它们就流到了河里。为

---

① "NyeinZaw Lin, US assists Myanmar in Prosecuting Transnational Crimes", *Myanmar Times*, Apr. 27, 2018.

② [缅] 仰光省行政长官吴漂敏登称，要剿灭威胁警察部队和管理部门的恐怖团伙，The Voice Daily, Vol. 4, No. 26.

第四章 缅甸民族国家构建的历史进程

了解决未来用水难的问题，我们计划修新的蓄水池，这个蓄水池要像茵雅湖那么大。"① 2018 年 5 月 2 日发生的腾彬（HteinBin）垃圾场火灾事故，源于高温酷暑导致的垃圾自燃，引发仰光北部莱达雅（Hlinethaya）镇区大面积着火。为此，缅军政出动 1747 名火警、722 名仰光城市发展委员会职员、41 名灌溉与水利局公务员、328 名警察、24 名 GAD 成员、156 名仰光省公共卫生局职员、49 名缅甸红十字会成员、220 名仰光省军区军人（包括医疗部队），参与人员共有 3287 名。在动员下，KBZ 光明行基金会捐赠了 3.4 亿缅币，从泰国购买了 5000 加仑泡沫灭火底料。此外，还有 43 个慈善组织捐赠了食品和其他必需品给参与救灾的人员。对此，昂山素季专门利用国家媒体头条发言，赞扬各层官员和民众的积极配合，两天内就熄灭了这场大火，避免了更严重的人员和财产损失。这与昂山素季提出的执政理念"集体力量"相辅相成。②

（3）重视保障劳工权益。民盟政府上台后，重视对劳工权益的保护。在 2016 年劳动节讲话中，缅甸总统吴廷觉强调："国家将与劳动者们、雇佣者们合作，致力于社会公正和法治，构建和平的工作环境，完善政府、企业和劳工三者的关系，保障合法权利，保障工作安全，构建企业文化，增加就业机会，实施在职培训，加强劳工竞争力等。此外，还将实施社会福利计划，提供社会保障和卫生服务，解决劳资纠纷。此外，有碍于此的法律法规将得到依法修正。"③ 缅甸与东盟国家就地区劳动事务紧密合作，也与国际劳工组织（ILO）合作，以实施 2018—2019 体面劳动国家项目，并自 2014 年就开展国家三边对话论坛（NTDF）（政府、雇员、雇工三方）。在 2018 年 1 月第

---

① "Yangon Region Govt Plans to Build More Reservoirs", *The Global New Light of Myanmar*, May 31, 2018.
② "Our Strength Exhibited in Battling Htein Bin Fire: State Counsellor", *The Global New Light of Myanmar*, May 15, 2018.
③ "Pr U Htin Kyaw Sends Workers' Day Message", *The Global New Light of Myanmar*, May 1, 2016.

· 149 ·

三届利益攸关方论坛上，实施未来工作计划，劳工法律改革进程得以强化。为提升工人技能和提高能力，缅甸国家技能标准局（NSSA）基于PPP（公司合资）模式成立，由劳工、移民与人口部门来领导；为了确保海外务工人员的权利，共建立了83个劳动办，以确保求职顺利；设立劳工署，并在仰光和曼德勒开设了3个免费的劳动技能训练中心；各大城市设立移民资源中心（MRC），以确保相关组织能够为外劳务工人员提供帮助；为确保劳工获得合法的节假日、工作时间和地点的安全、健康与卫生，设立了教育研讨会，以推进劳工法律的实施。目前，缅甸已经是东盟社会安全协会（ASSA）和国际社会安全协会（ISSA）成员之一，还与ILO合作推进"移除强制劳动2018年计划"，包括由联邦政府带头成立的移除童工委员会。根据2011年《劳动组织法》，目前共有2772个雇工与劳工组织。①

四 缅甸国家构建存在弊端

（一）政治建制仍不发达

（1）军政矛盾仍然存在，这使得危机源泉难以制止，危机容易集中爆发。"双头政治"（Diarchy）是缅甸历史上形成的一种特有的混合制度，在20世纪二三十年代出现于英属缅甸殖民地。2016年民盟上台以来，政府与军人形成两个权力中心，一方以国务资政昂山素季为首，另一方以国防军总司令敏昂莱为首，双方博弈"斗而不破"。② 双方达成如下默契：第一，政府各部部长由执政党民盟提名任命，组成内

---

① "Republic of the Union of Myanmar Message of Greetings Sent by President U Win Myint On the Occasion of Workers' Day which falls on 1st May 2018", *The Global New Light of Myanmar*, May 5, 2018.

② 程东金：《缅甸的新游戏》，《文化纵横》2015年第6期；Brandon Tensley, One Year Later, "Aung San Suu Kyi Helms a Precarious Peace in Myanmar", *Pacific Standard*, Apr. 21, 2017; Tea Circle Oxford, Towards Democracy and Reconciliation (Part 1: Politics and Governance), Feb. 24, 2016, https://teacircleoxford.com/2016/02/24/towards-democracy-and-reconciliation-part-1/, available on July. 19, 2017.

第四章 缅甸民族国家构建的历史进程

阁,负责教育、商务、财政、宗教等行政事务,军方管理最重要的内政、国防、边境事务三部;第二,民盟成为联邦议会中的多数党,但军人由总司令提名,占据1/4的议会议席;第三,政府与军方在外交和民族和平事务上有职能交叉,因而会让外界产生谁是国家最高决策者的疑惑。依据2008年宪法,军方在缅甸政治舞台上仍然占据重要地位。根据军方三大任务,只要涉及缅甸国家安全问题,如当前的民地武、罗兴亚问题等,军方仍然有相当大的决定权。只要这些问题的长期存在,军方将不会放弃权力,退出政治舞台。[1]

(2)政党政治出现"乏人可用",执政凸显"水土不服"。首先的体现就是人员的频繁更换。在民盟执政两周年之际,时任总统吴廷觉因身体问题请辞国家总统一职。2008年宪法规定缅甸实行总统制,总统在理论上是国家元首、政府首脑和国防安全委员会主席。[2] 3月28日,经联邦议会的投票,吴温敏当选为新的总统。[3] 中下层官员出现青黄不接的局面。上台之初,因民盟人才短缺,议会与行政部门无合适人选上任,不得不委任吴登盛政府时期的中下层官员,致使在后来的行政过程中很难做到意见统一。省邦行政部门和长官的调换,也说明民盟人才匮乏。孟邦和伊洛瓦底省的行政长官因无法胜任其职责而被免职。[4] 不久,6名省邦厅级长官因民众投诉而被免职。[5] 同时,议员因违纪而遭训斥(reprimand)。2018年4月24日,民盟发言人缪纽接受《伊洛瓦底》新闻社采访时证明,民盟将再度对3名议员进行训斥,这将导致民盟被训斥的议员达到38名。这些被训斥的议员

---

[1] Brandon Tensley, "One Year Later, Aung San Suu Kyi Helms a Precarious Peace in Myanmar", *Pacific Standard*, Apr. 21, 2017.

[2] Constitution of the Republic of the Union of Myanmar (2008), Pringt & Publishing Enterprise, Ministry of Information, Sept. 2008, p. 19. Available on April 19, 2018.

[3] Ei Ei Toe Lwin, Htoo Thant, Chan Thar, "Tough Challenges Lie Ahead for President U Win Myint", *Myanmar Times*, Mar. 29, 2018.

[4] Ye Mon, "Mon Chief Minister to Quit Posts, Party", *Myanmar Times*, Feb. 20, 2017. Nyein Nyein, NLD Cabinet Begins Reshuffle, *The Irrawaddy*, Jan. 16, 2018.

[5] Ei Ei Toe Lwin, "NLD Government to Face Tougher Challenges in 2018", *Myanmar Times*, Jan. 4, 2018.

可能会被剥夺职务或者给予警告,但并不会被开除出党。最新三名被训斥的成员是因为"违反党内规章"。①

(3) 政治发展前途的不确定性。从昂山素季"超越国家之上"设立"国务资政"及"国务资政部"的行为来看,权力核心的转移从一开始就具有不确定性。原定由国务资政掌管一切的系统,在两年执政过程中备受各方诟病,行政效率低下。为此,通过更换总统为吴温敏方式,民盟高层开始思考新的"分权模式"。即便如此,未来缅甸政治前途仍然有较大不确定性。

值得注意的是,昂山素季不仅声援了吴温敏,还赞扬了第一副总统、前中将军衔的吴敏瑞在私有部门发展委员会、电子政府指导委员会中发挥的重要作用。② 军政妥协从大势上看是好事,但它能否换来团结与合作,还是新的一轮政治博弈的攻守,值得观察。

(二) 经济发展存在瓶颈

缅甸经济发展也存在很多问题。首先,发展未惠及基层官员。在缅甸人最基本的需求"衣食住"中,住房是最核心的需求。一些人没有固定或合适的居所,很多公务员担心退休后没有房子住。当前,缅甸公务员工资每个月12万缅币,相当于人民币600元;缅甸官员工资每个月50万缅币,相当于人民币2500元。在工资较低的情况下,许多公务员宁愿不犯错,也不愿积极做事情,或有效率地完成工作,而是报以"拖字诀"。

其次,发展不平衡。4月20日,《新光报》报道称,掸邦、钦邦、克耶邦、克伦邦和钦邦5个邦在2017—2018财年未能达到去年投资委员会吸引外资的需求。在去年的统计中,仰光吸收60%的本地与外国投资(5400万美元,30家企业),曼德勒吸引30%(1000万美元,4家企业),只有一小部分流向其他省邦(伊洛瓦底

---

① "Three More NLD Lawmakers to Be Reprimanded", *The Irrawaddy*, April 24, 2018.

② "For e-Government, Rules Needed from the Start: State Counsellor", *The Global New Light of Myanmar*, Apr. 5, 2018.

第四章 缅甸民族国家构建的历史进程

368.5万,马圭60万,勃固1635.4万,孟邦150万,内比都44.9万,实皆130万)。①

再次,产业结构不合理。缅甸缺乏重工业和资本密集型产业,主要产业集中在中小企业(又称中小微企业,缅甸官方称99%产业是中小产业,但对这个数字仍然存在疑问)。中小企业发展委员会主席由副总统吴敏瑞亲任,至今已经举行了17次与中小企业代表会面活动(最早于2016年12月开启),以加强私有部分发展,还成立了5个工作委员会,每两个月进行一次讨论。虽然他们号称对245项建议进行了回应,但5个工作委员会真正在推动经济改革方面成效不高。吴敏瑞在参加各类经济委员会时强调,发展中小企业重在提高产品质量和长期竞争力,并强调政府经济发展要点之一就是助力中小企业发展。② 实际上,缅甸所需要的电力供应、科学技术和能源开发,无一不需要重工业支撑,为了省下巨量资金成本的集中投资,以中小企业取巧的方式,未必能直接助力政绩,反而不利于国家长远发展。

最后,对外贸易存在瓶颈和制约。缅甸虽然一直在为经济发展努力,也尽力吸引外资以解决资金短缺的问题,但成效甚少。目前,缅甸在世界银行经商便利度排行榜190个国家中排名第172位,比其他东盟国家排行低,目前的目标设定是在2020年达到第99位,每年要提高24位,对民盟来说压力还是比较大的。按照世界银行的说法,目前缅甸还需要在以下方面努力:改革法律,强化电子交易的合法框架,实施建设许可的法律更新和统一化的土地法律,制定安全的交易法,实施税收管理程序法,修改海关法,实施线上电子商务系统,安装电子税收申请和支付系统,实施进出口单一串口系统,确保政务透明和政企有效沟通,分配

---

① "Five States Fail to Attract Investments Last FY", *The Global New Light of Myanmar*, April 20, 2018.
② "MSME Products Exhibition Launched in Ayeyarwady Region", *The Global New Light of Myanmar*, May 13, 2018.

商务鉴定人等。此外，世界银行还表示，项目实施必须基于短期、中期和长期的计划。① 缅甸国家媒体新光报报道称，美国2018年拟减少对缅甸海鲜和农产品进口，原因是这些产品存在包装和寄生虫等问题，部分产品不符合进口规范。②

（三）极端民族主义沉渣泛起

包容性是指各利益的相关者能参与、影响治理主体结构和决策过程，公平分享政治结果、治理收益和社会资源，各种利益相关者的权益能得到尊重和保障的公共治理。③ 在缅甸，当前社会包容程度低的问题，一可见诸民族构建中的族际矛盾，二则体现在近年来频发的教派冲突。

2011年，民主转型带来极端民族主义再次兴起。缅甸民族主义产生于英国殖民统治时期，工人、农民和青年学生参与民族独立运动的实践。缅甸民族主义从产生开始就不仅强调打破殖民枷锁，而且实现对整个缅甸社会的再造，包括民族重构。这种激烈的解决方式是缅族挫折和危机感达到较高程度的产物，因而带有强烈的排外主义色彩。④ 20世纪30年代经济大萧条时期，缅甸爆发了一系列反印度人骚乱，数以十万计的印度人逃离缅甸；独立后，奈温政权对民营企业实施国有化，数十万华人和印度人被剥夺财产，离开了缅甸，都表明了极端民族主义的巨大破坏力。⑤ 2011年民主转型后，政府放开对社会和媒体的管控，新军人威权时期被压制的极端民族主义逐渐壮大，出现一些激进的民族主义和宗教组织，曼德勒玛苏迎寺僧侣维拉都（Wirathu）

---

① "World Bank Calls for Myanmar's Ease of Doing Business Reform", *The Global New Light of Myanmar*, May 12, 2018.
② "US Tightens Import Rules for Seafood, Agro Products", *The Global New Light of Myanmar*, May 15, 2018.
③ 李春成：《包容性治理：善治的一个重要向度》，《领导科学》2011年第19期。
④ 祝湘辉：《山区少数民族与现代缅甸联邦的建立》，广东世界图书出版公司2010年版，第184页。
⑤ Konsam Shakila Devi, "Myanmar under the Military Rule 1962 – 1988", *International Research Journal of Social Sciences*, October, Vol. 3, No. 10, 2014, pp. 46 – 50.

第四章 缅甸民族国家构建的历史进程

领导的"969 运动"① 最具代表性。维拉都号召全国佛教徒团结一致，应对穆斯林"宗教扩张"和"将缅甸伊斯兰化"的威胁。他宣传佛教徒只到佛教徒商店购物，与佛教徒通婚，以保护佛教文化和认同。他还认为，罗兴亚人口比佛教徒增长更快，是"对国家和文化的威胁"。

从 2012 年开始，缅甸西部若开邦佛教徒和罗兴亚人之间爆发了一系列严重骚乱和暴力事件。冲突随即从缅甸西部迅速蔓延到中部和北部地区，南至仰光附近的奥甘，北至腊戍，都发生了血腥的暴力冲突。2014 年年初，保护种族与宗教协会（Organisation for the Protection of Race and Religion，或称 Ma Ba Tha）的成立，将缅甸极端民族主义推到顶峰。该组织频繁在各地举行集会，要求政府强制对某些特定宗教信仰者（即穆斯林）节育，实行一夫一妻制，反对跨宗教婚姻。在其压力下，2015 年联邦议会颁布了保护种族和宗教的四项法律，即《一夫一妻制法》《特别婚姻法》《转变宗教法》《人口控制医疗卫生法》。②

极端民族主义也为民盟政府带来严重的国内国际压力。2015 年大选前，维拉都表示，"昂山素季和其领导的民盟正在逐步被穆斯林渗透"，民盟是一个"亲穆斯林"的政党。③ 缅甸公民需要提防穆斯林参与缅甸政治。在大选中，保护种族和宗教协会力挺巩发党，与民盟对立。罗兴亚问题更成为国际社会关注的焦点，美国等西方国家和联合国以种族灭绝、侵犯人权为由谴责民盟政府，并采取部分制裁措施。在重重压力下，民盟政府于 2017 年 5 月解散了保护种族和宗教协会。从殖民时期到现在，缅甸极端民族主义阻碍社会融

---

① "969"来源于佛教教义：9 代表佛，6 代表法，9 代表僧，佛、法、僧被称为"三宝"，与伊斯兰教"786"教条相对。

② "Myanmar: UN Rights Experts Express Alarm at Adoption of First of Four 'Protection of Race and Religion' Bills", UN Human Rights, May 27, 2015, https://www.ohchr.org/EN/NewsEvents/Pages/DisplayNews.aspx?NewsID=16015&LangID=E.

③ ［日］村主道美：《缅甸佛教徒与穆斯林冲突对其民主改革的影响》，刘务译，《印度洋经济体研究》2014 年第 2 期。

合,排斥异质文化,无法建立国家认同感,这些都困扰着其民族国家构建之路。钦佐温认为,极端民族主义在缅甸产生了冲突、分裂和暴力,以少数群体为代价建立多数人暴政的"民主",是缅甸不能承受之重。①

---

① Khin Zaw Win, "Myanmar's Mid-Term Crises and the Elections to Come", *Perspective*, No. 56, 2018, ISEAS-Yusof IshakInstitute, September 17, 2018.

第五章 案例分析：族际关系对缅甸国家构建的影响

从历史到现实，缅甸族际关系的主线，一般是在"族际离散体系—族际构建体系—族际融合体系"这一体系下运作，但实际案例中存在较大的差异。可以说，如果孟族展示的是缅甸族际融合的典型案例，那么民地武问题展示的就是缅甸族际构建的典型案例，罗兴亚问题展示的是缅甸族际离散的典型案例。实际上，三个案例都存在非线性的过程，但孟族在"族际离散体系—族际构建体系—族际融合体系"过程中更多完成了离散、构建的问题。随着政治、经济、社会文化的融合，民族在很大程度上融入缅甸主体民族，更强调"融合体系"，并不意味着两者没有经历过离散和构建体系。同样，克伦族与缅族的融合，也经历了很长时间（或者说更长时间）的离散，也有较长时间构建的磨合进程，并在近期开启了融合（融入缅甸 NCA）进程。总体来说，克伦与缅甸中央缅族的关系仍然处于磨合期，因此更强调构建体系。罗兴亚问题是一个非常典型的"族际离散体系"下的复杂问题，其基本上没有存在"族际构建体系—族际融合体系"，但并不意味着历史上没有发生有关族群的相互构建、认知甚至融合。实际上，酿成今日隔绝的现实，与该族群历史互动的孤立性和事态发展的系统性扩散有关。

第一节 孟族—缅族族际融合的典型案例

作为缅甸历史上的一个重要民族,孟族有着悠久的历史与灿烂的文化,曾经建立了直通王国,至缅历1119年,孟人国王莽哒喇降于缅甸王朝。总体上说,缅人和孟人共同书写了缅甸的封建王朝史。在这一过程中,孟族不断地融入缅族,渐渐被缅族同化,表现出民族融合中的主动性与被动性特征(尤其考虑到缅族政权的积极推动与粗暴的政治整合)。可以说,孟族与缅族的族际融合,是缅甸历史上族际整合较为成功的案例。

一 建国前孟族与缅族的族际融合

1077年,蒲甘王朝的缔造者阿奴律陀去世,其儿子修罗王登基。1083年,孟人地方势力在领袖耶曼干的领导下举兵反叛,并一度大败缅军,杀死修罗王。当孟人大军步步逼近蒲甘时,阿奴律陀的将领之一江喜佗力挽狂澜,大败孟军于皎克西,成为蒲甘王朝的第三代国王。江喜佗当王后,对孟人采取怀柔政策,按照孟人风俗习惯举行加冕仪式,并将这一加冕盛况用缅、孟文镌刻在瑞喜宫佛塔的碑铭上。同时,他还任命孟人为重臣,与孟人联姻,立孟人血统的外孙阿隆悉都继承其王位。这一系列举措在一定程度上弥合了孟人与缅人的心理距离,拉近孟缅人之间的情感。1531年,莽瑞体建立东吁王朝,1539年灭勃固王朝,占领整个下缅甸,推行团结孟族的政策,使孟族将士为其所用,允许孟族首领继续治理本地区。孟族与缅族之间的距离进一步拉近。

殖民时期,缅甸社会的主要矛盾是英殖民者与追求独立、自由、民主的缅甸各族人民之间的矛盾。在这种共同的目标追求下,缅族与孟族之间的融合进一步加深。孟族在英国殖民时期有两个显著的变化与发展趋势,其中之一是,在英国殖民统治时期,孟族的缅族化(Burmanization)进程加快,孟族文化和语言日益没落,到1948年缅

第五章 案例分析：族际关系对缅甸国家构建的影响

甸独立时，在古代孟族人居住的伊洛瓦底江三角洲、勃固等地区，缅族与孟族混居，缅语成为通用语言，已经很少有人能说孟族语了。缅语作为官方语言，加速了缅族与孟族的融合。

在统一的殖民框架下，孟族的政治活动日益与缅族的政治活动联系在一起，涌现了很多的孟族政治活动家。例如，巴莫、吴漆莱等民族运动领导人加入"我缅人协会"，积极参与反殖民独立运动。1939年8月"全体罗摩衍孟族协会"成立，该组织的许多成员参加了缅甸独立军（BIA）；1941年，孟族青年学生政治活动积极分子成立孟族青年组织（MYO），与缅甸独立军一起追击日本军队。1945年11月，奈坡雀组建联合孟族协会（UMA），主要目标是联合缅族争取缅甸独立，积极参与昂山、吴努等缅族独立运动领导人争取独立的活动。

1947年的制宪会议代表选举中，孟族作会缅甸本部的一分子，并未赢得在制宪会议中的代表席位。因此，孟族民族运动领导人与自由同盟领导人吴努谈判，要求保护孟族宗教、文化和传统，保证孟族地方自治权，但是吴努拒绝了。为此，孟族民族主义者成立了新的政党——孟族自由联盟（MFL），来争取孟族人的权益，并提出建立孟邦的要求。其地域涵盖整个下缅甸地区，具体包括德林达依、勃固和伊洛瓦底江省。

二 建国后孟族与缅族融合的加速

对于孟族的建邦要求，在吴努看来，孟族和缅族已然融合为一个民族，无须再度分离。对于吴努在孟族问题上的冷漠态度，孟族领导人认为吴努政府忽视了他们的民族权利，因而也参与了反对中央政府的武装行动。奈温时期，孟民族主义组织不断在下缅甸袭击政府军，举起民族自治的旗帜。1988年，新军人政权上台后，在钦纽的大力推动下，国内和平进程取得一定进展。1995年，孟族主要的民族主义组织——新孟邦党与军人政权签署停火协议。但是，这一停水协议并未让其他孟族组织满意，政府军与孟族武装的零星冲突不断，加上孟族地区经济远远落后于缅族地区，一些孟组织对停火协议持否定态

· 159 ·

度,拒绝与政府军讲和。但他们并未提出从联邦分离的政治目标,也未阐述其政治诉求,因而缺乏对广大孟族群众的吸引力。

不过,孟族的族际融合问题,并不完全是和谐与良性互动的结果。奈温政权否认孟族的文化、民族性和传统的独特性,声称孟族文化已完全融入缅甸文化,其目的是剥夺孟族的民族自决权。缅族沙文主义不仅在当权者中存在,就连时任联合国秘书长缅甸人吴丹在1970年纽约举行的少数民族大会上也断言,孟族已彻底融入缅族,其文化传统已消失殆尽,最后一个孟人已经死去。但是,吴丹的外孙丹敏吴在下缅甸孟族聚居地进行了一系列民族调查和走访,他发现孟族尤其是民间仍然保留着迥异于缅族的文化传统和习俗,最后的孟人并未死去。[①]

总的来说,孟族与缅族在族际融合上完成得比较快,即便存在民族武装抵抗,所剩下的组织也寥寥无几。历史上最为激烈的新孟邦党(NMSP)运动,也随着2018年2月该组织加入缅甸政府设置的全国停火协议(NCA)而暂告一段落。2018年2月13日上午,民地武新孟邦党(NMSP)和拉祜民主联盟(LDU)在内比都缅甸第二国际会议中心正式签署全国停火协议(NCA)。列席会议的还有大法师Thilasara、总统、国务资政、副总统、两院议长、最高法院院长、总司令、宪法法院院长、选举委员会等领导。本次会议的基本议程包括:国务资政昂山素季讲话、和平委员会主席丁妙温讲话、总司令敏昂莱讲话、NMSP主席讲话、来自和平委员会和NMSP的代表分别摘读NCA内容。尽管NMSP并没有完全放下武装,但其签署和谈是孟族人放弃抵抗、更进一步融合的开始。

第二节 民地武问题—缅甸族际离散的典型案例

一 克伦民地武——反叛与妥协

克伦族是缅甸的第二大民族,人口不到500万,占缅甸总人口约

---

① Ashley South, Mon Nationalism and Civil War in Burma: The Golden Sheldrake, p. 32.

第五章 案例分析：族际关系对缅甸国家构建的影响

10%，主要分布在克伦邦和伊洛瓦底江三角洲地区，在孟邦、德林达依省、仰光省、勃固省、克耶邦等也有分布。克伦族有三大支系：斯戈克伦、波克伦、布维克伦，斯克伦分布在靠南地区，被称为南克伦，与缅族亲近；波克伦与孟族亲近，又叫北克伦。克伦族信仰较为杂乱，南克伦多信仰佛教，但克伦城市人、上层人（尤其是民地武上层）多信仰天主教和基督教。

历史上，克伦族与北方山地少数民族不一样，是直接受缅族中央分封。在缅甸的历史上，缅、掸、孟等民族都曾与克伦族有过交战，然而，真正导致克伦与其他民族出现族群矛盾是从英国殖民统治开始，原因是"分而治之"。1824 年英国入侵缅甸后，对克伦族采取怀柔政策，进一步加深该民族与缅族之间的隔阂。1881 年，克伦族成立了被称为"杜格罗"的"克伦民族协会"，民族分裂情绪从此高涨。1930 年，克伦族参加了殖民政府对沙耶山起义的武装镇压。1942 年日本入侵缅甸，克伦族武装在英国殖民者的诱导下，进攻由昂山所领导的缅甸独立军，缅族和克伦族发生了激烈的冲突。第二次世界大战后，克伦族要求脱离缅甸，成立独立克伦邦，此时克伦族与缅族之间的分裂情绪达到顶点。

从族际关系的角度观察，克伦民地武与缅甸中央的关系，可以分为三个阶段。第一个阶段是彻底的族际离散阶段，具体表现就是：缅甸中央及中央军意图驱赶克伦民地武，克伦民地武则意图组织克伦族独立，双方一度产生分歧、冲突、代理人战争、局部冲突等。其离散不仅包括激烈的冲突，也包括政治、经济、社会文化方面的隔阂。政治上，克伦拒绝承认缅政府设立的克伦邦，拒绝加入缅甸联邦政府，拒绝缅甸政治制度甚至宪法，而是接受外国政府援助，并接纳与缅中央政府作对的流亡政府及反对派军队（主要是缅共）；经济上，克伦长期与缅甸中央阻隔，导致缅泰贸易额长期受影响，长期占地自居，直到今日，缅泰之间的公路仍然有部分控制在克伦民地武手中，分裂割据行为极大影响了缅甸中央对边境的经济管理；社会文化上，克伦民地武的独立行为导致克伦族与缅族的信任感缺失，上层克伦人一直

· 161 ·

在营造独立建国的克伦民族主义，中下层则饱受与缅族作战的苦痛，克伦族与缅族长期处于对峙状态，双方受殖民时期情感纠葛，互相不认可。

早期克伦族想要脱离缅甸意愿强烈，且实践一度非常顺利。1946年2月，单独成立克伦邦的提议在全缅克伦族大会上获得通过。1947年2月，克伦族中央协会在仰光举行，反对《昂山—艾德礼协定》，并改组克伦族中央协会为克伦民族联盟（KNU），抵制议会选举和彬龙会议。1947年，《缅甸联邦宪法》草拟并同意建立克伦邦，但其面积大小不到克伦族聚居区的1/3。为此，苏巴乌季表示不接受该宪法，要求成立包括德林达依、伊洛瓦底、东吁县、永盛县、汉达瓦底县、良礼宾县在内的大克伦邦。

1948年1月4日缅甸独立，克伦民族联盟没有参加独立大典。1948年8月，克伦民族保卫组织与克伦族警察联合，成立哥都礼政府。同年9月，反叛的克伦族督察占领了毛淡棉。从1949年年初开始，克伦族武装公开向缅军发动进攻，驻守在东吁、卑谬和曼德勒的3个政府军克伦族营先后公开反叛，加入克伦族反政府武装行列。克伦族反政府武装斗争从此步入高潮。1949年中旬，克伦军队在东吁自立"哥都礼政府"，苏巴乌季自任总理。与此同时，克伦武装一度打到仰光永盛地区，使新成立的吴努政府立即陷入危机。

克伦民地武在缅甸民地武斗争史上，可谓战斗力最为持久。以上事件可见，克伦族对抗缅族中央政权的意志和决心，是缅甸族际关系史上最值得研究的课题之一。不过，克伦民地武自领袖苏巴乌季阵亡后就开始了分裂的道路，从此一发不可收拾，直到今日，仍然是分裂状态。

最早的分裂始于20世纪50年代初，克伦左翼与缅共结成统一战线，并在1953年更名为"克伦人民解放军"，与右翼原"克伦民族联盟"（KNU）对峙。1963年，奈温政府提出与各少数民族武装进行政治谈判，但由于克伦自卫军左、右两派武装在与政府谈判问题上存在严重分歧，谈判破裂。以苏汉特达美为首的右翼武装向政府投降，波

第五章 案例分析：族际关系对缅甸国家构建的影响

妙领导的第 7 旅约 1000 人继续开展反政府活动。左、右两派武装彻底决裂。1964 年，左翼重组"克伦民族团结党派"，1966 年右翼武装成立"自由克伦政府"，1967 年恢复"克伦民族联盟"。值得注意的是，由于缅甸政治变动，原总理吴努被驱赶，1970 年正式出现吴努流亡政权与克伦民地武合流的情况。1970 年 6 月，"克伦民族联盟"举行了历时三个月的代表大会，会议决定在军事上全力支持旨在推翻奈温政府的"缅甸联合造反运动"，并同吴努领导的"议会民主党"、奈瑞金领导的"新孟邦党"结成"民族解放联合阵线"。后因内部矛盾，该阵线于 1973 年宣告解体。与此同时，克伦与缅共的合作也是断断续续，由于路线分歧，双方合作在奈温时期正式终止。

克伦民族联盟及其相关政党分分合合，一直受到以泰国为首的国际社会的支持与同情。与此同时，奈温军政权长期坚持围剿克伦的路线，一度越过了泰缅边境地区。1990 年后，克伦军因分裂逐渐式微，面临生死存亡的关头。首先是 1990 年，政府军以萨尔温江东岸及三角洲地区为主战场，对克伦民族武装发动了一次联合清剿行动。1994 年 12 月，"克伦民族联盟"中以信奉佛教为主的中下层官兵与以信仰基督教为主的上层领导之间因宗教矛盾引发了内部武装冲突，导致该股武装彻底分裂。佛教徒以"克伦进步佛教协会"（DKBO）和"克伦民族佛军"（DBKA）为名，天主教和基督教徒则以"克伦民族联盟"（KNU）和"克伦民族解放军"（KNLA）继续分而存之。此时的克伦民地武实际上已经放弃独立建国的路线，并寻求最低生存空间。

20 世纪末，克伦族与缅族的关系进入第二个阶段，即族际关系的"建构体系"阶段，实际上是克伦族普遍接受缅族为主体民族，同意有条件加入缅甸联邦，通过某种方式（不再是单纯战争的方式）来参与缅甸的国家构建。政治上，克伦族各直系在分裂无望的情况下，与政府媾和，放弃武装独立路线，进入国家法律范围建国；经济上，逐步接受缅甸联邦的"主权邦"体系，并加入该体系，以促进该地区发展和建设，实现自身自主权的最大化；社会文化方面，克伦逐渐接受缅族所设立的政治和社会经济框架，同时在认知上积极转变，在多个

· 163 ·

层面接受缅甸中央关于统一、和平与团结的精神。

1995年，缅甸正式将克伦民主佛军招安，并利用克伦内部矛盾，对克伦进行一次致命打击，攻占了克伦重要据点，包括曾经的总部马纳普洛地区。1996年，缅甸政府再度同克伦谈判，但克伦民族联盟拒绝投降。1997年2月8日，克伦民族联盟第6旅第16营在吴苏达莫黑的率领下向政府投降。这是一支较为精良的克伦民地武主力，其投降打开了克伦民族联盟向政府投降的大口子。1997年11月7日，丹当镇区特别专区吴苏佩雷莫（又名苏阿迪）、第2旅第3连副连长苏觉姆投降。1998年4月3日，克伦民族联盟创始人之一的阿都旺山率领47人向政府投降。4月17日，克伦民族联盟中央委员和经济部门领导人帕多昂山投降。剩余的克伦民族联盟总部设在缅泰边境地区的马沙若达，主要活动于缅甸东南部缅泰边境地区。曾经缅甸最大的民地武组织只能在境外活动，其军队已经不足万人（一说只有5500人）。[①]

2002年1月下旬，上帝军劫持泰国叻武里医院人质事件结束，自20世纪70年代中期以来一直担任克伦民族联盟领导人的波妙退位，由该组织总书记兼外交负责人苏巴丁接任。苏巴丁在接受英国广播公司的采访时表示，克伦民族联盟倾向于以政治方式解决与政府间的冲突问题。缅甸政府宣称，军政府与克伦民族联盟已经进行了四次谈判，但由于国外势力试图分裂，谈判破裂。实际上，政府军意图剿灭克伦民族联盟的意愿从来没有消失。与此同时，2009年政府推出边防军改编计划（BGFs），克伦另一支重要民地武克伦民主佛教军（DKBA）逐步接受改造。尽管2010年大选前后仍然发生部分反对改造的DKBA军人与政府军在泰缅边境冲突的事件，但最终还是在2010年4月接受了边防军改编计划。自此，克伦拥有5000人的武装接受了政府的"招安"，成为"建构体系"中的归纳因子。

克伦族与缅族在族际关系的第三个阶段，是自缅甸转型以来开始的协商建制，或者说是围绕缅政府提出的"全国停火协议"（NCA）

[①] 钟智翔、李晨阳：《缅甸武装力量研究》，军事谊文出版社2004年版，第281页。

第五章　案例分析：族际关系对缅甸国家构建的影响

开始的一系列协商建制进程。由于整个克伦族民地武基本上加入了缅甸政府主导的政治体系，包括全国停火协议（NCA）或者边防军改编计划（BGFs），双方实际上已经开启族际融合进程，只不过这个进程仍然磕磕碰碰。2011 年，吴登盛政府上台，开始成立与民地武组织进行集体谈判的组织。民地武同时也成立了对应的组织，即联合民族联邦委员会（UNFC）。该组织成立初期有 11 支武装，其中克伦民族联盟（KNU）的地位较高。不过，UNFC 各支民地武各怀想法，尤其是克钦独立组织、新孟邦党等争夺主导权。在联合民族联邦委员会与缅甸和平中心讨论和草签《全国全面停火协议》之前，克钦独立组织/克钦独立军坚持先政治谈判后停火谈判的政治立场。KNU 主席穆图西颇宣布退出 UNFC，使 UNFC 第一次发生分裂。这次分裂既是联合民族联邦委员会的内部分裂，又是克伦民族联盟的内部分裂。克伦民族武装联盟组织总书记瑙齐波拉盛一方却坚持继续留在联合民族联邦委员会内。

2012 年 1 月，克伦民族联盟与吴登盛政府签署和解协议。同年 4 月，吴登盛政府与克伦民族联盟在仰光就实现全国停火、和平监督机制等 6 个问题举行中央级和谈，并达成 13 点共识。2015 年 10 月，时任总统吴登盛、国防军总司令敏昂莱大将与包括克伦民族联盟、民主克伦佛教军、克伦民族解放军、掸邦重建委员会（南掸邦军）、勃欧民族解放组织、若开解放党、钦民族阵线和全缅学生民主阵线在内的 8 支民族武装组织领导人在内比都国际会议中心举行全国停火协议签字仪式。协议的正式签署标志着缅甸和平进程取得实质性进展。一般认为，此时的克伦民地武已经融入缅甸中央政府主导的和平进程。

不过，在克伦与缅族的融合体系中，不能说是一帆风顺。尤其是由于缅军坚持"三项任务"，即不分裂联邦、不破坏民族团结、巩固国家的主权，以及 DDR 原则（即解除武装、复员和重返社会），而 KNU 等克伦民地武仍然占地自居，并没有交出武装，这就注定了这个融合体系中潜藏了诸多随时可能爆发的危机。2017 年年初，在克伦邦政府无法管理的克伦民地武统辖地区出现零星交火情况，使得克伦邦政府警告克伦民地武组织"要遵守 NCA"。2018 年 1 月 5 日，克伦民族联盟（KNU）下属的克伦民族解放军（KNLA）在其总部举行了部队高层领导紧急会议。KNU 宣传官员巴铎苏拉东，KNLA 总司令苏觉尼、副司令苏宝觉海以及七个旅的旅长等共 100 余人出席了会议。报道称，会议主要就目前的和平路线以及缅军动向等问题进行讨论，认为目前根据全国停火协议（NCA）推行的和平进程并没有明显的进展，因此提议推迟第 3 次 "21 世纪彬龙会议"召开时间。同年 3 月，克伦民族联盟与刚刚签署 NCA 的民地武组织新孟邦党发生冲突，原因是双方管辖地区出现摩擦。3 月 13 日，克伦民族联盟（KNU）与新孟邦党（NMSP）就近期双方爆发的武装冲突问题进行会谈。会谈中，双方对会议内容基本达成共识。

2018 年 4 月克伦民族联盟（KNU）成立第 69 周年之际，该组织下属武装克伦民地武克伦民族解放军（KNLA）副总司令巴觉恩（BawKyawHeh）将军在克伦宣传中心表示，缅甸国防军"侵入"克伦五旅控制区域一事明显违反了全国停火协议（NCA）。他表示，"回顾我们的过去、我们的历史、我们的认同、我们的政治经历，我们需要改变我们的意识观念。我们需要准备好勇敢面对我们目前已经在面对着的一切挑战，这些挑战有些我们可以克服，有些不能。我们自然要确保我们的权利。签署 NCA 各方需要承诺不再增加兵力、缔造新武装、开展军事行动或者进行军事补给，但缅甸国防军没有做这些事，反而自签署后增加了很多兵力"。他表示，虽然有人不认为军队行为是别有用心之举，但在他看来这便是蓄意挑衅，是对克伦五旅的行动。NCA 的目的是构建信任，但目前来看，似乎是一纸空文。①

回顾整个克伦与缅族的族际互动史，尤其是涉及民地武问题的历史，基本上徘徊在冲突与对抗、减少冲突与对抗、继续存在分歧的情况下推动融合。可见，族际关系即便是典型的"族际离散体系—族际

---

① LawiWeng, "Tatmadaw Using Ceasefire to Gain Upper Hand, KNLA Deputy Chief Says", *The Irrawaddy*, April 24, 2018.

第五章 案例分析：族际关系对缅甸国家构建的影响

构建体系—族际融合体系"的发展，也不会是一直顺畅的趋势，而是在动态平衡中曲线向前。过去的经验证明，缅甸不同民族间的政治互疑是一种"遗产"，从而即便是在"融合体系"中，"族际互疑"也成为贯穿始终的主线。在议会和停火会议上，各方仍然坚持自己的立场与观点，政治谈判和改革实施并未开始，克伦族能否继续在"融合体系"中走下去，仍然有待商榷。

二 缅北民地武——抵制与抗争

尽管总的来说，当前缅北民地武主要来自缅共残部，但这些地区的族际冲突或者隔绝还是要追溯到更早时期。从缅北民地武的主要构成来看，主要是克钦族、佤族、果敢族、掸族、德昂族五个少数民族。还有一支民地武组织是若开军（AA），其组成是若开族，但其失去了若开地区根据地，目前主要在缅北活动。

目前，克钦族是缅甸最有影响力的民地武之一，也是与缅军方保持持续对抗烈度最高的武装（即便其并非最强的武装）。克钦民地武与缅政府的关系凸显了离散体系下的族群关系。克钦族自称"景颇"，意为"一个人"，克钦是缅族对他们的称谓。克钦族是一个跨居缅、中、印三国的民族。缅甸的克钦族人口占缅甸总人口的2.4%，主要居住在位于钦敦江上游和伊洛瓦江上游的克钦邦。[1] 克钦族属于汉藏语系藏缅语族景颇语支，最早的有记载的历史是1442年的瑞喜宫塔碑文。

值得注意的是，除了英国人在殖民时期对克钦实施"分而治之"政策外，美国人与克钦人也有言说不尽的历史情结。美国传教士来到克钦邦后，为克钦民族编制了景颇语拼音文字，并传播基督教。因此，在克钦邦，90%克钦民众信仰基督教，实际上信仰的更多是立足美国的基督新教。奥巴马政府执政以来，美国使团曾经在访缅时专门

---

[1] 祝湘辉：《山区少数民族与现代缅甸联邦的建立》，世界图书出版公司2010年版，第11页。

抵达克钦邦。与此同时，2010年克钦领导人恩板腊、2014年克钦副司令滚莫也分别率团赴美，得到美国官员的热情接见。2018年"5·12"冲突后，美方表达了对遇难者和受伤者家属的沉痛哀悼与深切慰问，还呼吁各方保护克钦平民，防止伤亡继续扩大，呼吁缅方允许人道主义救援能够抵达所有受影响地区，为和平解决问题做好准备。美方准备好支持相应努力，实际上也隐含了这种情结。

不过，美国对克钦的支持仍然是较为有限的。第一，克钦不涉及美国的核心利益，而与缅政府存在对立的立场，如果美国公开支持克钦，无异于介入缅甸内政，这对于表态支持昂山素季政权的美国政府来说是得不偿失的。第二，美国对克钦的支持仍然建立在民族和解的立场上，因为克钦独立对于美国来说并没有政治利益或者外交利益，对于克钦独立军而言，颇有"远水难解近渴之嫌"。第三，美方仍然要考虑中国的利益，毕竟克钦就在中缅边境，如果出现美国支持克钦袭击中缅边境的舆论，对美国在国际上的影响力是不利的。第四，随着美国右翼保守政权特朗普的上台，试图插足国际事务尤其是东南亚地区的倾向性明显下降，美国自身对全球力量投射已经力不从心，更无心拿克钦做文章。

缅甸独立后，克钦族开始反叛斗争，与克伦族同期发出，但真正的克钦独立运动开始于20世纪60年代。1960年，昭赛兄弟与被政府军开除的第4克钦营下士拉蒙杜介、拉玛拉迎组建了克钦独立组织，昭赛任主席，昭杜任副主席，拉玛拉迎任总书记，并从掸邦一些政客手中取得部分武器装备，成立了一支27人的武装。1960年2月5日，克钦独立组织攻打腊戍银行，开始了武装斗争。1961年2月5日，克钦独立军（KIA）和克钦独立委员会（KIC）成立。3月，克钦独立军在贵概附近的一个基地秘密组织了第一期基础军事知识培训班；7月，克钦独立军组建了第1营和第2营，在农村成立了乡村自卫队。当时克钦独立组织的追随者极少，力量与影响甚微。此后，由于由吴努任总理的联邦党政府主导议会颁布了佛教为国教的法律，以及掸邦土司要求实行邦联制等，极大地激发了克钦人的民族主义情绪，坚定

第五章 案例分析：族际关系对缅甸国家构建的影响

了他们建立独立的克钦邦的决心。1961年8月，克钦独立军因吴努宣布立佛教为国教而心生不满，开始了大规模的武装斗争，使得克钦独立组织开始变得强大起来。克钦独立组织还接受外部援助，与其他反政府的少数民族武装结盟，并在其中充当领导者的角色。

克钦独立军是克钦独立组织所倚重的武装组织。1962年奈温政府上台时，克钦独立军已在克钦邦和掸邦北部站稳了脚跟，组建了第一旅。到1963年年初，其总兵力已达1050人，年底扩大到6个营2100人。在此期间，克钦独立军与奈温为首的革命委员会进行了和谈，但没有成功。1964年年初，克钦独立军组建了第二旅。1963年6月至1964年1月是克钦独立军活动的最高潮。1964年后，缅甸政府军开始对克钦独立军进行围剿，一直持续到次年9月。由于政府军的长期围剿，克钦独立军伤亡惨重。1967年6月，克钦独立军决定与缅共合作，同年，其又发展到2250人，共9个营。1972年9月27日，克钦独立军决定扩军为4个旅。不过，克钦独立军与缅共也边打边谈，其与缅政府军的三方斗争是非常孤立且不稳定的。1976年克钦独立组织重组后，它采取了联合缅共及其他少数民族反政府武装共同对抗细甸政府的政策。1976年7月，克钦独立组织与缅共正式签订协议，原则上同意放弃建立"克钦共和国"的主张。随后，双方虽然以合作为主（缅共还向KIO提供了武装），但与缅共在意识形态、辖区范围和指挥权等问题上的矛盾始终没有得到很好的解决。1983年双方终止合作，克钦独立军遂加入由10余支少数民族反政府武装组成的民族民主阵线，并成为该阵线的骨干。

1988年，缅甸政府军再次向克钦独立军发动军事进攻，一度占领了克钦独立军的重要据点和基地。克钦独立军被迫将总部迁往距云南通江昔马口岸12千米的勒新。1989年以来，由于缅北地区主要少数民族武装先后与政府达成和解，克钦独立军遭受到较大的和谈压力。为保存实力，他们采取一系列的措施，争取在比较有利的条件下与政府和谈。1989年缅共解体后，许多少数民族武装以武器换和平，得到政府的承认。缅甸政府也在努力推进各少数民族地区的建设。

这唤醒了克钦族人的和平梦想。1990年,一群热爱和平的克钦族人要求当局允许他们去见克钦独立组织成员,这为和谈打下基础。他们很快见到了克钦独立组织领导人,向他们解释了军政府的立场,劝说克钦独立组织领导人至少见见军政府的代表,以寻求和平。同年秋,克钦独立军与政府在棒赛有过几次接触,但均因克钦独立军要求缅甸中央政府与"民族民主阵线"所有成员和谈、布朗森以"民族民主阵线"副主席身份出面和谈为条件,不为政府所接受而暂停。

从目前克钦与缅甸中央政府和缅军的族际互动来看,情况不容乐观。缅军所进行的"以打促谈",很多时候就是针对克钦武装的。2011年,政府军再度对克钦进行大规模袭击,此后几次战事基本都打到克钦总部拉咱。2016年民盟执政初期,缅军再度与克钦发生冲突。克钦独立军于2016年4月29日在Hpakant镇抓捕了7名村民,但抓捕动机尚不清晰。获悉该新闻后,政府军与当地民兵组织和KIA进行了13场遭遇战,意图消除其掩体,时间是5月1—10日。在占领KIA的训练学校和5个掩体时,政府军缴获了一些军备。KIA在一些居民区布置了地雷和重型火炮,对一些军事基地和警署进行了手雷袭击。这些袭击导致城镇设施受损,一名女性死亡。5月2日,KIA释放了5名人员,但仍有2人在捕。

从"以打促谈"的角度来看,这与吴登盛上台初期缅政府军与克钦交战的形势比较类似。冲突之后,缅军总司令敏昂莱讲话称,"和平之门对那些希望签署和平协议的人敞开。这一点我要一直强调。我们正向着民主之路大步踏进。如果我们不保护我们的行政机构(administrative machinery),我们必然要,这一点我可以肯定,陷入困境。……我们保护人民的生命和财产安全。如果我们的政权受到攻击,离武装冲突也就不远了。"[①] 言外之意,就是在指责KIA对政府

---

① "Door to Peace Opened: C-in-C of Defence Services Expresses His Commitment to Achieving Peace within Five Years", *The Global New Light of Myanmar*, May 14, 2016.

军发动了袭击。但 KIA 表示是政府军主动袭击的，孰对孰错，谁也说不清。

第三节　罗兴亚人——游离于族际与国际关系的复杂案例

罗兴亚人问题出现在缅甸与孟加拉国接壤的若开邦。缅甸若开邦位于北纬 17 度 15 分至 21 度 11 分、东经 92 度 11 分至 94 度 55 分之间，面积约 36778 平方千米，人口近 319 万（据 2014 年缅甸人口普查数据）。从地缘条件看，缅若开邦地区与缅本部隔着若开山脉，交通受阻不便，一直到 18 世纪末，该地区还基本处于独立状态，与缅王朝保持藩属关系。当前备受国际社会关注的若开邦或罗兴亚问题的实质是，长居该邦境内的罗兴亚人身份认定问题引发的系列矛盾冲突的总称。

一　罗兴亚人的族际离散

罗兴亚人问题既是一个历史问题，又是一个政治和社会问题，最后危机溢出形成经济和外交问题，从而成为缅甸最为复杂的问题之一。虽然罗兴亚人问题是族群身份认同所引起的，但从整个社会历史进程来看，它涉及整个缅甸的民族发展和国家构建，涉及缅甸如何与周边国家解决矛盾冲突。

罗兴亚人问题又名"若开问题"，原因之一就是该问题离不开若开古代的历史。缅甸若开邦由定耶瓦底（实兑县）、德瓦亚瓦底（丹兑县）、仰麻瓦底（皎漂县）和梅嘎瓦底（曼昂县）四部分组成，历史上兴起过定耶瓦底、维沙里、四城和妙乌 4 个封建王朝。[①] 在这四个封建王朝时期，大多数民众信仰印度教和佛教。耶瓦底王朝铸造了

[①] ［缅］吴昂东：《毗湿奴古城发掘》，《大学知识集锦》第 1 卷第 2 章，仰光：大学出版社，第 291 页。

摩诃牟尼佛像，在维沙里王朝时期，仅皎雷伽城的僧侣皆数以万计。①

公元七八世纪，从中东、南亚陆续东迁的穆斯林，至近代从中国南迁、东南亚北上以及缅甸沦为英国殖民地时期入缅的穆斯林及其后裔三大群体组是缅甸穆斯林的主要来源，具体包括若开邦穆斯林、华裔穆斯林、马来裔穆斯林和南亚后裔穆斯林等，而若开邦穆斯林则包括罗兴亚人（Rohingya）和克曼人。罗兴亚问题所涉及的上述罗兴亚人是指缅甸沦为英国殖民地时期入缅的穆斯林及其后裔。当前，在缅甸全国范围内，穆斯林约占其6000万总人口的5%。除罗兴亚人外，其他穆斯林（相比而言数量较少）均已取得缅甸合法公民身份。在若开邦，若开地区民众的主要信仰是小乘佛教，穆斯林于8世纪进入若开地区定居，伊斯兰教则在15世纪由孟加拉地区大规模传入若开。在这一时期，佛教徒与穆斯林能够和睦相处，如历代若开王常在其名前冠以伊斯兰称号"阿里汗"。也就是说，在历史上，缅国内佛教徒和穆斯林之间本来是和睦相处的。当前在缅的罗兴亚人，也信仰伊斯兰教，虽在缅的人口已达上百万，但缅甸政府拒绝承认其是本国公民，以难民视之，将其划定为"外来非法移民"。虽然有国际民族研究学者认为，"缅甸若开穆斯林是阿拉伯人、阿富汗人、摩尔人、波斯人、土耳其人和孟加拉人的直接后裔，在缅甸若开邦居住已超过1300年，其是经海上来到若开邦，与当地人长期混居发展为今天的族群"，但缅甸政府一直反对将在若开邦的罗兴亚人视为其国内的一个族群。他们援引法国学者的说法，认为所谓的"罗兴亚"只是一个名词，并不是一个民族。罗兴亚人既无公民身份，也没有社会地位，长期受到缅甸政府和其他民族的排挤、打压与驱赶。其主要聚居在缅甸若开邦北部与孟加拉国接壤的孟都、布迪当、亚德当等地区，所讲的罗兴亚语是若开语、孟加拉语以及乌尔都语的混合体，发音类似于孟加拉国吉大港的方言。他们信奉伊斯兰教，大多数人务农，少部分人

---

① ［缅］衫达玛拉林格亚：《新若开历史》第1卷，仰光：三藏经出版社1931年版，第246、260页。

第五章　案例分析：族际关系对缅甸国家构建的影响

从事渔业和商贸，整体发展落后。

1430—1785年，妙乌（MyatOo）王朝是若开族最后一个王朝，全盛时期统治着"孟加拉十二市镇"。不过，此时伊斯兰教已经充分传入当地。为了取得广大穆斯林的支持，妙乌王朝不仅接受缅族王朝的封号，也使用穆斯林封号。这里的穆斯林人，主要是指今吉大港地区的穆斯林人，即当时穆斯林仍没有大规模进入若开地区，此时若开地区的穆斯林大多是战乱期间由若开军和缅军抓捕来的奴隶演变而来。[1] 1785年，缅甸孟云王占领若开，而此时积贫积弱的若开王朝早已将"孟加拉十二市镇"拱手相让给英国人。缅族占领若开，就是因为英属印度和缅甸接壤的若开地区存在的紧张关系。

1824年第一次英缅战争爆发，最终以《杨达波条约》的签订而结束。该条约将若开划归为英国管辖，成为英国殖民地。1839年后，英国允许大量穆斯林从孟加拉地区迁入若开地区，与当地原住民若开族形成紧张对峙局面。1938年爆发佛教徒与穆斯林的暴力冲突，造成1227人死亡，113座清真寺被毁。而且，此种对峙在1937年的"英缅分治"后更加严重。分治期间，吉大港地区的印度人开始大规模地往若开的孟都和布帝洞一带迁徙。大批移民的涌入，使当地村庄数量比原来增加两三倍，有的还迁至当地住户少的若开族村庄。随后由于第二次世界大战爆发，吉大港穆斯林移民问题一直没能解决。[2]

1942年英国人撤出缅甸时，除举世闻名的印巴分治事件外，在缅甸还发生了印度人与若开人之间的民族冲突，导致若开人慢慢向其他地区扩散。英国殖民统治者在撤退时，将部分武器送给非缅甸人的难民，以便让他们在战乱期间能自我保护。[3] 按照缅族历史记载，在殖民者离开的这段真空时期，大量的屠戮行为发生，尤其是印度士兵、孟加拉穆斯林对孟都、布迪洞地区若开人的驱赶和杀戮。[4] 即便在西

---

[1] ［缅］敏登：《缅甸若开邦"罗兴伽人"研究》，《南洋问题研究》2013年第2期。
[2] 同上。
[3] 同上。
[4] Anthony, Irwin, *Burmese Outpost*, London, Collins, p. 7 – 8, 16.

方记载的历史中,这段时期的杀戮行为可能是相互的,但在缅族和若开族的大部分文献中,均认为是外地人尤其是印度人和孟加拉穆斯林通过暴力占领了当地,从而导致当地人口发生根本性的结构变动。据文献统计,截至1945年第二次世界大战结束时,穆斯林在缅甸已超过20万人。① 这些穆斯林在经济上占优,在政治上紧跟英印殖民当局,积极参与对缅甸的殖民统治和管理。更进一步地说,其利用英印殖民政府给予的特权,对缅当地民众实施压迫和盘剥,抢占田地财产,疯狂开采林矿资源。相反,英国却对该地区其他民众施行歧视性的管理政策,从而遭到以佛教徒为主的若开邦土著居民的激烈反抗。在矛盾日益激烈以及被人为煽动为宗教冲突的情况下,如认为"伊斯兰教等非佛教的宗教成为殖民的宗教符号"② 等,原本生活在若开邦以及缅其他地区的土著穆斯林群体也被殃及,被佛教徒敌视。

缅甸建国前后,若开北部的穆斯林就一直策划将孟都镇和布帝洞镇归入巴基斯坦,并于1942年在卡拉奇市举行的伊斯兰大会上,提出将孟都镇和布帝洞镇归并巴基斯坦。第二次世界大战开始前,在伊斯兰学者的指导下,阿拉干穆斯林成立了一个政党,即伊斯兰乌里玛会(Jami-a-tulUlema-eIslam),伊斯兰成为该党的意识形态基础。③ 以穆斯林党为组织的一些穆斯林,趁缅甸独立空虚之时,攻占了若开北部,并向时任缅甸领袖的昂山将军施压,要求并入巴基斯坦或者实行自治,但巴基斯坦领袖真纳拒绝了这一组织的请求。

在依赖国际势力无果的情况下,1947年,布帝洞镇摩哈迈秘密聚集穆斯林青年,成立了"穆夹黑"协会。"穆夹黑"的意思是"为自己国家和宗教权利而战的人"——这里的"国家"原是指巴基斯坦,

---

① [缅] 敏登:《缅甸若开邦"罗兴伽人"研究》,《南洋问题研究》2013年第2期。
② 《经济学人》杂志分析认为,缅甸近期的宗教冲突根源在于英国殖民政策设计的目的就是希望维持和利用族群对立冲突状态。详见:"Buddhism v Islam in Asia: Fears of a New Religious Strife", *The Economist*, July 27th, 2013, pp. 35 – 36.
③ Pyaw K. G. , "Who Are the Mujahids in Arakan?", *Rakhine Tazaung Magazine*, 1960, p. 99.

第五章 案例分析：族际关系对缅甸国家构建的影响

后来指"独立的若开穆斯林国"，"宗教"则指其依托的伊斯兰教。同年 5 月，他们向出入境管理局递交了一份将孟都、布帝洞划入东巴基斯坦的申请，建立一个独立的罗兴亚国家。与此同时，该组织与反政府的缅共取得联系，在全缅各地挑起骚乱。不过，1954 年，缅甸政府军剿灭了穆夹黑协会，该组织首领嘉欣也逃到了东巴基斯坦（今孟加拉国）。流亡期间，穆夹黑组织又提出新的目标，即在孟都、布帝洞、拉德堂镇等地区建立阿基斯坦（Arkistan）的国家，并把该组织命名为"阿基斯坦领导协会"。为实现这个计划，"阿基斯坦领导协会"联合了印度穆斯林武装。[①] 在"阿基斯坦"名称的指引下，"阿基斯坦领导协会"联合穆夹黑协会下属的几个组织，更名为"罗兴亚民族解放党"，首次使用"罗兴亚"（Rohingya）这个词，意为"若开的主人"，这里的"罗"实际上就是若开的"若"。为了宣传独立理念，罗兴亚民族解放党采用激进的宗教言论，鼓励成员到若开获取粮食、姑娘和宗教传播。[②]

缅甸独立后至今，罗兴亚民族分离运动的兴起与缅政府"大缅族主义""他者威胁论"（如缅军政府宣称，若不对穆斯林的急速发展和扩张加以遏制，缅族佛教徒在缅甸的主人翁地位将岌岌可危[③]）理念和思想的推波助澜，尤其是对罗兴亚人采取的"不认可其公民身份"等态度和政策相互交织和针锋相对，成为矛盾和冲突进一步加剧的双重诱因。缅甸独立后，若开邦的 Bengali 人穆斯林于 1951 年 6 月发表了"若开穆斯林宣言"，宣称拥有独立的民族认同，自称"罗兴亚"人（字面意思是在若开地区生活的人），要求在若开北部成立单独的自治地方，并组建了罗兴亚武装部队，占据了若开北部地区。对此，1951—1954 年，当时的缅政府发动了清剿战役，击溃了上述罗兴

---

① ［缅］敏登：《缅甸若开邦"罗兴伽人"研究》，《南洋问题研究》2013 年第 2 期。
② 同上。
③ Nyi Nyi Kyaw, "Islamophobia in Buddhist Myanmar: The 969 Movement and Anti-Muslim Violence", in Melissa Crouch ed., Islam and the State in Myanmar, Oxford University Press, 2016, pp. 183–210.

亚武装，夺回了若开北部。在军事取得优势的情况下，当时缅甸政府领导人吴努为了缓和混乱的政治局势，承认罗兴亚人是缅甸的一支少数民族，并且将罗兴亚人聚居的孟都、布迪当等划归为中央直辖的一个边境行政区。然而，吴努政府的努力并没有稳定局势，许多从孟加拉国来的穆斯林不断在当地开展分裂活动，并且鼓动罗兴亚人脱离缅甸而并入孟加拉国。

面对此种情况，时任缅甸政府领导人吴努采取的是怀柔政策，原因是当时反法西斯自由同盟四分五裂，吴努为首的"努丁派"在第二次全国大选中差点落选。为了确保第三次大选（1956年）能够获胜，同时防止若开穆斯林倒向缅共，吴努给予若开穆斯林被选举权。其中，穆斯林领袖额布凯和额布博学以及布帝洞镇的苏拉丹麻穆当选为自由同盟的议员。这部分人因当时吴努政府拉选票而得到承认，但吴努政府统治时期结束后，他们受到奈温政府的驱赶。[①] 奈温取缔了所有的政党组织，穆斯林的政治活动也暂时停止。奈温政府开始取缔"罗兴亚"相关组织，武力打击罗兴亚反政府武装。罗兴亚人也"不甘受压迫"，开始组建"罗兴亚爱国阵线"（RPF），并向其他伊斯兰国家宣传罗兴亚人受压迫、被同化的处境。

1965年，彼欽佐颇领导的地下叛乱组织开始在若开邦南部和北部发动骚乱。1974年，在政府军的围剿下，彼欽佐颇协会逐渐解体。布帝洞和孟都的穆夹黑反叛组织也在政府军的攻击下逃往他国。对此，缅政府作出了更为激烈的反应，即于1974年，奈温政府设立若开邦，宣布英国殖民时期迁入缅甸的罗兴亚人为非法移民，不享受国民待遇。1978年，奈温政府在若开地区实施全面清查，驱逐非法移民，导致近20万罗兴亚人被迫逃往孟加拉国。后来，在国际社会力量的干预下，缅甸接受了约18万外逃的罗兴亚人，但却全部将其安置在难民营中。1982年，缅政府颁布新的《公民法》，彻底在制度和法律上将罗兴亚人排除在法定的135个民族之外。1989年，缅政府还在罗兴

---

① "Unforgiving History", *The Economist*, No. 3, 2012.

第五章 案例分析：族际关系对缅甸国家构建的影响

亚人聚居区强行修建了佛教徒的定居点。1990 年，缅政府在驱赶因水灾逃入若开邦的孟加拉人时由于遭到罗兴亚分离武装的袭击，于是出动军队进行清剿，从而引发了缅孟边境冲突，导致罗兴亚人又一次的逃亡浪潮。据若开文献记载，当时逃离家园的穆斯林有 15 万人。① 但据国际人权观察机构称，该数字是 20 万—25 万人。② 逃难者有的徘徊在孟加拉国、巴基斯坦、马来西亚等国，有的则旅居欧美，他们用"罗兴亚人"把自己凝聚起来，一直通过国际声音，尤其是土耳其、沙特阿拉伯等国，意图建立罗兴亚国，后又改称在缅甸建立罗兴亚邦。③

在缅甸官民的排挤打压下，罗兴亚地方民族主义思潮高涨，分离主义活动日甚。通过军事暴动和示威抗议两种方式，意图从缅甸当时的全国大动乱中谋取政治成本，主要体现在：其一，罗兴亚人组建了更多武装组织，试图走武装斗争的道路，包括"罗兴加团结组织"（Rohingya Solidarity Organization，RSO，1982 年成立）、"若开邦罗兴加伊斯兰阵线"（Arakan-Rohingya Islamic Front，ARIF，1987 年成立）、"罗兴加民族联盟"（Rohingya National Alliance，RNA，1995 年成立）、"若开邦罗兴加民族组织"（Arakan Rohingya National Organization，ARNO，1998 年成立）。④ 其二，提出在若开邦北部建立所谓的"罗兴亚自治区"，逐步谋求事实独立。其三，进一步编造、宣传历史依据，打着"原住民""民族认同"等的旗号，煽动同族的民众与缅政府的歧视政策对抗，进而寻求"脱缅入孟"。其四，不断向外界渲染其悲惨遭遇，寻求外部同情和支持，使罗兴亚问题国际化，向缅甸政府施压。1988 年，缅国内阿拉伯组织军事行动失败后，其又响应缅甸新军人政府号召成立穆斯林政党参加 1990 年大选。此后，国际国

---

① 《若开邦发展史》第 4 卷，社会篇，打印稿，第 203—205、203—206 页。
② "Burma/Bangladesh: Burmese Refugees In Bangladesh-Historical Background", http://www.hrw.org. Human Rights Watch. Availableon 22 March 2018.
③ ［缅］吴坡山：《若开边境问题报告》，《达那瓦底杂志》1952—1953 年。
④ 章远：《缅甸独立后的族际宗教冲突和治理困境》，《东南亚研究》2016 年第 1 期。

内罗兴亚人相互呼应，以缔造语言、文字和政治组织为契机，逐步采取"事实上政治化"的手段，建立起超乎于缅甸若开范围、漫溯在全东南亚和全世界的"想象的共同体"，使罗兴亚问题在历史上形成固化。可以看出，在若开地区，由于双方的极端处理方式，矛盾如雪球一般越滚越大，不断蔓延和扩大到缅国内其他地区。而且，由于罗兴亚人的穆斯林属性和背景，进一步引发了严重的宗教对立和冲突。

自1991年新军人政权执政起到2012年新政府上台，罗兴亚人凸显被驱赶的"颓势"，陆续有25万人被认为再次逃离在外。[①] 与此同时，罗兴亚的污名化被作为缅甸新军人政府维持自身合法性的一种手段。罗兴亚人被描述为"食人恶魔"，他们也不被称为"罗兴亚人"，而是被统称为"噶拉"（南亚人种，带歧视）或者"宾格丽人"（孟加拉人）。[②] 2008年12月，约有1000名罗兴亚人逃往泰国避难，最后只有一半人被印尼海军救起。后经联合国难民事务署调查，由于贫穷和粮食短缺，2008年下半年，有数千名罗兴亚难民从缅甸逃往孟加拉国，再乘船逃往其他东南亚国家。然而，缅甸政府否认他们流落泰国、印度和印尼，并且指出罗兴亚人并不是缅甸公民。虽然缅甸政府也说相关部门"将采取与此事相关的必要措施"，但事后并没有实际行动。

2012年的"佛穆冲突"重新引燃新一轮罗兴亚人问题危机。该问题绵延至今，奠定了当前罗兴亚人问题的最初源头。2012年5月，若开邦佛教徒与穆斯林之间因3名少女被轮奸事件发生了激烈冲突，后来穆斯林团体被迫撤走。同年10月，佛教与穆斯林之间再次爆发宗教冲突。据官方统计，在这两次骚乱中，100多人死亡，200多人受伤，14座宗教建筑被毁，数以千计的穆斯林的房屋被烧毁，数十座

---

① Thompson, Larry, "Bangladesh: Burmese Rohingya Refugees Virtual Hostages", reliefweb. int. 2005. https://reliefweb.int/report/myanmar/bangladesh-burmese-rohingya-refugees-virtual-hostages, Available on 6 October 2017.

② "Myanmar Envoy Brands Boatpeople 'Ugly as Ogres': Report". AFP. 10 February 2009. Archived from the original on 19 February 2014. https://web.archive.org/web/20140219173010/https://www.google.com/hostednews/afp/article/ALeqM5j_x2afxfntqJUV3PuaTz6Jy12_Yg, Available on 18 October 2013.

第五章 案例分析：族际关系对缅甸国家构建的影响

清真寺被毁坏，近 14 万的穆斯林被迫逃离。[1] 2013 年 3 月，佛教僧人与穆斯林在密铁拉发生冲突，此后在缅甸的中部及东部的许多城市发生了多起大规模介于佛教徒与穆斯林的种族冲突事件。虽然双方都有暴力行动，然而在以佛教为主要宗教的缅甸，这场冲突很快地演变为佛教立场的民众针对穆斯林族群的攻击活动。大量的伊斯兰教清真寺以及穆斯林聚落遭到攻击以及放火。多起的暴动也延续了 2012 年发生于缅甸若开邦针对以穆斯林为主要构成的少数民族罗兴亚人的种族冲突。

总的来看，罗兴亚人的历史就是一部族际离散史，甚至是不被认同的历史。也使得当前的问题有很多线索可循。不过，正是这些复杂因素的积淀，当前形势日益复杂，一发不可收拾。

二　民盟政府对罗兴亚人问题的应对措施

罗兴亚人问题在当前的形势夹杂了极端主义（缅方认为是恐怖主义）因素，更新、更复杂、范围更广。2016 年民盟上台之初，在外交方面采取以发展东盟邻国优先的原则，奉行大国平衡策略，重视对华关系。外交政策得到中西国家认可，取得一定成功。[2] 然而，随着罗兴亚人问题的持续发酵[3]，民盟与西方国家发生一些分歧，致使缅甸与西方国家、联合国的矛盾日益凸显，缅甸逐渐陷入被国际社会指责的困境。民盟上台的第一年，成立了一系列机制，如若开邦中央和平、稳定与发展委员会，以及邀请前联合国秘书长科菲·安南担任"若开顾问委员会"主席，撰写关于若开邦事务的调查报告。在时任美国国务卿克里来访谈及罗兴亚人问题时，昂山素季表示积极配

---

[1] Alistair Cook, "The Global and Regional Dynamics of Humanitarian Aid in Rakhine State", in Melissa Crouch ed., *Islam and the State in Myanmar*, Oxford University Press, 2016, p. 258.

[2] 张云飞：《四维度观察缅甸民盟施政一周年》，2018 年 4 月 5 日，新华网（http://www.xinhuanet.com/2017-03/30/c_1120723685.htm）。

[3] 自 2017 年 8 月，约有 70 万罗兴亚人逃往孟加拉国。

合国际社会要求，但要给予缅甸更多时间和空间。①

罗兴亚人与佛教徒之间矛盾的主要表现在于双方宗教信仰和生活方式的冲突，以及极端佛教主义和伊斯兰恐怖主义之间的对立。以若开罗兴亚救世军（ARSA）为首的极端分子煽动罗兴亚人发动了恐怖袭击，杀害了与政府合作的温和派，导致当地形势日益恶化。国防军与中央政府用武力镇压罗兴亚人反叛者。2016年10月9日，"阿卡姆"圣战组织向缅孟边境警哨发动袭击，造成当场9死5伤1失踪事件，大量军备被掠夺。2017年8月25日，"若开罗兴亚救世军"（ARSA）组织的武装（实际是"阿卡姆"圣战组织改组而成）袭击北部若开边境哨站，当场导致13死9伤。② 两轮暴力袭击后，缅甸边防安全部队缅军警以反恐为名对若开邦北部进行了武装宵禁，并且开展军警"联合清剿行动"，将"若开罗兴亚救世军"列为"恐怖组织"，导致70万罗兴亚人逃离当地，到达缅孟边境的孟加拉一侧③，造成重大人道主义危机。缅甸政府的清剿行动在国际社会引起广泛的讨论，因此遭到质疑与指责。联合国指责缅甸军警屠杀、强奸罗兴亚人是违反人道主义的行为。④ 为向国际社会进行澄清，2017年7月，缅政府邀请联合国特使赴若开邦考察，但联合国特使批评其行动受限，无法接触若开邦西部的罗兴亚人。⑤ 随后，缅甸政府拒绝缅甸联

---

① "Enough Space: Daw Suu, Kerry Discuss Sanctions, Sectarian Issues", *The Voice Daily*, Vol. 4, No. 36, pp. 1, 28.

② "Governmental Mission to Clarify Local People in Rakhine State about Deadly Attacks on Border Posts", *The Global New Light of Myanmar*, Oct. 11, 2016; "Declaring as Terrorist Group", *The Global New Light of Myanmar*, Aug. 26, 2017.

③ Ohchr, Fact-finding Mission on Myanmar: Concrete and Overwhelming Information Points to International Crimes, Mar. 12, 2018. http://www.ohchr.org/EN/HRBodies/HRC/Pages/NewsDetail.aspx? NewsID=22794&LangID=E, Available on April 7. 2018.

④ Burma: Methodical Massacre at Rohingya Village, HRW, Dec. 19, 2017. https://www.hrw.org/news/2017/12/19/burma-methodical-massacre-rohingya-village, Available on April. 1, 2018.

⑤ Yanghee LEE, "Special Rapporteur on the Situation of Human Rights in Myanmar at the 35th session of the Human Rights Council", Agenda item 4, Geneva, UNHRC, 15 June 2017.

第五章 案例分析：族际关系对缅甸国家构建的影响

合国特使入境签证。① 以此，西方国家对缅甸政府口诛笔伐，重启对缅的部分制裁②，取消昂山素季的名誉市民等多个荣誉称号，声称昂山素季"没有阻止缅甸军队对若开罗兴亚人屠杀的行为"③。

缅甸官方坚持认为罗兴亚人不是该国 135 个民族之一，不具有公民权，这尤其受到国际社会的指责。④ 然而，民盟政府面临两难境地，如果认可罗兴亚人的公民权，将会得罪国内主流社会，遭到佛教徒和民族主义者的责难；另外，如果屈服于国际压力对国防军的行为进行指责，则会受到军队的全面反弹，甚至危及政权。

在国际社会特别是西方国家看来，缅甸民盟作为缅甸民主转型和改革的实践者，一直将种群平等、多元主义等奉为其政治治国理念的基石。但在被问及罗兴亚难民的公民身份和人权等问题时，民盟领导人昂山素季也只表示："需要由缅政府来定夺。"其不顾国际社会的巨大压力，在罗兴亚问题上与缅甸军方保持了统一口径和立场。有分析家认为，这是因为民盟惧怕失去人口上占绝对优势的缅族佛教徒的民意支持，因此在宗教冲突只能扮演小心翼翼的风险规避者的角色。这种沉默和规避现实的态度，希望在多元、平等的政治理念和缅族佛教徒的民意选票之间找到平衡点或是折中点的策略，并没有有效解决罗兴亚问题，反而在某种程度上是一种默许和纵容，让事态更为严重。尽管上述分析不一定全面和准确，但可以看出，缅甸国内各界人士在罗兴亚问题上态度高度一致，对罗兴亚人是排挤、否认的心态和立场。

---

① "Myanmar Refuses Access to UN Special Rapporteur", OHCHR, Dec. 20, 2017. http://www.ohchr.org/EN/NewsEvents/Pages/DisplayNews.aspx? NewsID = 22553. Available on April 1, 2018, Available on March 29, 2018.

② "Myanmar Rejects Draft Resolution on Human Rights at HRC", *The Global New Light of Myanmar*, Mar. 25, 2018.

③ George Monbiot, "Take Away Aung San Suu Kyi's Nobel Peace Prize. She No Longer Deserves It", *The Guardian*, Sept. 5, 2017; Holocaust Museum "Strips Suu Kyi of Award", *The Irrawaddy*, Mar. 8, 2018.

④ Mehdi Hasan, Why Aung San Suu Kyi's Silence on the Rohingya Is Inexcusable, The World Post, July 6, 2017, https://www.huffingtonpost.com/mehdi-hasan/aung-san-suu-kyi-silence-rohingya_b_7451776.html. Avaliable on April 1, 2018.

执政以来，民盟政府开始在罗兴亚人问题上有所调整，主要方式是运筹外交，缓解外部压力。一是邀请国际组织来缅调查，赢得社会道义合法性。委托科菲·安南担任若开邦事务顾问委员会主席对若开邦进行调查，寻找解决若开邦问题的办法。会见由泰国前副总理素拉杰·沙田泰、温米诶雅主导的若开事务顾问委员会，并就如何解决若开邦事务，实现该地区安定与发展、难民接收、人道主义援助等问题进行交流。① 二是反对西方国家"种族清洗"言论，寻求中国和俄罗斯支持。缅甸政府利用在国际社会上的一切发言机会，据理力争，反对西方国家对缅甸军警对罗兴亚人实施"种族清洗"或者"种族灭绝"的指责。2018年4月16日，缅甸驻联合国常务代表吴郝杜苏（UHauDoSuan）在联合国安理会上声称："种族清洗"或者"种族灭绝"的指责是基于未经证实的假新闻和用于政治目的，这种不负责任的指责只会使当前局势更加恶化，对缅甸与联合国之间的现有合作产生消极影响，使缅甸与孟加拉国在寻求持久性解决问题的局势更加复杂。② 同时，缅甸政府寻求俄罗斯、中国支持。俄驻缅大使尼古拉·李斯特帕多夫（Nikolay Listopadove）在联合国大会上声称，若开邦的情况是缅甸的内政，俄罗斯不参与其他国家的内政……国际社会可以帮助缅甸，但不应该直接参与另一个国家的事务。③ 中国外交部部长王毅也向联合国秘书长古特雷斯表示："中国理解并支持缅甸为保护若开邦安全所作出的努力，希望缅甸与孟加拉国之间通过对话和磋商来解决罗兴亚人问题，以暴力方式解决若开邦事件是不可接受的。"④

---

① "Dr. Win Myat Aye Holds Talks with Advisory Board of Committee for Implementation of Recommendations on Rakhine State", *The Global New Light of Myanmar*, April 3, 2018.

② Myanmar Strongly Objects Use of Such Words as "ethnic cleansing" or "genocide" in Reference to the Situation in Rakhine State: Permanent Representative to UN, *The Global New Light of Myanmar*, April 18, 2018.

③ The Rakhine Situation Is an Internal Affair of Myanmar. Russia Does Not Involve Itself in the Internal Affairs of Other Countries: Russian Ambassador to Myanmar Dr. Nikolay Listopadov, April 29, 2018.

④ "China to UN: We Support Myanmar's Efforts for Stability", *The Global New Light of Myanmar*, Sept. 25, 2017.

第五章 案例分析：族际关系对缅甸国家构建的影响

三是继续与国际人道主义组织机构交流。虽然缅甸政府拒绝李亮喜入境，但继续与联合国人道主义事务协调办公室（OCHA）进行合作。2018年4月初，OCHA组织紧急援助副协调员乌苏拉·米勒（Ursula Mueller）到访缅甸，受到昂山素季的亲自接见，并欢迎其到若开邦进行考察。尽管副协调员仍未认为缅甸做好"遣返难民"的准备，但比起此前动辄断言缅甸进行种族清洗的言论要缓和了许多。① 4月18日，李亮喜在其推特上转发了一条消息，谴责在茵丁（Inn Dinn）惨案中被捕的7名军人在近期特赦中被释放一事，并认为"与此同时两名路透社记者仍然被关押在监狱中一事缺乏正义"，但其实此前这条消息就已经被证实是假消息。这条假消息最早是4月18日登发于缅甸国家电视台（MNTV），该电视台隶属Sky Net公司，后者为缅甸大亨吴觉温的瑞丹伦公司所有。随后，总统府发言人佐泰出来辟谣，并要求有关新闻社进行道歉。② 作为对"李亮喜问题"的妥协，国际社会最终同意更换特别协调员。4月26日，联合国官网声明称，联合国更换缅甸人权状况特别报告员。联合国秘书长安东尼奥·古特雷斯正式提名现任瑞士驻德国大使克里斯汀·伯根纳（Christine Schraner Burgener）接替李亮喜，成为新任联合国缅甸人权状况特别报告员。现任瑞士驻德大使克里斯汀·伯根纳女士出生于1963年9月25日，2009—2015年5月任瑞士驻泰国大使，她的丈夫也是一名高级外交官，曾任瑞士驻柬埔寨、老挝和缅甸大使。根据联合国任务规定，特别报告员应每年两次访缅，评估包括若开邦罗兴亚穆斯林群体的人权状况，并向联合国人权理事会和联合国大会报告。自2014年6月任职以来，李亮喜曾六次访问缅甸。③

尽管如此，罗兴亚人问题仍然是缅甸国家构建的最大挑战之一，

---

① Myanmar Not Ready for Return of Rohingyas: UNHCR, April 12, 2018.
② "Moe Myint, UN Rights Envoy Retweets False Report of Amnesty for Soldiers Who Killed Rohingya", *The Irrawaddy*, April 19, 2018.
③ Secretary-General Appoints Christine Schraner Burgener of Switzerland as Special Envoy on Myanmar, the UN, April 26, 2018, https://www.un.org/press/en/2018/sga1802.doc.htm, Available on April 30, 2018.

也是影响缅甸族际关系最恶劣的案例之一。一方是不被认为"族"的族群加上国际实力，另一方则是不愿意接受"族"的各族群间联合势力，这样对峙无异于难题滚雪球。国际社会对缅甸在罗兴亚人问题上的态度也显得越来越没有耐心，甚至不表示理解。自2018年，缅甸政府开始呈现"与国际社会保持合作，同时按照自己的节奏处理若开问题的形势"。

首先，以昂山素季为主席，由社会福利、救济与安置部部长温妙埃牵头，成立国家级项目来处理若开问题，同时涉及人员调配、资金项目和外国援助等，即联邦若开人道主义、安置与发展项目（UE-HRD）。该项目的三大核心原则为人道主义、安置与发展，针对的与其说是"返回者"，毋宁说是整个若开地区。人道主义与安置，这里强调的是国民资格卡（NVC）认证过程。2018年4月20日，第二届难民接收与安置委员会会议在社会福利、救济与安置部中心举行，部长温妙埃出席。部长就1月23日以来对缅孟双边接收难民的情况进行回顾，并阐述了出现迟缓和推迟的原因。他还就系统性接收难民、颁发国民资格卡（NVC）的8个利处，将由国民资格申请司缅英双语制作，并在媒体发布。① 发展是强调对若开的发展。目前，缅政府在若开地区成立了诸多委员会，其中就包括针对难民安置后的发展问题。例如，为了防止雨季侵害，设置排水沟管委会等。

其次，与孟加拉国密切联系，但不按照国际社会的要求，而是强调双边路径。2018年4月19日上午，缅甸社会福利救济与安置部部长温妙埃在仰光民族和解与和平中心举行新闻发布会，就其4月11—13日赴孟加拉国边境科克斯巴扎尔、达卡考察难民营以及访问等事宜进行阐述。缅方表示，已经做好接收准备，在与孟方（外交）官员会面的过程中，缅方要求与指定的难民（缅甸在最早识别进程中发现508名印度村民，缅方由此通告孟方这些村民应当第一批遣返。此

---

① Win Myat Aye，"Second Coordination Meeting of Displaced Persons Accepting and Resettlement Committee"，*The Global New Light of Myanmar*，April 21，2018.

◇◇ 第五章 案例分析：族际关系对缅甸国家构建的影响 ◇◇

外，还有750名穆斯林也列入首批遣返名单，外加此前孟方提交的8032名难民名单中审核通过的600人，总人数应该是1858人）会面，为此，缅方与孟方进行密切磋商。缅方在考察了科克斯巴扎尔的难民营之后认为，有必要"迅速"遣返这些难民。即便是国际社会不断强调要求遣返70万人，缅方也按照自己的能力和计划，强调"绝对不允许恐怖主义者混入其中"①。

三 罗兴亚人问题对缅甸国家构建的影响

罗兴亚问题已从最初的身份认定、寻求生存权利等问题演变成民族宗教冲突、分离主义运动、恐怖主义（当前缅孟边境地区正在向另一个"阿巴边境"演变）等诸多问题。它是一步步发展和恶化至此的。一方面，是若开邦罗兴亚人的现实悲惨处境和境外伊斯兰极端分子的蛊惑，使其以极端方式来改变命运，寻求更好的生活。总体上看，由于身份尴尬，长期流亡，世界上罗兴亚人的人口数量无法确切统计，估计在250万人左右，其中，在缅甸约100万人，在孟加拉国约40万人，在巴基斯坦约35万人，在沙特约40万人，在阿联酋、泰国、马来西亚等国约10万人。散布在世界各地的罗兴亚人被称为"东南亚的巴勒斯坦人"，一直处于社会最底层，因战乱、压迫、贫困以及无国籍而四处流亡，没有归属感，既不热爱也很难融入其居住国。在这种情况下，他们为了生存极易铤而走险，而这刚好成为伊斯兰极端势力拉拢的"有利因素"。另一方面，缅政府在对待若开邦罗兴亚人问题上仍然受"大缅族主义"思想影响，除了吴努政府给予其短暂身份认可外，其他政府均对其施行歧视政策。在采取像对待其他少数民族一样的不平等、歧视的民族宗教政策对待罗兴亚人的基础上，其对待罗兴亚人的态度更为简单、粗暴和冷漠，包括视罗兴亚人为"特殊外侨"，是非法移民，是英

---

① Win Myat Aye, "We Are Ready for Repatriation", *The Global New Light of Myanmar*, April 20, 2018.

国殖民者引入的"孟加拉人"。① 限制其居住，不发放身份证明，严格控制外出，禁止录用为公务员和军人；不断将若开佛教徒迁入罗兴亚聚居地区定居，把罗兴亚人驱赶出去等。对于若开邦的原住民来说，由于罗兴亚人参与英国殖民掠夺，其对罗兴亚人的怨恨加深加剧。长期以来，双方以暴制暴，恶性循环，对攻报复的仇视情绪亢奋，矛盾和对立很难调和。此外，在缅政府的相关判定和引导下，缅国内其他民众也否认罗兴亚是该国民族之一。

（一）罗兴亚人问题的主要症结

罗兴亚问题的主要症结存在于历史和现状之中。一是罗兴亚问题本身是"历史未定"的问题，有关问题不仅"历史未定""现实未定"，甚至问题攸关方真正解决问题的能力和意愿都不得而知，因此有关问题陷入一种"未知前景、未知目的、未知意图"的混沌状态。实际上，罗兴亚人问题出现的地区一直都有零散的冲突，但当地民众青年人能离家的都离开，剩下的大部分是老人和小孩。对于这些冲突，很大程度上，政府和当地人已经出现"麻木"的心态。2016 年 5 月 10 日，在缅甸—孟加拉边境，缅方的 6 枚炮弹落入孟加拉一侧，缅甸—孟加拉边境护卫队（BGB）为了还击，向缅方射入 2 枚炮弹，导致孟加拉一侧的停机坪遭到损害。如果说缅政府在罗兴亚有关问题上还有一定的态度松弛，那么缅甸军方态度可以说是强硬到了极点。每次缅政府军总司令敏昂莱在谈国家建设或者民族和解时，总是不忘带上那么一句："我对这一点也要毫不含糊地强调（缅甸不存在罗兴亚人）。我们只有'Bengalis'（孟加拉人）这样的词语，因为他们来自孟加拉国，是英国人把这样的差异人种带到我们国家的。"②

二是缅方与国际社会在罗兴亚历史问题方面相互对抗，互不相

---

① John Roberts, "Rohingya Refugees Abused and Killed in Camps in Malaysia/Thailand", World Socialist Web Site, May 29, 2015, http://www.wsws.org/en/articles/2015/05/29/refum29.html.

② "Door to Peace Opened: C-in-C of Defence Services Expresses His Commitment to Achieving Peace within Five Years", *The Global New Light of Myanmar*, May 14, 2016.

第五章 案例分析：族际关系对缅甸国家构建的影响

让。一方面，缅甸坚持认为罗兴亚问题是历史问题、殖民遗留问题，不是政治问题；而国际社会则将该问题塑造为政治问题（政治迫害）和族际关系问题（种族灭绝）。国际社会对罗兴亚人问题坚守固化思维，使得罗兴亚人问题被标签化。2018年4月，欧盟发布声明表示，将对缅武器和装备禁运期延长一年，因为欧盟担心这些武器可能被缅甸方面用作"内部镇压"的工具，尤其是怀疑使用部分武器和设备的警察参与了若开邦北部的人权侵犯行为。[1] 对此，缅甸驻联合国常务代表吴郝杜松（U Hau Do Suan）在联合国安理会关于"通过赋权、性别平等与司法准入来避免性虐待"主题的辩论中强调：缅方强烈反对将若开局势描述为"种族清洗"或者"种族灭绝"的说辞，并阐释了缅甸与联合国合作、反对任何形式性虐待的立场，强调缅方无任何形式倾轧人权的行为，如有证据，缅方一定坚决依法处罚。"那些单边强调种族清洗或者种族灭绝的词汇、假新闻和基于政治目的的报告，不仅仅会恶化形势，也会导致不同社群间关系更加极端化。如此不负责任的言辞，将对缅甸与联合国之间的合作，以及缅孟之间的双边合作产生消极影响，国际社会应当采取建设性路径，更多地共享有关侵犯的信息，帮助成员国真正解决问题。"[2] 另一方面，缅甸抓住每一个在国际场合发声的机会，对国际社会就罗兴亚人问题的发言"据理力争""严正抗议"。2018年4月16日，缅甸国务资政部就国际刑事法庭（ICC）公诉人提起对缅甸"将若开穆斯林从若开驱逐到孟加拉国"指控的行为表示"严正关切"。缅方认为，缅方并非《罗马公约》的缔约国，该指控意图扩大管辖权的行为可能会僭越原则。[3]

双方的对峙行为，也可以表现在媒体的"口水战"中。2018年4

---

[1] "EU Extends Arms Embargo on Myanmar for One Year", *Myanmar Times*, Apr. 27, 2018.

[2] "Myanmar Strongly Objects Use of Such Words as 'Ethnic Cleansing' or 'Genocide' in Reference to the Situation in Rakhine State: Permanent Representative to UN", *The Global New Light of Myanmar*, April 18, 2018.

[3] "Government of the Republic of the Union of Myanmar Ministry of the Office of the State Counsellor Press Release", *The Global New Light of Myanmar*, April 16, 2018.

月 30 日，昂山素季在内比都接见联合国安全理事会官员古斯塔夫（Gustavo Meza Cuadra Velasquez）一行。该代表团主要议程是考察有关接受若开难民事宜。昂山素季表示，缅甸已经做好接受遣返的准备，近期与孟加拉国的合作也较为顺利，孟方需要准备好双方都能接受的表格。国务资政还向代表团阐释了他们关于缅甸向有关群体提供人道主义救援、重建信任和社群间信任、公民权事宜、关闭难民营进程、确保公民卡（NVCs）发放、恢复法治等的讨论成果。下午，代表团一行与总司令敏昂莱会面，双方就有关若开北部孟都镇和布迪洞地区的安全事务进行探讨，还就军方如何依法行使职权、助力难民遣返等问题进行讨论。军方表示，任何形式的性虐待或者其他人权侵犯，均为缅甸道德传统文化、宗教伦理和法律所不容。尽管缅方表现得义正词严，该团队仍然对缅甸的行为不以为是。按照人民院议员、若开顾问委员会成员杜钦钮（Daw Khin Nyo）的说法，代表团指责缅甸政府故意推迟穆斯林难民遣返进程，同时对遣返进程存在的所谓困难也提出质疑。他们不想听政府的，只想听那些道听途说的无稽之谈。他们别的不谈，就只提杀戮、轮奸、将活的小孩丢到火里。但这些人被问及证据时，他们表示是从孟加拉难民口中听说的，他们怀疑缅甸本土若开人是不是也遭遇这样的事情。"我们提罗兴亚救世军（ARSA），他们就说我们总是在扯若开的时候谈 ARSA，当我们提 ARSA 杀害了印度人时，他们就说请给我们看。实际上，在军方看来，他们在若开邦的行动是由罗兴亚武装分子袭击警察哨所引起的。正是因为这些组织的入侵，才导致了若开人逃难，这些人才是真正开展了杀戮、强奸放火的。"①

三是涉及有关遣返的双方相互追责，真正实施遣返时行动迟缓。就缅方而言，认为孟方递送表格不规范，无助于缅方筛查恐怖分子。在首批孟方提供的 8000 人名单中，缅方认为只有 600 人合格，而缅方意图遣返的 508 名印度人和 750 名穆斯林未能列入名单。2018 年 4

---

① "MinAungKhine, UNSC Delegation Visits Rakhine", *The Irrawaddy*, May 2, 2018.

◇◇ 第五章 案例分析：族际关系对缅甸国家构建的影响 ◇◇

月12日，缅甸社会福利救济安置部部长温妙埃在孟加拉国达卡与孟加拉国外交部部长阿里（Abul Hassan Mahmood Ali）会面，双方就有关遣返事难民进行讨论。会上，部长就缅甸筹备遣返及在科克斯巴扎尔难民营的情况进行表述，但缅甸收到的8032份表格没有手印、照片等认证，不能说明回国者的身份。他表示，如果缺乏信息，缅方很难接受，这个问题缅方已经强调了3遍。目前，缅方已经确定了675份人员信息。对这些问题，双方应当坦诚相见。① 对此说辞，孟方显得比较消极，也没有进行有力的回应。但据媒体在孟加拉采访称，罗兴亚人表示不愿意接受缅甸政府提供的国民身份认证卡（NVC）。他们表示："他们（代表）问我们教育、自由行动和烧毁家园，我们告诉他们我们只是想要在孟都能够自由活动，并不要什么公民卡，因为我们世代住在那。一名罗兴亚代表表示，缅甸军队应该为烧毁负责。"②

（二）罗兴亚人问题对民主转型的影响

长期的民族积怨、宗教冲突、外部极端势力的渗透蛊惑以及缅甸政府不当的民族宗教政策和处置方式，正在让罗兴亚人问题不断发酵。可以说，罗兴亚问题久积成疾，难以化解，已成为影响缅甸社会稳定、威胁国家安全的重要因素。它就像另一个毒瘤或顽疾侵入和依附在缅甸国家构建这个身体上，让其不能正常、健康地生长和发展。能否整合各种不同宗教信仰、不同背景的族群，能否构建具有多元文化的政治意识和文化观念，是缅甸国家构建和民主转型的核心与关键问题。③ 一是罗兴亚人问题恶化的趋势。在国际社会和缅甸双方都不能容忍的情况下，局势很容易恶化。5月8日，由美、英、法支持的一份罗兴伽问题决议草稿在安理会成员国中传阅，该草稿内容包括

---

① "Dr. Win Myat Aye Meets Bangladesh Ministers", *The Global New Light of Myanmar*, April 16, 2018.

② "UN Security Council Team Visits Northern Rakhine State", *The Irrawaddy*, May 1, 2018.

③ 钟小鑫：《缅甸佛教极端主义的历史根源及其当代展演——入世传统、民族主义与政治修辞》，《东南亚研究》2017年第5期。

"对若开邦事件进行正式调查"以及"对相关责任人进行处理"。中国修改后的草稿删除了这两项,添加了"从若开邦事件的根源上解决问题"以及"用发展的方式来解决若开邦问题"的内容。美、英、法三国不同意中国的修改意见。由此看出,创造性的意见很难改变成见,如果这样,恶化的局势尤其是突发状况就很难管控。二是罗兴亚人问题逐步缓解的趋势。从外交来看,缅甸在若开问题上并非孤立无援。俄罗斯驻缅大使波斯佩洛夫(Nikolay Listopadov)就强调,"若开形势是缅甸内政,决不允许其他国家干涉内政。因为干涉总没有好的结果。缅甸政府及人民能够解决自己的问题,国际社会可以帮助缅甸,但不应该直接介入缅甸事务"[1]。

---

[1] "The Rakhine Situation Is an Internal Affair of Myanmar. Russia Does Not Involve Itself in the Internal Affairs of Other Countries", Russian Ambassador to Myanmar Dr. Nikolay Listopadov, *The Global New Light of Myanmar*, April 29, 2018.

结 论

民族国家是当前国际社会最为普遍的一种国家形态。在多民族国家中，族际关系与国家构建不是零散孤立，而是相互联系、辩证统一的。在国家构建过程中，族际理论所解释的族际结构并非族际关系本身，而是国家构建与民族构建的支架。因此，在一个民族成分比较复杂、宗教信仰多元的国家里，族际融合是国家构建和发展建设的核心内容与重要议题。实际的情况是，由于历史背景、现实发展以及地缘政治等因素影响，族际纷争冲突和外部势力的介入等影响因子的干扰与阻挠，国家各种政治、社会力量特别是各民族之间出现分散、分离甚至是分裂的政治局面，给民族国家的统一和构建带来严峻挑战和压力，致使国家建设陷入困境。

缅甸无疑是深受不良族际关系影响的具有典型性的多民族国家。长期以来，缅甸各少数民族为争取独立自治地位和民族平等权利纷纷走上武装斗争的道路，几乎所有少数民族都有自己的反对缅族中央政府的武装组织。派别数量之多，人员成分之杂，持续时间之长，影响范围之大，在东南亚地区乃至全世界都属罕见。从历史到现实来看，缅甸族际关系一般都遵循"族际离散体系—族际构建体系—族际融合体系"这样一种体系。在相对复杂的族际关系中，国家构建大体上分为三条主线：一是历史上族际离散长期发挥作用，致使族际建构被迫中止；二是殖民者的主观性破坏，增加缅甸族际建构的难度，打造了缅甸独立后族际离散的格局；三是突发历史事件意外效应，导致国家构建与族际关系出现异动。

在缅甸的民族国家构建进程中，呈现出较为复杂的族际发展态势。孟族在历史发展过程中，随着缅甸社会政治和经济的发展而表现融合的态势。现在，孟族已经很大程度上融入缅甸主体民族，较好地展现出国家构建进程中的族际融合。克伦族与缅族在冲突与对抗的磨合中，开启族际融合的构建体系。缅甸北部的少数民族武装在与缅甸政府军的长期纠缠中，寻求自身利益在国家构建的最大化，联邦主义成为族际融合的黏合剂。罗兴亚人问题则由于该族群历史互动的孤立性和现实事态发展的系统性扩散，体现出族际离散态势，成为民族国家构建中较为棘手的事件。

可见，在缅甸政治发展进程中，族际关系与国家构建有着密切的联系。一方面，族际关系的发展与变动受制于国家构建要素的牵制。一般而言，族群只有在复杂国家构建中找到自己的位置，才能有政治表达的权利和机会，当他无法抛弃他族而独立建国，那便只能在历史中被边缘化。另一方面，缅甸的族际互动徘徊在族际离散与族际建构之间，而族际融合往往没有发挥整合作用，更难以推动国家构建，因此，缅甸国家构建迟迟难以完成，与族际冲突难以弥合有很大关系。

缅甸民族国家构建将走向何处，正如缅甸独立领导人昂山曾对民族与国家的关系所描述的那样，国家是由那些不论来自哪个民族，只要其有着共同的利益、紧密的社会生活关系，并且曾经为了国家统一而共同努力奋斗的人们的集合体。[①] 缅甸是一个多民族、多宗教国家，政府一直在深重的民族和宗教危机中艰难前行，面对沉重的历史包袱，还须直面国内各少数民族、佛教"极端主义"、军方强硬派等的冲击。如何能有的放矢、一劳永逸地解决各民族权益、平等、信仰和谐等问题，是缅政府在国家构建和民主转型过程中必须解决的核心问题。

---

① Mikael Gravers, *Nationalism as Political Paranoia in Burma: An Essay on the Historical Practice of Power*, Curzon Press, 1999, p. 44.

参考文献

一　中文文献

曹瑞臣：《现代化进程中的民族主义——美国民族主义的历史轨迹》，《世界民族》2004 年第 3 期。

陈岳、莫盛凯：《以深化地区国别研究推动中国国际关系学科的发展》，《教学与研究》2016 年第 7 期。

程东金：《缅甸的新游戏》，《文化纵横》2015 年第 6 期。

范宏伟：《和平共处与中立主义：冷战时期中国与缅甸和品给共处的成就与经验》，世界知识出版社 2012 年版。

关凯：《族群政治》，中央民族大学出版社 2007 年版。

郝诗楠、唐世平：《社会科学研究中的时间——时序与时机》，《经济社会体制比较》2014 年第 2 期。

郝时远：《21 世纪世界民族问题的基本走向》，《国外社会科学》2001 年第 1 期。

何平：《东南亚民族史》，云南大学出版社 2012 年版。

贺圣达：《缅甸史》，云南人民出版社 2015 年版。

贺圣达、李晨阳：《列国志：缅甸》，社会科学文献出版社 2009 年版。

黄夏年：《现代缅甸佛教复兴与佛教民族主义》，《东南亚研究》1992 年第 6 期。

金涛、孙来运主编：《世界民族关系概论》，中央民族大学出版社 1996 年版。

李晨阳：《独立前缅甸民族主义精英对国家发展道路的探索》，《南洋问题研究》2006 年第 4 期。

李晨阳：《佛教对缅甸社会主义思潮的影响》，《佛学研究》1999 年第 6 期。

李晨阳主编：《缅甸国情报告（2011—2012）》，社会科学文献出版社 2012 年版。

李谋：《缅甸与东南亚》，中国出版集团 2014 年版。

李兴：《论国家民族主义概念》《北京大学学报》（哲学社会科学版）1995 第 4 期。

刘鸿武：《从部族社会到民族国家——尼日利亚国家发展史纲》，云南大学出版社 2000 年版。

刘鸿武：《黑非文化的现代复兴与民族国家文化重构》，《历史教学》1993 年第 10 期。

刘务：《1988 年以来缅甸民族国家构建》，社会科学文献出版社 2014 年版。

刘务：《缅甸 2008 年宪法框架下的民族国家构建——兼论缅甸的边防军改编计划》，《印度洋经济体研究》2014 年第 4 期。

罗康隆：《族际关系论》，贵州民族出版社 1998 年版。

罗荣渠：《现代化新论——世界与中国的现代化进程》，北京大学出版社 1995 年版。

宁骚：《民族与国家：民族关系与民族政策的国际比较》，北京大学出版社 1995 年版。

欧黎明：《当代中国族际关系治理分析》，博士学位论文，云南大学，2011 年。

潘维：《比较政治学理论与方法》，北京大学出版社 2014 年版。

宋立道：《佛教民族主义在南亚、东南亚的发展》，《佛学研究》1996 年第 6 期。

苏长和：《国际问题区域研究有待深入》，《中国社会科学报》2010 年 10 月 21 日。

参考文献

王建娥：《族际政治民主化：多民族国家建设和谐社会的重要课题》，《民族研究》2006 年第 5 期。

王联：《世界民族主义论》，北京大学出版社 2002 年版。

王绍光：《民族主义与民主》，《公共管理评论》2004 年第 1 期。

韦红：《缅甸政府在民族问题上的策略调整》，《当代亚太》2001 年第 9 期。

萧功秦：《中国民族主义的历史与前景》，《战略与管理》1996 年第 2 期。

闫德华：《若开邦冲突对缅甸政治经济安全的影响》，《南亚研究》2014 年第 4 期。

严茨、青觉：《从概念厘定到理论运用：西方民族冲突研究述评》，《民族研究》2009 年第 4 期。

阎学通、杨原：《国际关系分析》（第二版），北京大学出版社 2013 年版。

杨长源等：《缅甸概览》，中国社会科学出版社 1990 年版。

于春洋：《论族际政治理论的基本内容及其当代价值》，《西南民族大学学报》（人文社科版）2011 年第 12 期。

张锡镇：《当代东南亚政治》，广西人民出版社 1994 年版。

张逸倩：《缅甸历史性大选紧张等待开票选民希望"改变国家"》，《环球时报》2015 年 11 月 9 日。

张云飞：《缅甸新航船起航，昂山素季掌舵又摇橹》，新华每日电讯，2016 年 3 月 31 日。

张云飞：《四维度观察缅甸民盟施政一周年》，新华网，2017 年 3 月 30 日。

张云飞、庄北宁：《缅甸大选三问》，新华网，2015 年 11 月 8 日。

郑永年：《把中产阶级建设作为考核政绩重要标准》，《时代周报》2016 年 4 月 12 日。

中共中央文献研究室、中央档案馆：《建国以来刘少奇文稿》，中央文献出版社 2008 年版。

钟贵峰：《当代缅甸族际关系治理的路径、特点与挑战》，《广西民族研究》2015 年第 4 期。

钟贵峰：《缅甸民族国家建设中的族际关系治理研究》，中国社会科学出版社 2017 年版。

钟智翔、李晨阳：《缅甸武装力量研究》，军事谊文出版社 2004 年版。

钟智翔等：《缅甸概论》，中国出版集团 2012 年版。

周平：《对民族国家的再认识》，《政治学研究》2009 年第 4 期。

周平：《多民族国家的政党与族际政治整合》，《西南民族大学学报》（人文社科版）2011 年第 5 期。

周平：《论族际政治及族际政治研究》，《民族研究》2010 年第 2 期。

朱伦：《西方的"族体"概念系统——从"族群"概念在中国的应用错位说起》，《中国社会科学》2005 年第 4 期。

祝湘辉：《山区少数民族与现代缅甸联邦的建立》，世界图书出版公司 2010 年版。

祝湘辉：《试析昂山的民族思想》，《北大亚太研究》（第 6 辑），香港社会科学出版社有限公司 2004 年版。

［法］奥利维尔·罗伊：《排他的文化共同体》，爱德华·莫迪默等主编：《人民·民族·国家——族性与民族主义的含义》，刘泓等译，中央民族大学出版社 2009 年版。

［美］保罗·皮尔逊：《时间中的政治：历史、制度与社会分析》，黎汉基、黄佩璇译，江苏人民出版社 2014 年版。

［美］本尼迪克特·安德森：《想象的共同体：民族主义的起源与散布》，吴叡人译，上海人民出版社 2005 年版。

［美］布赖恩·斯科姆斯：《猎鹿与社会结构的进化》，薛峰译，上海人民出版社 2011 年版，转引自张丰涛《猎鹿博弈的原初状态建构及其推论》，西南大学论文集。

［美］菲利克斯·格罗斯：《公民与国家——民族、部落和族属身份》，王建娥、魏强译，新华出版社 2003 年版。

［美］弗兰西斯·福山：《政治秩序的起源：从前人类时代到法国大

革命》，毛俊杰译，广西师范大学出版社 2012 年版。

［美］弗朗西斯·福山：《历史的终结及最后之人》，黄胜强、许铭原译，中国社会科学出版社 2003 年版。

［美］杰里·本特利、赫伯特·齐格勒：《新全球史》（第三版），魏凤莲等译，北京大学出版社 2007 年版。

［美］塞缪尔·亨廷顿：《第三波：20 世纪后期的民主化浪潮》，欧阳景根译，中国人民大学出版社 2013 年版。

［缅］巴基道：《琉璃宫史》（全卷），李谋等译《琉璃宫史》，商务印书馆 2011 年版。

［缅］缅甸宣传部印刷与书籍发行公司：《缅甸联邦共和国宪法》（2008 年），《南洋资料译丛》，李晨阳、古龙驹译，2009 年第 4 期。

［缅］敏登：《缅甸若开邦"罗兴伽人"研究》，《南洋问题研究》，2013 年第 2 期。

［缅］衫达玛拉林格亚：《新若开历史》第 1 卷，仰光：三藏经出版社 1931 年版。

［缅］吴觉温等：《少数民族问题与 1947 年宪法》，大学出版社 1990 年版。

［缅］吴坡山：《若开边境问题报告》，《达那瓦底杂志》1952—1953 年。

［苏］列宁：《列宁全集》（第二版）第 24 卷前言，中共中央马克思恩格斯列宁斯大林著作编译局译，人民出版社 1990 年版。

［苏］约瑟夫·斯大林著：《斯大林选集》，中共中央马克思恩格斯列宁斯大林著作编译局译，人民出版社 1975 年版。

［英］安德鲁·海伍德：《政治学》，张立鹏译，中国人民大学出版社 2013 年版。

［英］安东尼·史密斯：《民族主义——理论、意识形态、历史》，叶江译，上海人民出版社 2006 年版。

［英］瓦西里耶夫：《缅甸史纲（1885—1947）》，中山大学历史系东南亚史研究室和外语系编译组合译，商务印书馆 1975 年版。

二 英文文献

Abramson, Scott F., "The Economic Origins of the Territorial State", *International Organization*, Vol. 71, No. 1, 2016.

Alfred Cobban, *The Nation State and National Self-Determination*, ed., London: Collins Fontana Library, 1969.

Anthony, Irwin, *Burmese Outpost*, London, Collins.

Ashley South, Mon Nationalism and Civil War in Burma: The Golden Sheldrake.

A. S. Hornby, *Oxford Advanced Learner's English-Chinese Dictionary*, Sixth edition, Oxford University Press, 2004.

Bates, Robert H., *Markets and States in Tropical Africa: the Political Basis of Agricultural Policies*, University of California Press, 1981.

Boone, Catherine, *Political Topographies of the African State*, Cambridge University Press, 2003.

Charles King, "The Decline of International Studies: Why Flying Blind Is Dangerous", *Foreign Affairs*, Vol. 94, No. 4, 2015.

Daniel, Druckmamf, Nationalism, Patriotism, and Group Loyalty: A Social Psychological.

DP. Murray, "Chinese Education in South-East Asia", *Routledge*, Vol. 37, No. 6, 1964.

D. J. Kotze, *Nationalism: A Comparative Research*, Tafelberg, 1981.

Eduardo Zachary Albrecht and Amit Arora, Democratization and Good Governance in Myanmar/Burma1, Division of International and Area Studies of Pukyong National University, February, 2014.

Francis Fukuyama, *The Origins of Political Order, From Prehuman Times to the French Revolution*, Francis Fukuyama, Farrar, Straus and Giroux, New York, 2011.

Ghia, Nodia, "Nationalism and Democracy", in Larry Diamond and Marc

参考文献

F. Plattner, *Nationalism, Ethnic Conflictand Democracy*, Baltimore: Johns Hopkins University Press, 1994; D. Beetham and Boyle, Introducing Democracy: 80 Questions and Answers, *London Polity*, 1995; Michel, Oksenberg, "China's Confident Nationalism", *Foreign Affairs*, Vol. 65, 1987.

Giulio Gallarotti, Robert Jervis, "System Effects: Complexity in Political and Social Life", Vol. 11, No. 3, 2009.

Grazer N. & D. P. Moynihan (ed.), *Ethnicity*, Cambridge: Harvard University Press, 1975.

Gustaaf Houtman, *Mental culture in Burmese crisis politics: Aung San Suu Kyi and the National League for Democracy*, Tokyo: Institute for the Study of Languages and Cultures of Asia and Africa, Tokyo University of Foreign Studies, 1999.

Harold Wolpe, Classconcepts, Class Struggle and Racism, Rex, John, and David Mason, eds., *Theories of Race and Ethnic Relations*, Cambridge University Press, 1986.

Harris, Erika, *Nationalism and Democratization: Politics of Slovakia and Slovenia*, Burlington, V. T.: Ashgate, 2002.

Herbst, Jeffrey, *States and Power in Africa*, Princeton University Press, 2000.

Herbst, Jeffrey, "The Creation and Maintenance of National Boundaries in Africa", *International Organization*, Vol. 43, No. 4, 2009.

Holliday I., "Ethnicity and Democratization in Myanmar", *Asian Journal of Political Science*, Vol. 18, No. 2, 2010.

Holliday I., "Myanmar in 2012: Toward a Normal State", *Asian Survey*, Vol. 53, No. 1, 2013.

Holliday, Ian, "Voting and Violence in Myanmar: Nation Building for a Transition to Democracy", *Asian Survey*, Vol. 48, No. 6, 2008.

Human Development Report 2014, *Sustaining Human Progress: Reducing

Vulnerabilities and Building Resilience, UNDP, Empowered lives, Resilient nations.

International Crisis Group, "The Myanmar Elections", *Asia Briefing*, No. 105, 27 May, 2010.

Ivan Kushnir, *UN Data*, *Gross Domestic Product（GDP）in Myanmar*, E-book, World Macroeconomic Research, 1970 – 2013.

Josef Silverstein, *The Political Legacy of Aung San*, Southeast Asia Program Publications, Cornell University; Revised edition, 1993. 1.

Laborde, Cecile, "From Constitutional to Civic Patriotism", *British Journal of Political Science*, Vol. 32, 2002.

Leider, Jacques P. , "Rohingya: The Name, the Movement, the Quest for Identity", *Nation Building in Myanmar*, Myanmar Egress And The Myanmar Peace Center, 2014.

Lemke, Douglas, and Jeff Carter, "Birth Legacies, State Making, and War", *The Journal of Politics*, Vol. 78, No. 2, 2016.

Lipset, Seymour Martin, "Some Social Requisites of Democracy: Economic Development and Political Legitimacy", *American Political Science Review*, No. 53, 1959.

Lisa L. Martin, "Interests, Power, and Multilateralism", *International Organization*, Vol. 46, No. 4, 1992.

M Sonenscher, C. Tilly, "Coercion, Capital, and European States, AD 990 – 1990", *American Journal of Sociology*, Vol. 44, No. 4, 2007.

Margaret P. Karns, Karen A. Mingst, *International Organizations: The Politics and Processes of Global Governance*, Colorado: Lynne Rienner Publishers, 2004.

Martin Smith, *Burma Insurgency and the Politics of Ethnicity*, London, New Jersey: Zed Books, 1991.

Michael W. Charney, *A History of Modern Burma*, Cambridge University Press, 2009.

参考文献

Mikael Graves, eds., *Exploring Ethnic Deversity in Burma*, NIAS Press, 2007.

Mousseau, Demet Yalcin, "Democratizing with ethnic divisions: a source of conflict?", *Journal of Peace Research*, Vol. 38, No. 5, 2001.

Nadia Indra Johnson, *Modernizing Nationalism: Masculinity and the Performance of Anglophone Caribbean Identities*, University of Miami Scholarly Repository, University of Miami, 2009.

Olorunsola, Victor A., ed., "The Politics of Culturnationalism in Africa", *Anchor Books*, 1972.

Olson, Mancur, "Dictatorship, Democracy, and Development", *The American Political Science Review*, Vol. 87, No. 3, 1993.

Olson, Robert, *The Emergence of Kurdish Nationalism and the Sheikh Said Rebellion*, 1880 – 1925, University of Texas Press, 2013.

Origin and History of the Name Myanmar, http://self.gutenberg.org/articles/Originand history of the name Myanmar.

"Perspective", *Mershort International Studies Review*, Vol. 38, 1994.

Pyaw K. G., "Who Are the Mujahids in Arakan?", *Rakhine Tazaung Magazine*, 1960.

Rex, John, and David Mason, eds., *Theories of Race and Ethnic Relations*, Cambridge University Press, 1986.

Rueschemeyer, Dietrich, Evelyne Huber Stephens, and John D. Stephens, Capitalist Development and Democracy, *Chicago: University of Chicago Press*, 1992.

Sakhong, Lian H., ed., *Designing Federalism in Burma*, UNLD Press, 2005.

Samuel P. Huntington, *Political Order in Changing Societies*, With a New Foreword by Francis Fukuyama (New Haven: Yale University Press, 2006). From the Origins of Political Order, From Prehuman Times to the French Revolution, Francis Fukuyama, Farrar, Straus and Giroux,

New York, 2011.

Saylor, Ryan, and Nicholas C. Wheeler, "Paying for War and Building States", *World Politics*, Vol. 69, No. 2, 2017.

Smith M., "Ethnic Participation and National Reconciliation in Myanmar: Challenges in a Transitional Landscape", *Myanmar's Long Road to National Reconciliation*, Iseas Yusof Ishak Institute, 2006.

Smith, Anthony, "The Ethnic Origins of Nations", *John Wiley & Sons*, 1986.

Smith, Martin, Annie Allsebrook, and Anne-Marie Sharman, *Ethnic Groups in Burma: Development, Democracy and Human Rights*, Vol. 8, London: Anti-Slavery International, 1994.

South A., "Political Transition in Myanmar: A New Model for Democratization", *Contemporary Southeast Asia*, 2004.

Spencer Philip & Howard Wollman, "Nationalism: A Critical Introduction", *Clinical Science*, Vol. 41, No. 3, 2002.

Steinberg, David I., *Burma: The State of Myanmar*, Georgetown University Press, 2001.

Stephen D. Krasner, "Global Communications and National Power: Life on the ParetoFrontier", *World Politics*, Vol. 43, No. 4, 1991.

Thawnghmung, Ardeth Maung, "The Karen Revolution in Burma: Diverse Voices, Uncertain Ends", *Policy Study*, Vol. 45, Institute of Southeast Asian Studies, 2008.

Thompson W. R., "Regime Vulnerability and the Military Coup", *Comparative Politics*, Vol. 7, No. 4, 1975.

Thompson, Ewa M., "Nationalism, Imperialism, Identity: Second Thought", *Modern Age*, Vol. 40, No. 3, 1998; Beetham, D. and Boyle, K., *Introducing Democracy: 80 Questions and Answers*, London: Polity.

Timasheff, Nicholas S., "The Comparative Study of Inter-Ethnic Relations", *The American Catholic Sociological Review*, Vol. 5, No. 4,

参考文献

1944.

Trevor Wilson, eds, *Myanmar's Long Road to National Reconciliation*, ISAS, Singapore, 2006.

U Ko Ko Hlaing, *Reform of Myanmar: Current Situation and Developing Trend*, Draft of International Meeting, Myanmar in 2014: Re-integrating into International Community, July 29, 2014.

U Nu, *Towards Peace and Democracy*, *Ministry of Information* (1949), ASIN: B001NF7YUU.

Walton M. J. , "The 'Wages of Burman-ness:' Ethnicity and Burman Privilege in Contemporary Myanmar", *Journal of Contemporary Asia*, Vol. 43, No. 1, 2013.

Zam Than Lian, Challenges In Trust Building In Myanmar, Tourism Management, Post Graduate Certificate in Peace, Democracy and Development (Ygn), Yangon, Dec. 6, 2012.

Zaw Oo, Win Win, *Assessing Burma's Ceasefire Accords*, East-west Center Washington, Institute of Southeast Asian Studies, 2007.